高等学校现代教育技术课程改革规划教材

信息技术教育应用

胡玉娟 主编／江 慧 陈 静 副主编

清华大学出版社
北 京

内容简介

本书共7章，第1章为信息化教学资源，介绍网络信息查询使用的关键问题及技巧，以及教学中实用的新型媒体；第2～4章分别介绍图像、视频、音频加工处理时尚实用软件及技术技巧；第5章介绍Flash软件快速入门方法及动画素材的制作；第6章以PowerPoint软件为平台介绍如何制作优秀的教学课件以及一些有较高难度的技术技巧；第7章介绍新型课堂，引入当今流行的微课、翻转课堂和慕课的学习内容。

本书主要致力于信息技术在现代教育中的技术与技能型知识的学习，尤其是课件制作(包括微课)方面有一定难度的技术技巧的学习。可作师范生教育技术类和课件制作类通识课程教材，也可作多种类型中小学教师培训或自学的参考书。

图书在版编目(CIP)数据

信息技术教育应用/胡玉娟主编. —北京：清华大学出版社，2016（2022.8重印）
（高等学校现代教育技术课程改革规划教材）
ISBN 978-7-302-44259-2

Ⅰ. ①信…　Ⅱ. ①胡…　Ⅲ. ①计算机辅助教学－高等学校－教材　Ⅳ. ①G434

中国版本图书馆CIP数据核字(2016)第155504号

责任编辑：袁勤勇　薛　阳
封面设计：常雪影
责任校对：李建庄
责任印制：宋　林

出版发行：清华大学出版社
网　　址：http://www.tup.com.cn，http://www.wqbook.com
地　　址：北京清华大学学研大厦A座　　**邮　　编**：100084
社 总 机：010-83470000　　**邮　　购**：010-62786544
投稿与读者服务：010-62776969，c-service@tup.tsinghua.edu.cn
质量反馈：010-62772015，zhiliang@tup.tsinghua.edu.cn
课件下载：http://www.tup.com.cn，010-83470236
印 刷 者：北京富博印刷有限公司
装 订 者：北京市密云县京文制本装订厂
经　　销：全国新华书店
开　　本：185mm×260mm　　**印　　张**：15.5　　**字　　数**：380千字
版　　次：2016年7月第1版　　**印　　次**：2022年8月第13次印刷
定　　价：48.00元

产品编号：070212-03

前　言

21世纪人类进入了信息时代。信息技术的飞速发展，带动了教育的改革与发展。随着国家对师范生培养及入职提出新要求，高等学校师范教育迎来“国标、省考、县聘、校用”的新形势，就业、教学都将随之发生重大变化。注重应用性、提升办学质量、教授学生想学的课、培养社会需求的人才、服务地方经济发展，是政府的倡导，也是社会赋予教育工作者的责任。

师范生的教育是一个立体工程，不是一两门课可以解决的。本教材致力于信息技术在现代教育中的技术与技能型知识的讲解，注重师范生在现代教育中信息技术的应用能力的培养，尤其是在课件制作（包括微课）方面时尚的、实用的、有一定难度的技术技巧的掌握，以适应师范生和在任教师在技术及动手能力方面的学习需求。全书内容注重应用性、实践性、实用性；内容组织方面，精心选取合适的案例，以任务驱动的方式串起重要知识点，兼具知识的系统性和典型性。书中的案例皆是作者的原创，本书的编写凝聚了编者的教学思想和教学研究，期望对读者有所帮助和参考。

本教材包含主书《信息技术教育应用》和实验指导书《信息技术教育应用实践指导》两本，二者相辅相成、有机配套。全书共7章，包含“信息化教学资源”、“常用音频编辑软件”、“常用图像编辑软件”、“常用视频编辑软件”、“Flash动画素材制作”、“PowerPoint课件高级技巧”及“新型课堂”。第1章介绍网络信息查询使用的关键问题及技巧，以及教学中实用的新型媒体；第2～4章分别介绍音频、视频、图像资源加工处理的时尚实用软件及技术技巧；第5章介绍Flash软件快速入门方法及动画素材的制作；第6章以PowerPoint软件为平台介绍高质量的教学课件的制作方法以及一些较高难度的技术技巧；第7章引入当今流行的微课、慕课和翻转课堂的学习内容。加“*”号的章节为选讲内容，各教学单位可根据课时选用。

我们经过研究、创新，写出这本教材，既利于本校教学，也方便其他师生分享。可根据课时、需求，选择讲授内容；也可将部分内容留给学生自主学习。本书及配套的部分微课视频可用手机扫描书中的二维码观看，可在清华大学出版社官网在线观看；本书配套的部分素材和课件在合肥师范学院公共计算机教学部网站及清华大学出版社官网可下载。本书可作为师范生现代教育技术类和课件制作类通识课程的教材，也可作为多种类型中小学教师业务培训或其他读者自学的参考书。

本书第1章由胡玉娟、吴皖赣编写，第2章由贾璐编写，第3章由张娜、江慧编写，第4章由张娜、陈静编写，第5章由陈静、胡玉娟编写，第6章由贾璐、陈静、胡玉娟、江慧编写，第7章由胡玉娟、江慧编写。主编胡玉娟进行了书稿的写作策划、写作设计和内容设计，进行了全书的审订与统稿，第一副主编江慧参与了审稿与编辑，第二副主编陈静也参与了审校、编辑与整理。

由于水平有限、时间仓促，书中定有不妥之处，请广大读者予以指正。对于所给予的指正和帮助，在此表示衷心感谢！

胡玉娟于安徽合肥

2016 年 6 月

目　录

第1章 信息化教育资源

当今是信息技术高速发展的时代，信息技术的发展带动经济、教育、文化、就业等多领域的改革与创新。近年来，随着师范生教育与就业形势的发展与变化，社会对师范生运用技术的水平要求越来越高，一线教师和师范生特别渴望进一步提高动手能力。工欲善其事，必先利其器。本书致力于信息技术在现代教育中的技术与技能型知识的学习，从获取信息、使用典型新媒体、多款流行与时尚软件的快速入门、技术运用与教学的能力、新型课堂的了解与运用等方面组织学习框架，搭建紧跟形势的，时尚而又实用的教学内容。

正确获取网络教育教学信息资源、合理使用当今时尚的新型教学媒体，能够体现师范生的素养和适应能力。当今，芸芸众生基本都会上网，但是不少人的活动只是收发邮件、QQ聊天和简单浏览；虽然很多学校或多或少都有现代化的教学设施，但是很多教师仍担心自己驾驭不好。本章从信息化教育资源的获取和教学新媒体的使用两方面讲解实用知识与技巧，以便帮助教师更好地利用信息化教育资源。

本章学习目标：

- 了解网络信息化教育资源的有关常识。
- 熟悉常用引擎。
- 掌握常用搜索语法。
- 熟悉常用网站。
- 学会网络下载常用方法。
- 掌握SnagIt软件的基本使用方法。
- 掌握电子白板的基本使用方法。
- 初步掌握数码摄像机的基本使用方法。
- 了解数码相机的典型拍摄技巧。
- 了解投影仪的使用与简单维护。
- 了解多媒体教室的组成及基本使用方法。
- 了解精品课程全自动录播系统的功能及基本使用方法。

1.1 网络信息化教育资源的获取

在知识大爆炸时代，通过网络获取信息资源是我们日常学习、工作、生活中使用频率最高的手段。作为信息时代的师范生或一线教师，了解网络信息化教育资源的有关常识，学习网络信息资源的有效获取是工作的需要，也体现个人的信息化素养。

1.1.1 信息化教育资源的常识

主要知识点：

- 网络信息资源的概念及分类。
- 网络教育资源的概念。
- 网络教育资源的分类。
- 多媒体的概念。
- IT 的意义。
- 搜索引擎的概念。

1. 网络信息资源的概念

网络信息资源是一切互联网上的电子信息资源的统称。主要是指利用计算机技术、通信技术及多媒体技术相互融合而形成的在网络上发布、查询与存取利用的信息资源的总和。

2. 网络信息资源的类型

网络信息资源的类型非常复杂，可按照多种标准进行划分。

按信息内容的表现形式和内容划分，一般分为全文型信息、事实型信息、数据型信息、数据库类信息、微信息、其他类型。

按网络信息资源的主题划分，一般分为新闻信息资源、商业信息资源、法律信息资源、教育信息资源、娱乐信息资源。

其中，网络教育资源最值得引起我们教育工作者的关注。

网络教育资源即网络环境下所有与教育有关的资源，不仅包括教育信息资源本身，还包括保证教育发生的网络环境资源、人力资源、知识资源等。网络环境资源指技术、平台等。

网络教育资源不仅包括图片、文档和音视频等静态内容类文件，还包括讨论组、专题网站等动态资源。

3. 网络教育资源的分类

网络教育资源一般又分为：

① 媒体素材；

② 案例；

③ 文献资料；

④ 试题库；

⑤ 试卷;

⑥ 课件和网络课件;

⑦ 网络课程;

⑧ 常见问题解答;

⑨ 资源目录索引。

其中媒体素材包括文本类素材、图形类素材、图像类素材、音频类素材、视频类素材、动画类素材。

4. 多媒体的概念

媒体指表示、传输、存储信息的载体。国际电子联合会(ITU)根据媒体的性质将媒体分为6类:感觉媒体、表现媒体、显现媒体、存储媒体、传输媒体、交换媒体。

其中的感觉媒体指能被人感受到的那些信息载体。这些感觉媒体又分为文本、图形、图像、音频、视频、动画这6大类。我们平时所说的多媒体课件、多媒体电脑、多媒体教室等术语中的"多媒体",其实就是指这6种感觉媒体。

多媒体技术是指通过计算机对文字、数据、图形、图像、动画、声音等多种媒体信息进行综合处理和管理,使用户可以通过多种感官与计算机进行实时信息交互的技术,又称为计算机多媒体技术。

5. IT的概念

IT是Information Technology的英文缩写,指信息技术。信息技术是主要用于管理和处理信息所采用的各种技术的总称。它主要是应用计算机科学和通信技术来设计、开发、安装和实施信息系统及应用软件。它也常被称为信息和通信技术(Information and Communications Technology, ICT)。它包括计算机技术、多媒体技术、微电子通信技术三大技术。

6. 搜索引擎的使用

搜索引擎是一种信息检索的工具。搜索引擎是互联网上能够主动搜索信息、组织信息并能提供查询服务的一种信息服务系统。它向用户提供查询入口。用户通过这个查询入口在浩瀚的信息海洋中找到自己所需要的信息。

搜索引擎的特点是建有提供搜索的强大数据库。所以,普通的网站虽然也能搜索信息,但它不是搜索引擎,因为普通网站不是以建立强大数据库供用户检索为目的的。

当今,广为应用的流行的中文搜索引擎主要有:百度(http://www.baidu.com);谷歌(http://www.google.com);雅虎(http://www.yahoo.com.cn)。其中特别是百度最常用。

注意百度搜索时的一个重要技巧——按类别检索。例如,用百度搜索天气预报图片。我们在百度搜索窗口中输入关键词"天气预报",当检索类别放在默认的"新闻"类时,搜索出的是有链接的文本,而当检索类别放在"图片"类时,就出现如图1-1-1所示的与"天气预报"有关的种种图片。我们制作课件时,要想从网络上搜索下载图片往往就用这个方法。

同理,还可搜索与"天气预报"有关的网页、音乐、视频等。

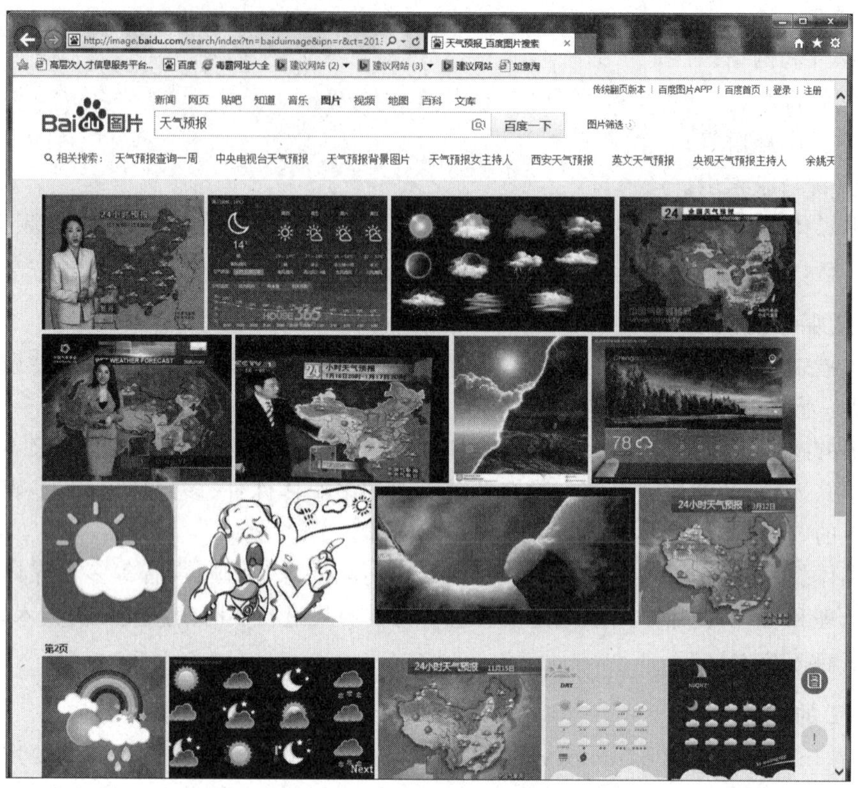

图 1-1-1 搜索“天气预报”图片

注意，一般搜索到相关内容后下载的方法是：①在网页上下载一张图片的一般方法是：右击图片，在快捷菜单中选择“图片另存为”命令。②在网页上下载一段文字的一般方法是：单击后拖动鼠标涂黑所需文字，右击，在快捷菜单中选择“复制”命令，粘贴到 Word 等文档中。③要下载软件或视频等，输入关键词搜索到相关网页，找到相关“下载”处即可。如教师们经常需要给自己的电脑安装 360 杀毒软件，那么软件哪儿来呢？输入“360 杀毒软件”，搜索到 360 官网，找到相关“下载”处下载即可。360 杀毒软件是免费使用的。

下载“360 杀毒软件”的过程可参看与本教材配套的《信息技术教育应用实践指导》。

1.1.2 案例教学——用常用检索语法高效获取教育资源(配有微课视频)

主要知识点：

- 空格、“and”检索语法。
- “or”、“—”检索语法。
- “Site：”检索语法。
- “File type：”检索语法。
- “Link：”检索语法。

当今时代，浏览网页、用关键词进行搜索，大多数人都会，在此不细说了。然而，如何高效地检索到所需要的内容呢？也就是说如何尽可能排除冗余信息呢？

一般性利用关键词检索，找出的条目太多，不便筛选。利用检索语法检索，可以更加精确，更加高效。但是，不少人不懂检索语法，或者不知道要注意的诀窍，往往用不好。其实，关键是要掌握几个常用语法。

首先要注意：检索语句中的所有标点符号（包括空格）都必须是英文状态下的符号！

1. 检索“英语教案 初中”

语句“英语教案 初中”是检索出一些与“初中英语教案”相关联的网页，如图 1-1-2 所示。空格语法等同于连接词 and，表示“与”的关系，意味着要同时满足。

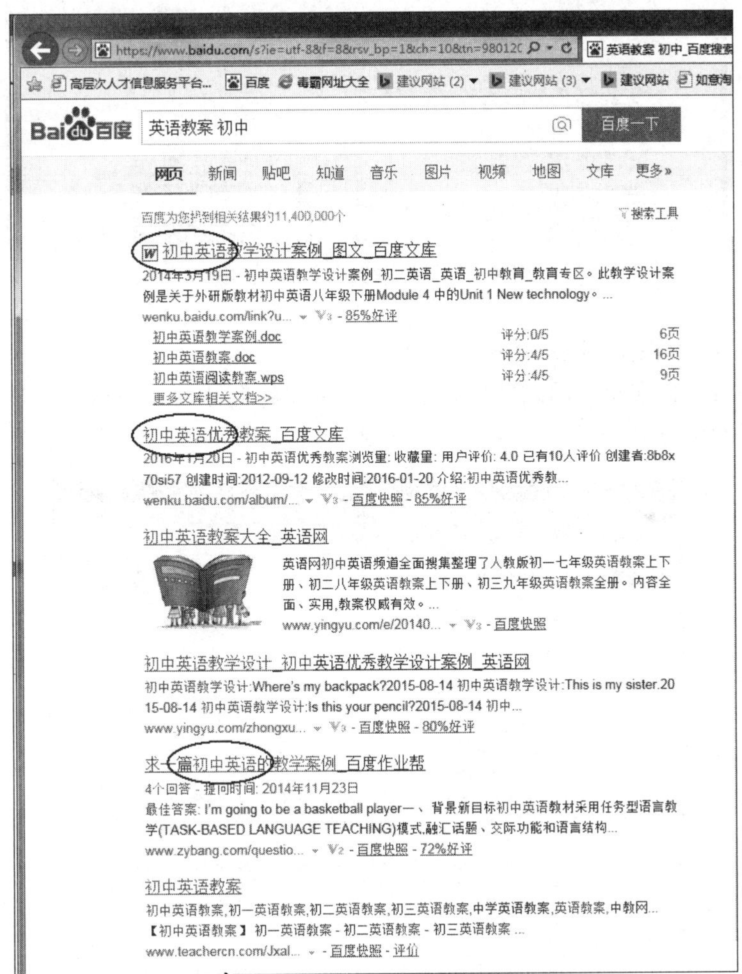

图 1-1-2 检索“英语教案 初中”

2. 检索“英语教案 -初中”

语句“英语教案 -初中”是检索出除初中之外的英语教案。语法-表示排除。如图 1-1-3 所示，检索出的结果中不包含初中的内容。

注意：检索语句中的-号前要留一个英文状态下的空格！

图 1-1-3 检索“英语教案 -初中”

3. 检索“英语教案 初中 site:edu.cn”

语法“site:”,指在特定网站搜索。语句“英语教案 初中 site:edu.cn”即在 edu.cn(教育网站)检索初中英语教案。检索到的都来自 edu.cn 网站,如图 1-1-4 中所示。

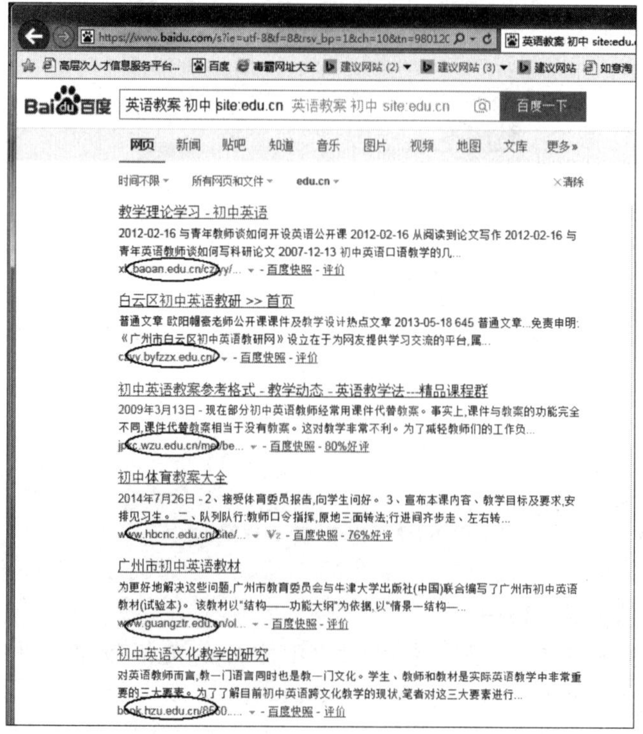

图 1-1-4 检索“英语教案 初中 site:edu.cn”

注意：检索语句中的“site:”前要留一个英文状态下的空格！

比较检索语句“英语教案 初中 site:edu. cn”，“site:edu. cn”前不留空格的情况。检索到的并非都来自 edu. cn 网站，如图 1-1-5 中所示(圈中的部分来自 baidu 网站)。

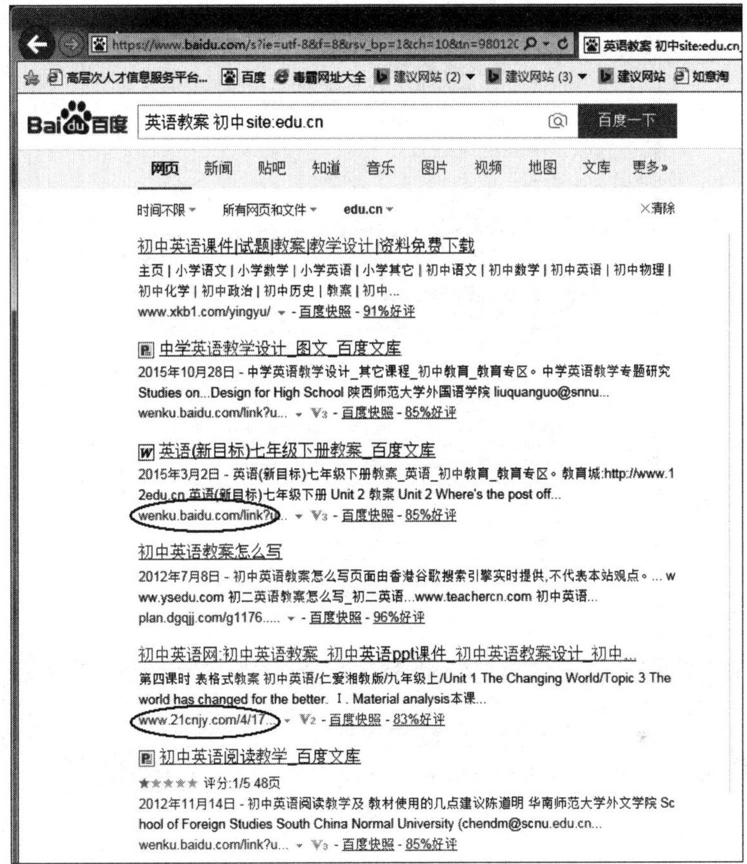

图 1-1-5 检索“英语教案 初中 site:edu. cn”

4. 检索“英语教案 初中 filetype:doc”

语法“filetype:”表示检索特定类型文件。语句“英语教案 初中 filetype:doc”即检索 Word 文档的初中英语教案，如图 1-1-6 所示。

5. 检索“英语教案 初中 filetype:doc site:edu. cn”

这是综合运用语法，语句“英语教案 初中 filetype:doc site:edu. cn”表示在教育网站搜索 Word 格式的初中英语教案文档，如图 1-1-7 所示。

6. 检索“Link:www. hftc. edu. cn”

语法“Link:”表示查哪些网站指向了某个特定网站。检索“Link:www. hftc. edu. cn”即查找哪些网站指向了合肥师范学院网站，检索结果如图 1-1-8 所示。

图 1-1-6　检索“英语教案 初中 filetype:doc”

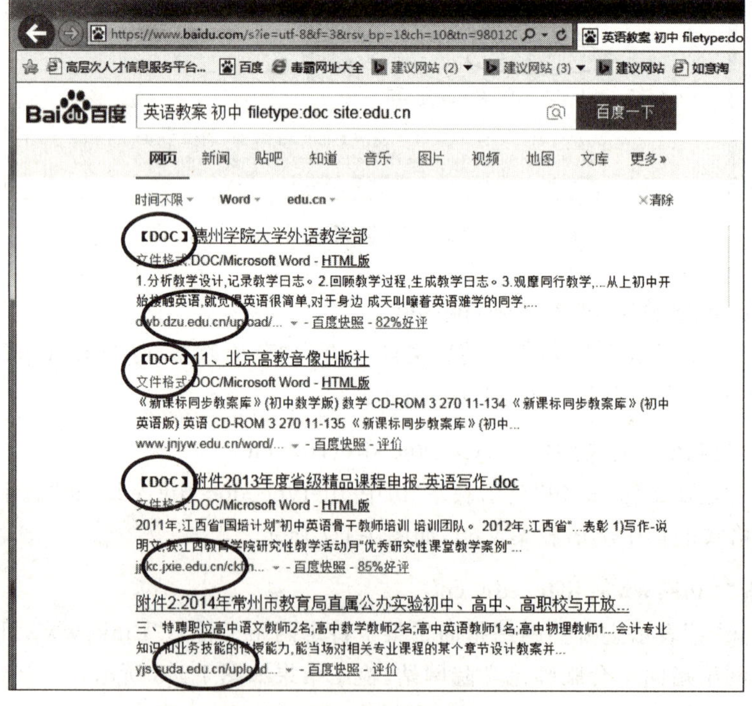

图 1-1-7　检索“英语教案 初中 filetype:doc site:edu. cn”

图 1-1-8 检索“Link:www.hftc.edu.cn”

1.1.3 案例教学——熟悉常用网站

主要知识点：

- 了解与教师工作紧密相关的网站。
- 熟悉以站名找站网及站址。
- 熟悉百度文库。
- 熟悉资源平台。

1. 典型网站

如下几个网站非常值得教育工作者了解、关注。其中，前三个是代表性的学术网站；U酷网有较多的素材，特别是音视频；华军软件园收集较多免费软件；后三个是官方资源网。

(1) 北大图书馆学术资源学科分类(学科信息门户)；

(2) 中国期刊全文数据库；

(3) 百度文库；

(4) U酷网；

(5) 华军软件园；

(6) 安徽基础教育资源应用平台;

(7) 安徽教育网;

(8) 国家基础教育资源网。

2. 部分网站简介

有些网站需要购买使用权才能打开,有些网站面向普通用户开放。下面我们浏览一下几个常用网站,以熟悉其功能及网址。

注意:*在百度的搜索窗口中输入网站名即可找到网站及其网址。*

(1) 百度文库 http://wenku.baidu.com/

将百度的搜索置于"文库"卡片时,即可查找定义、概念、历史背景、发展历程等资源。如图 1-1-9 所示,窗口周边的类别选择"文库"、"DOC"时查找"多媒体技术"定义。

图 1-1-9 百度文库

(2) U 酷网 http://www.youku.com/

该网站提供众多影视、体育、娱乐类资源,较易获取一些音频、视频类文件与信息。网站截图如图 1-1-10 所示。

图 1-1-10 U 酷网

(3) 华军软件园 http://www.onlinedown.net/

该网站提供较多较新的国内外免费下载软件，网站首页如图 1-1-11 所示。

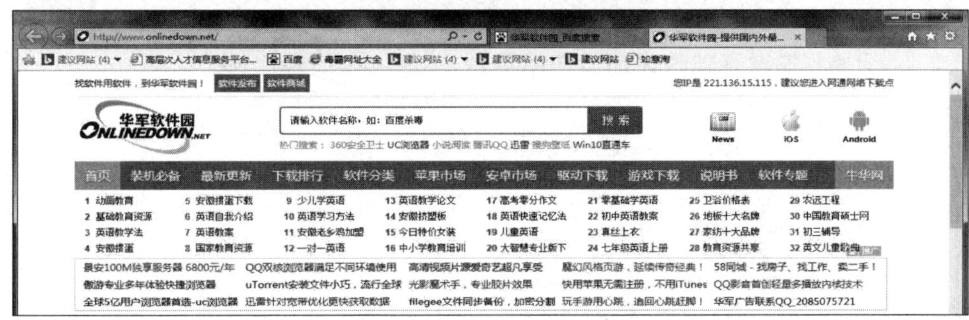

图 1-1-11　华军软件园

(4) 中国科技论文在线 http://www.paper.edu.cn/

该网站可检索、查阅很多出版物，网站首页如图 1-1-12 所示，检索方法可参看下一案例。

图 1-1-12　中国科技论文在线

(5) 安徽基础教育资源应用平台

该网站可下载丰富的教学资料，网站截图如图 1-1-13 所示。

1.1.4　案例教学——利用图书电子资源检索文献

主要知识点：

- 数字图书馆。
- 中国期刊网。
- 文献检索方法。
- 文献下载。

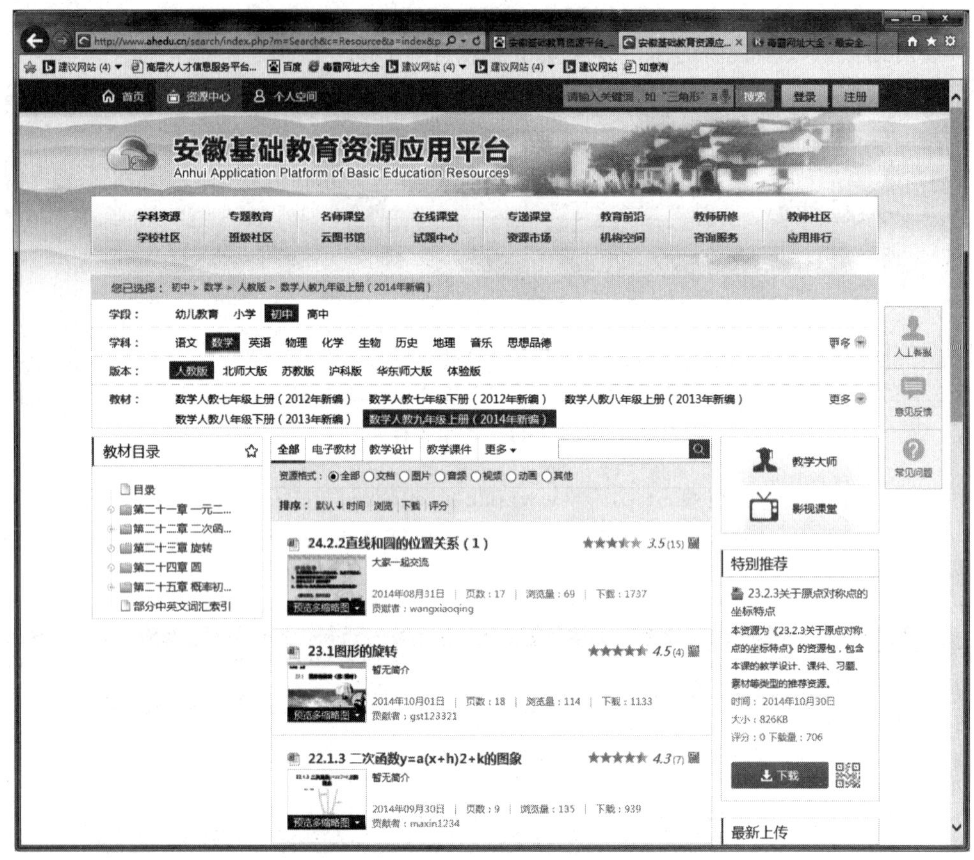

图 1-1-13 安徽基础教育资源应用平台

利用数字图书馆电子资源，检索和下载文献资料，可以快速获取一些普通网页上不易获得的科技资料，这对教师教学，尤其是搞科研非常有用。我们这里以合肥师范学院图书馆电子书库检索为例。

1. 检索科技文献的方法

（1）在学校主页右侧单击"图书资源"，进入合肥师范学院图书馆。

（2）单击"电子资源"，进入"资源"界面。

（3）在"资源"栏，有多种资源类别，我们单击常用的"中文电子资源"，出现如图 1-1-14 所示的界面。单击进入"CNKI 中国期刊 & 博硕论文（旧版、新版、本地镜像）"，可找到我们经常访问的界面。

（4）如图 1-1-15 所示单击"地址一"，出现我们最常使用的"中国知网"界面。

（5）输入检索信息。

中国知网、《中国学术期刊（网络版）》是查找学术类文献的常用资源。针对学科领域、文献数据库名称，在标准检索界面，在主题里输入"中学信息技术研究"，单击"检索文件"或按 Enter 键，会出现若干篇文章。

资源名称	资源介绍	收入时间	使用次数
森途学院-职业能力与创业学习资源总库（新改版）上线	使用指南	2015-12-14	190次
《职青春职业能力与就业技能资源库》	使用指南	2015-11-05	228次
方略学科导航系统	使用指南	2015-04-20	579次
CNKI中国期刊&博硕论文（旧版、新版、本地镜像）	使用指南	2015-05-25	84434次
大学生专业课数据库	使用指南	2014-09-23	2452次
国研网（本地镜像、远程包库）	使用指南	2014-09-10	1352次
碧虎网——中国经济生活的百科全书	使用指南	2014-04-18	502次
正保多媒体数据库	使用指南	2015-05-15	9833次
瀚堂典藏	使用指南	2015-07-08	1604次
超星发现系统	使用指南	2014-04-01	1635次
就业数字图书馆	使用指南	2013-10-31	1491次
安徽省高校资源共享服务平台	使用指南	2013-10-09	4410次

图 1-1-14 中文电子资源

中文电子资源 您所在的位置：首页 >> 资源 >> 中文电子资源

资源

中文电子资源
外文电子资源
特色自建资源
推荐学术站点
试用电子资源
版权声明

资源名称	CNKI中国期刊&博硕论文（旧版、新版、本地镜像）	资源类型	中文电子资源
链接入口	地址一 地址二 地址三	文献类型	电子期刊
试用次数	84435	添加时间	2015-05-25
使用指南	查看	使用范围	校内网
详细描述	《中国学术期刊网络出版总库》（简称中文学术期刊网）是目前世界上最大的连续动态更新的期刊全文数据库，收录国内7000多种学术期刊，内容覆盖自然科学、工程技术、农业、哲学、医学、人文社会科学等各个领域，全文文献总量超3000万篇次。是目前各个高校、科研院所使用的主要数字化期刊库之一。我馆目前购买的数据主要是针对我校专业设置情况而选定的专辑，包括理工、文史哲、政治经济法律、教育、电子信息等学科。另外还有准备购买、目前可以试用的硕博士全文数据库。 我馆有自己购买的期刊全文数据镜像，访问速度快；但同时考虑到数据的及时性、完整性等情况，院园网用户也可以登陆学术期刊网官网站点进行检索、下载等服务。要浏览全文的必须要先下载cajviewer阅读工具。需要注意的是，校园网之外的用户需申请VPN账号才能访问。		

咨询回复 我要咨询

图 1-1-15 进入地址

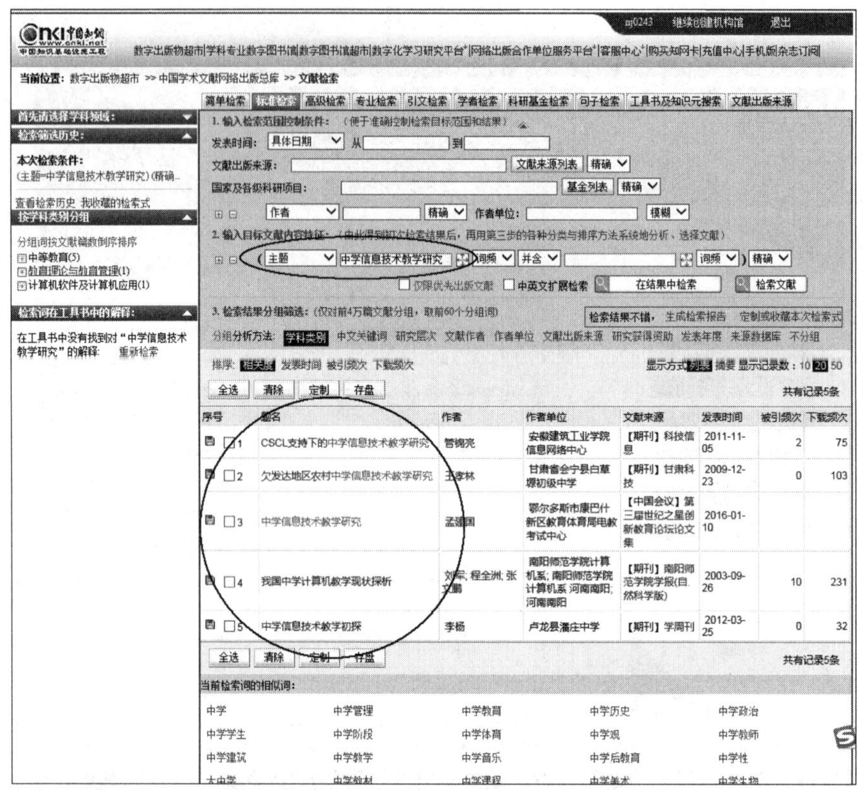

图 1-1-16 主题输入

在上方众多小窗格中，若输入作者姓名、地址、日期等，可限定查找信息的范围，单击“检索文件”或按 Enter 键后，能看出被检索出的信息更精准了。

2. 下载保存

单击相应的文章名，进入后单击下载，然后保存即可。

1.1.5 案例教学——用 SnagIt 软件截取图像与视频

主要知识点：

- SnagIt 输入设置。
- SnagIt 输出设置。
- SnagIt 捕获图像。
- SnagIt 捕获视频。

SnagIt 是一款图像捕获软件，不仅能截取静态图像，还能捕获一段动态视频，可用来获取网络上展播的内容或获取电脑可观看的内容，丰富自己的教学素材。

1. SnagIt 输入、输出设置

在 SnagIt 窗口的“配置文件”设置中，通常情况下设置输入为区域，输出为剪贴板，如图 1-1-17 所示。

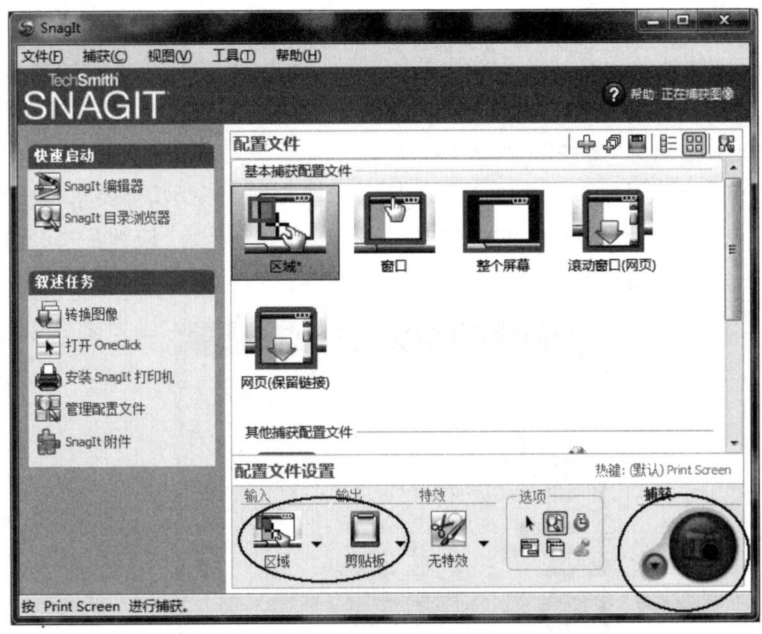

图 1-1-17 SnagIt 窗口

2. 截取图片

(1) 打开 SnagIt 软件,选择需要的捕捉方案,可选择"区域"、"窗口"、"全屏"等。

(2) 单击主界面右下角红色的"捕获"按钮,或按键盘上的 Print Screen(默认热键)键,进入捕获状态。

(3) 拖动鼠标选择截取范围,如在百度上搜索"课件封面"图片截取。

(4) 进入"SnagIt 捕获预览"窗口,单击窗口左上角的"完成"选项,即成功地将所截取的封面存放到 Windows 剪贴板中了。从而可进一步粘贴、保存图片,如图 1-1-18 所示。

图 1-1-18 SnagIt 窗口中的确认与放弃

3. 捕获视频

使用 SnagIt 软件的动态捕获功能中的“记录屏幕视频”来完成视频的捕获并保存。

(1) 运行 SnagIt 后，选择其右下角的“捕获”→“视频捕获”，在“配置文件”设置中，设置输入为“窗口”，输出为“文件”。

(2) 然后单击界面右下方的“捕获”按钮，这时就会弹出提示语，要求单击要捕获的窗口。单击后出现如图 1-1-19 所示的视频捕获窗口，单击“开始”按钮后 SnagIt 就会最小化，在右下角系统托盘里出现一个小的摄像机图标，播放视频便被录制了。

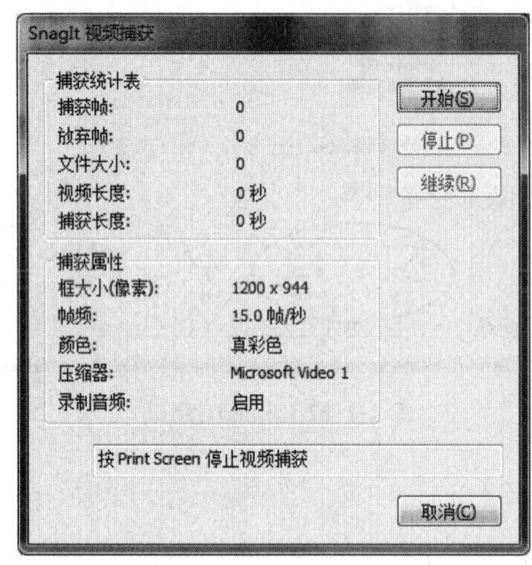

图 1-1-19　SnagIt 视频捕获启动

(3) 录制完成后，双击右下角的摄像机图标，或按默认热键 Print Screen，当前录制过程就会停止同时弹出“SnagIt 捕获预览”窗口，如图 1-1-20 所示，单击“确认”按钮，即可将上面录制的视频保存为 AVI 格式的文件。

图 1-1-20　SnagIt 视频捕获确认

1.2 教学新媒体

当今信息技术发展势头强劲，众多新媒体运用到了教学中，恰当合理地运用新媒体到教学中是教师的一项重要技能，下面介绍6种新媒体。

1.2.1 教学新媒体简介

1. 电子白板

电子白板通过与计算机相连，一般利用短焦投影仪将计算机上的内容投射到白板上，提供投影、触控等功能，常见分类有交互式、背投式、复印式、红外式和光学电子白板，最常见的是交互式电子白板，本节内容以交互式电子白板的典型应用为例进行讲解。

2. 数码摄像机

数码摄像机可以拍摄教学活动视频，保存为数字格式，方便剪辑后用在教学中。数码摄像机按使用类别分为广播级、专业级、消费级机型，一般手持DV属于消费级的，用在对图像质量要求不是很高的场合，如课堂教学实录、家庭娱乐等。

3. 数码相机

数码相机按照用途可以分为单反相机、微单相机、卡片相机、长焦相机，其中卡片相机外形最为小巧、配有大屏液晶显示，如对拍摄画面质量要求不是特别高、又不具备专业的摄影技能，可以选择用卡片机来拍摄照片，比如课堂教学、研讨活动、教学素材等。

4. 投影仪

投影仪是一种可以将图像或视频投射到屏幕上的设备，信号来源可以是计算机、DVD、数码摄像机、数码相机，按照其工作原理，投影仪分为CRT（阴极射线管投影仪）、LCD（液晶投影仪）、DLP（数字光处理投影仪）三种类型，目前市场上以LCD和DLP居多。

5. 多媒体教室

多媒体教室是运用了多种新媒体的教室，按照其组成的复杂程度分为简单型、标准型多媒体教室，简单型多媒体教室由多媒体计算机和投影仪或大屏幕彩电组成，标准型多媒体教室由中控系统、多媒体计算机、投影仪、音响设备组成，有的还配备了电子白板、实物展示台。中控系统具有控制各种设备的电源功能，可以切换视频输出信号、控制幕布升降、调节音量大小，一般具有一键开启系统和一键关闭系统功能，方便教师操作。通过中控系统，投影仪的信号来源可以在台式电脑、笔记本电脑、实物展示台、DVD之间切换，可以控制音响设备的声音来源于台式电脑、笔记本电脑或者DVD，如图1-2-1所示。

多媒体计算机除了具备普通计算机的功能外，还应具备播放与刻录光盘、录制与输出声音的功能，通过中控系统的控制，能够将视频信号传输到投影仪、将声音传输到音响设备。如配有电子白板，多媒体计算机要连接到电子白板并安装相应软件；如配有实物展示台，中控系统可以将实物展示台的信号输出到投影仪。

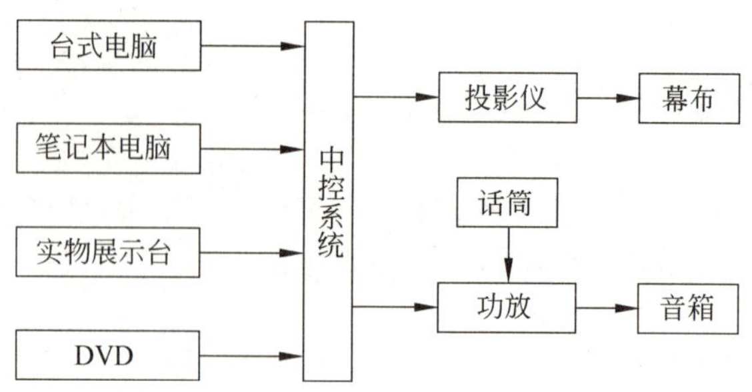

图 1-2-1 多媒体教室中控系统框图

6. 精品课程全自动录播教室

精品课程自动录播教室是指以全自动的方式对课堂教学过程进行录制并生成相应教学资源的教室。全自动录播教室一般由摄像机、录播主机、全自动跟踪系统、音频系统、多媒体电脑、中控系统组成。

摄像机一般由教师摄像机、学生摄像机、板书摄像机组成，由录播主机连接并控制这三路摄像信号，存储各路摄像机拍摄的画面；全自动跟踪系统由定位主机、红外探头组成，一是跟踪教师的位置，教师在教室中来回走动，可以控制拍摄教师的摄像机镜头进行切换，二是跟踪学生的位置，如学生起立回答问题，系统可以检测到，并将学生摄像机对准学生；音频系统包括多路麦克风搜集老师和学生的声音，还包括调音台，切换音箱的声音来源；中控系统一般提供一键录制、暂停录制、切换视频信号和控制各路设备的电源的功能。精品课程全自动录播教室如图 1-2-2 所示。

图 1-2-2 精品课程全自动录播教室

全自动方式是精品课程全自动录播教室最大的优势，一般具有教师跟踪、学生定位、镜头自动切换、自动生成资源的功能。一键开启全自动录播系统后，镜头会随着教师的走动而自动切换，保证教师处于画面中央；在有学生提问的时候，镜头切向学生，画面主体变更为全体学生，有的系统还可以将镜头切换到近景，聚焦发言的学生；同时，系统对电脑屏幕进行了录制，教学活动录制完成后，系统对教师和学生的画面进行剪辑，合成新的视频，还有单独拍摄老师、学生的单视频。精品课程一般会挂在网络上播放，全自动录播系统可以生成三分屏的网页格式，将教师画面、电脑桌面、讲课目录囊括在一个网页中，方便学习者观看。

以下用案例教学的方式来具体介绍几种新媒体的使用方法。

1.2.2 案例教学——电子白板常用工具及学科工具的使用(配有微课视频)

主要知识点：

- 电子白板书写功能。
- 聚光灯、放大镜、遮屏工具。

• 学科工具的使用。

本节以“电子白板常用工具及学科工具的使用”为例讲解电子白板的一些通用功能以及电子白板在中学化学、数学、英语等课中的典型应用，读者可以举一反三地学习其他学科的电子白板运用。

1. 电子白板使用前的准备工作

电子白板可以固定安装于教室的墙上，也可以是与投影机组合成套做移动的，通常教室里面安装在黑板的位置，图 1-2-3 为移动电子白板的结构图。

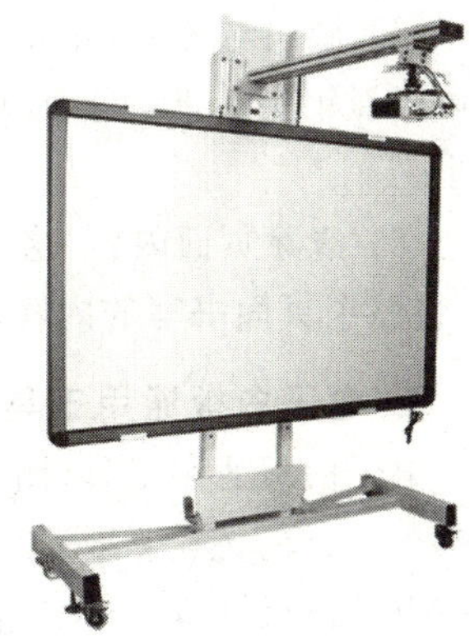

图 1-2-3 电子白板结构图

(1) 连接电源线和数据线，数据线连接到电脑，从电子白板引出的数据线通常是网线，需要用一个转接器转接 USB 线后连入电脑。电脑通过 VGA 视频线输出到投影机，投影到电子白板。

(2) 安装交互软件，电脑上需要安装配套的电子白板驱动和交互软件，这个由厂家提供，每个厂家的软件都不一样。

(3) 启动白板，打开电脑上安装的白板交互软件，或者用白板笔单击白板，都能够启动和开始使用白板。

(4) 新建页面，用白板笔单击电子白板右侧的按钮，可以新建空白页面，也可以在页面之间前后切换。

2. 电子白板的书写工具

启动白板后，一个重要、常用的功能就是书写。一般白板软件提供了智能笔、硬笔、钢笔等虚拟的书写工具，还有智能笔架上有实物笔供选择，如图 1-2-4 所示。智能笔架一般位于白板下方，分多种颜色，提起智能笔架上的笔就可以在白板上书写，白板软件会自动启动，并且笔迹的颜色是对应于智能实物笔的。

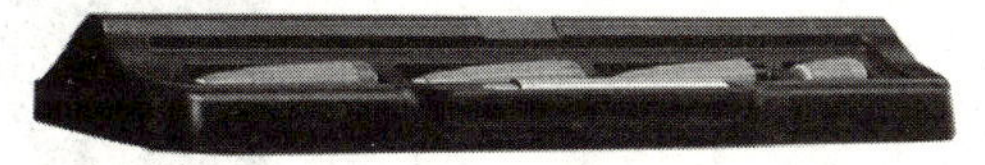

图 1-2-4 智能笔架

在白板上也可选择工具进行操作，工具栏上主要的书写工具如图 1-2-5 所示。教师在用白板授课时，书写的过程如下：

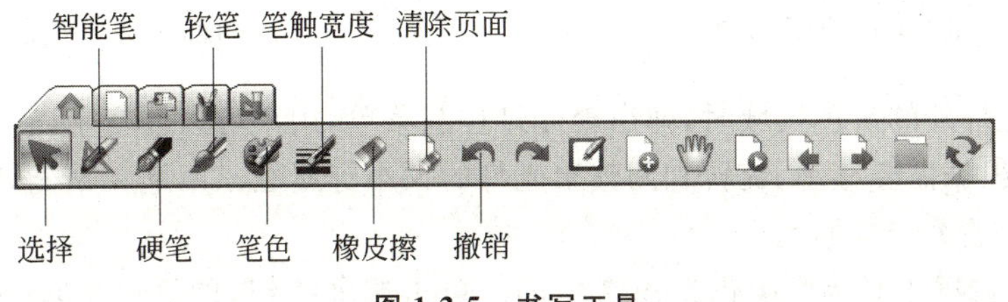

图 1-2-5 书写工具

(1) 选择“智能笔”工具，在屏幕空白处绘制一个平行四边形，智能笔可以自动识别绘制的图形并加以完善，所以绘制时画出大致轮廓即可。

（2）选择“硬笔”工具，单击“笔色”工具选择红色，单击“笔触宽”工具选择粗线条，在空白处书写“平行四边形的面积”字样，如图 1-2-6 所示。

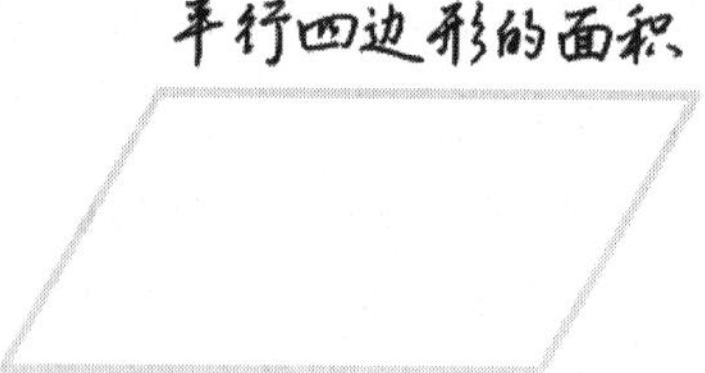

图 1-2-6　书写效果示意图

（3）擦除部分内容，选择“橡皮”工具，选中要擦除的区域，也可以擦除某几个点，点删除是只删除橡皮擦经过的地方。

（4）撤销与还原，单击书写工具栏中的“撤销”工具可以撤销上一步，同理，单击“还原”工具可以还原一步。

（5）清除页面内容，这个功能犹如老师把黑板写满了要擦黑板，单击“清除页面”按钮，将整个页面书写的内容清除掉。

3. 电子白板通用工具

电子白板通用工具（图 1-2-7）是指在各个学科的教学过程中一般都能用到的工具，例如聚光灯、放大镜、遮屏工具，通用工具以一个通用工具栏的形式呈现，调用的时候一直显示在电子白板屏幕上，从它们的图标可以看出该项工具的主要功能，单击某项工具按钮后启动该项工具，可以用白板笔或者鼠标单击，某些学科没有单列学科工具，也主要借助于通用工具来辅助教学。以下按照教学中的应用来举例讲解。

（1）强调上课重点，突出某一块内容，可以用电子白板的聚光灯工具。单击“聚光灯”按钮，即可在白板页面上产生聚光灯效果。聚光灯可以照亮屏幕的某一个区域，从而使学生专注于被照亮的部分，吸引学生的注意力，提高课堂教学效果。图 1-2-8 所示为授课时教师启用聚光灯效果，学生只能看到聚光灯范围内的文字。

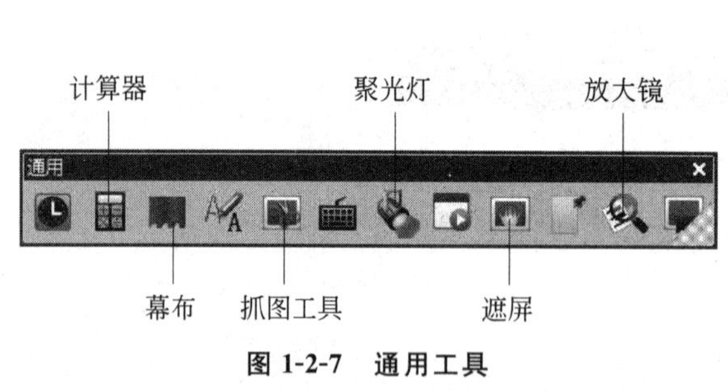

图 1-2-7　通用工具

图 1-2-8　聚光灯效果

单击聚光灯外的灰色区域时，弹出聚光灯控制菜单，用户可以改变聚光灯形状和透明度，并且可以根据需要移动、旋转和调整聚光灯的大小等属性。用笔在聚光灯的红色边框上移动可以调整聚光灯的大小。

（2）利用遮屏工具为学生创造思考空间。单击遮屏按钮，即可产生整个白板被遮挡的效果，该工具可以使听众专注没有被遮挡的内容，其余部分则被遮盖。图 1-2-9 所示为上课时，老师启用遮屏按钮，提问学生，然后逐步揭开谜底，教师可自由移动遮屏，即图中方块部分。增加了教学过程的互动性与趣味性。

(3) 运用放大工具让学生看得更清晰。单击“放大镜”按钮，即可产生局部放大的效果。放大镜工具提供一个带有坐标刻度的局部放大器，用户可以通过放大器对窗口中的局部内容进行相应倍数的放大，在教学过程中让学生看得更加清晰，放大镜效果如图1-2-10所示。

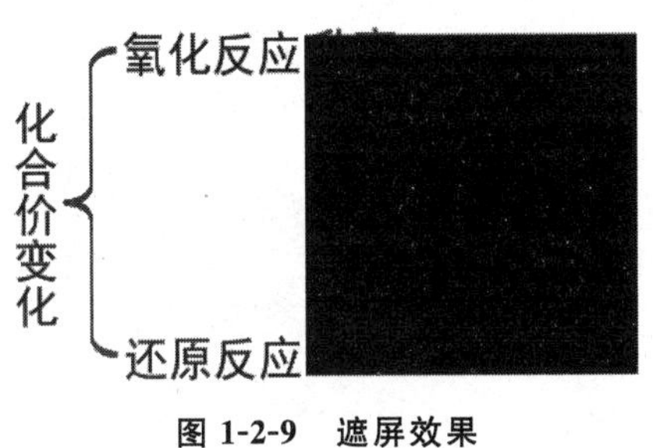

图1-2-9 遮屏效果

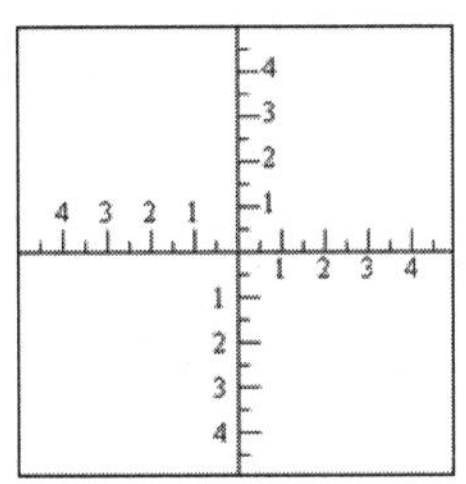

图1-2-10 放大镜

4. 化学学科工具的使用

电子白板提供了多个针对学科特点而设计的工具栏，如图1-2-11所示，单独呈现，该工具栏当中通过选择各种功能按钮实现化学学科的教学，该工具栏提供化学符号、元素周期表、原子结构示意图、化学器械、化学器皿等多种化学学科相关的通用工具，方便教学。

(1) 书写化学反应方程式。单击化学工具栏中的第一个按钮，启动“化学符号工具栏”，如图1-2-12所示，单击“化学方程式”按钮，在屏幕空白处单击，插入默认的化学方程式，在属性编辑器中，可对化学方程式做修改，如图1-2-13所示为在编辑器中设置好化学方程式。另外，化学符号工具栏还提供了双线桥、苯环结构、化学键工具。

图1-2-11 化学工具栏

图1-2-12 化学符号工具栏

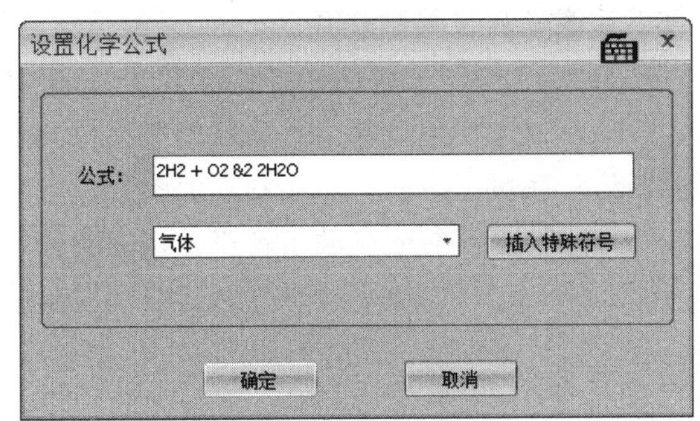

图1-2-13 设置化学方程式

(2) 绘制原子结构示意图。单击化学工具栏中第二个按钮即“原子结构”按钮，在屏幕空白处拖曳即可插入原子结构图，如图1-2-14为绘制氯原子的原子结构图，图1-2-15为设置步骤图，在属性中设置质子数和各层电子数，还可以改变原子结构图的边线颜色、字体颜色等。

(3) 绘制化学仪器。单击化学工具栏中的第三个按钮即“化学器械”按钮，弹出化学器械工具栏，提供了各种化学器械，如图1-2-16所示，教学时可以通过电子白板搭建实验仪器平台。同时还提供了“化学器皿”工具，图1-2-17所示，包括试管、烧瓶、水槽等。化学工具栏最后一个按钮打开后是其他功能，可以插入固体、气泡、水滴的图片，通过白板提供的图形，师生省去了绘制图形的麻烦。

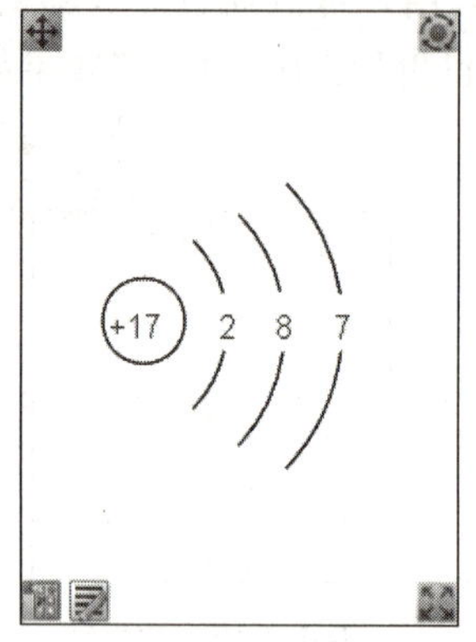

图 1-2-14 原子结构图

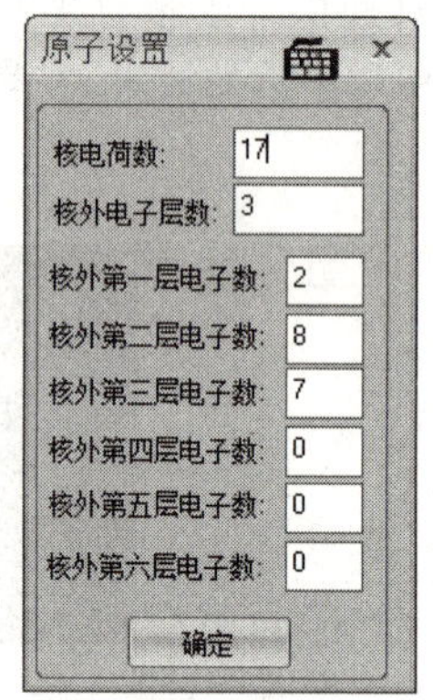

图 1-2-15 原子结构详细设置

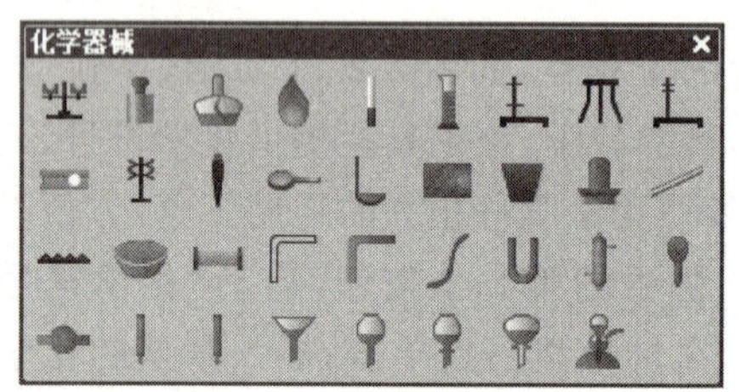

图 1-2-16 化学器械工具栏

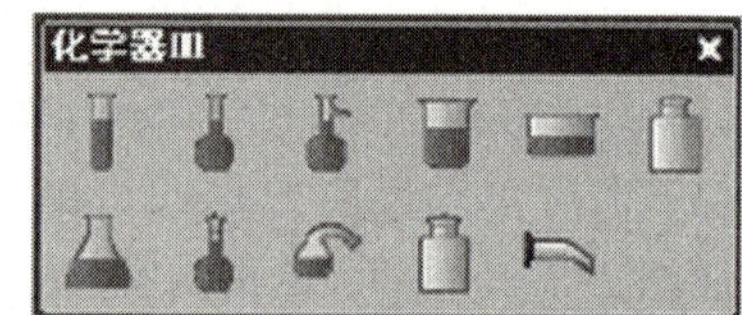

图 1-2-17 化学器皿工具栏

5. 其他学科工具的使用

电子白板的学科工具中还提供了数学、英语、物理、语文、地理等学科工具。在数学学科工具中，可以方便地绘制出平面几何与立体几何图形，例如，图 1-2-18 是用圆规工具绘制的圆形，读者可以举一反三绘制其他图形；图 1-2-19 是英语学科工具中的单词工具，可以输入一个英文单词，会自动出现该单词的音标，可以在右键快捷菜单中播放该单词的读音。其他学科工具读者可举一反三，自行学习。

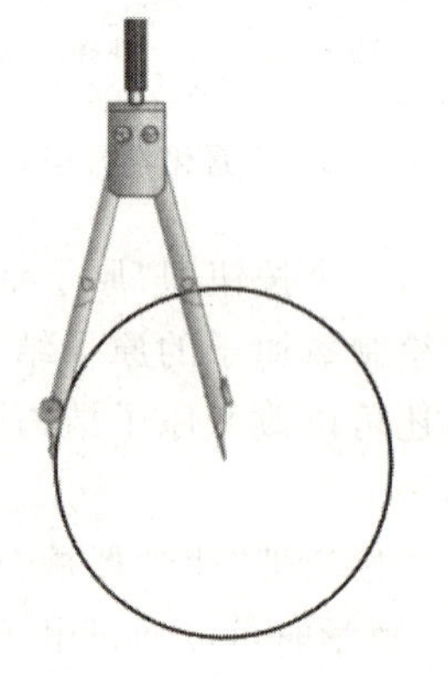

图 1-2-18 圆规工具画圆

图 1-2-19 单词工具

1.2.3 案例教学——索尼(Sony)数码摄像机的使用(配有微课视频)

主要知识点：

- 数码摄像机的拍摄准备。
- 摄像中的镜头切换技巧。

在教学活动中，要记录诸如课堂教学、教学研讨、教学比赛等事项的音影画面，数码摄像机成为好帮手。数码摄像机(Digital Video)简称 DV，它将光信号转换为数字信号，存储介质一般为硬盘或者存储卡，按照机器用途来分类，一般分为广播级机型、专业级机型、消费级机型，目前消费级机型的价格在几百元到几千元不等，也能拍摄高清影像，操作相对简单，携带轻便，价格便宜，本案例以该机型为例进行讲解。

1. 数码摄像机的拍摄准备

初次使用时，要进行出厂设置，按照向导完成语言、时间、存储介质的设置，此步骤按照向导完成即可。

(1) 给电池充电或外接电源。教学活动中拍摄时间一般比较长，短则十几分钟，长则几个小时，随机配置的锂电池续航可能不够用，所以还需要外接电源。

(2) 准备好存储介质。数码摄像机一般带机身存储，还可以扩展 SD 卡存储，由于拍摄高清视频占用的空间较大，所以建议在拍摄之前，确保机身内存有足够的余量。或者准备一张空白的 SD 卡，建议容量在 32GB 以上，读写速度为 10 倍速及以上。

(3) 架设三脚架。三脚架可以帮助拍摄者固定摄像机，如图 1-2-20 所示，当需要长时间拍摄时会派上大用场，借助于三脚架的云台，可以轻松实现摄像机的摇动。首先将三脚架上的快装板拆下来，安装到摄像机底部，然后撑开三脚架，调整好高度，使其水平放稳，再将安装好快装板的摄像机卡在三脚架上。

注意：短时间的拍摄也可以不用三脚架，直接手持拍摄。手持拍摄时，用右手 4 个手指并拢套在摄像机的腕带中，大拇指按在拍摄按钮上(图 1-2-21 为摄像机顶部示意图)，保持身体平直，手持的方式如图 1-2-22 所示。

图 1-2-20 三脚架

图 1-2-21 摄像机顶部

图 1-2-22 手持摄像机示意图

2. 拍摄中的镜头切换技巧

(1) 开始拍摄。打开镜头盖，翻开数码摄像机的液晶显示屏，就可以进入待机状态，选择好景别就可以拍摄了。取景时，要保证拍摄主体与边界之间有一定距离，这样在镜头变换时不至于捕捉不到主体。取景确定后，按下机身上的 START/STOP 键就可以在拍摄与停止之间进行切换。

(2) 推拉镜头。当变动镜头焦距使画面由远而近向拍摄主体不断接近的镜头称为推镜头，反之为拉镜头。该功能可以借助于数码摄像机的 W 和 T 两个按钮来实现，如图 1-2-21 中，T 为推镜头，W 为拉镜头。推镜头有利于表现主体的细节，突出重点；而拉镜头多用于交代周围的场景。

(3) 摇动镜头。当摄像机固定在三脚架上，云台上有摇动手柄，缓缓地摇动手柄，可以改变摄像机镜头的焦点，改变拍摄画面的范围，犹如人转动头部环顾四周。

3. 拷贝摄像机中的视频文件

摄像机中拍摄的录像可以存储在 SD 卡上，也可以存储于机身内存，拷贝文件的方法是不一样的。

(1) 方法一：如果存储在 SD 卡上，则准备一个读卡器，打开数码摄像机的存储仓，如图 1-2-23 所示，盖子上标有 SD 字样，取出 SD 卡后用读卡器连接电脑，完成拷贝。

(2) 方法二：如果是存储在机身内存，则需要通过 USB 数据线连接机器与电脑。机身有一小段数据线，放置在腕带中，如图 1-2-24 所示，抽出后再用 USB 数据线连接至电脑。

图 1-2-23 数据卡仓

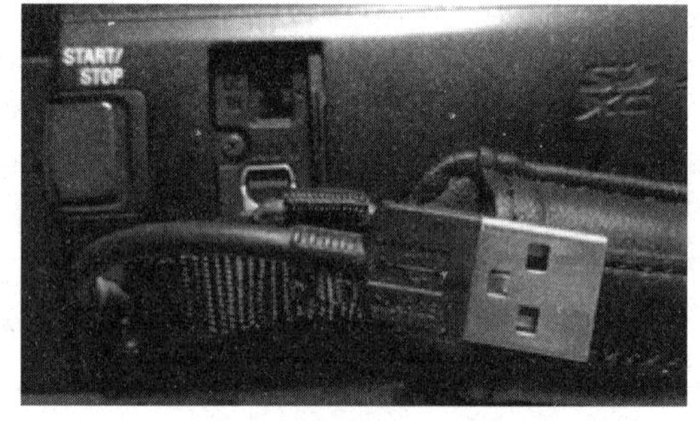

图 1-2-24 机身 USB 数据接口

1.2.4 案例教学——佳能(Canon)数码相机的使用

主要知识点：

- 数码相机的基本操作。
- 数码相机的拍摄。

在教学活动的影像记录中以及教学素材的准备过程中，数码相机是不可或缺的工具，拍摄好的照片可以传到电脑上，用到教学中。与单反相机相比，卡片相机具有轻便优势，操作简单，价格便宜，可作为入门级的相机，如图 1-2-25 为佳能卡片型数码相机。

1. 数码相机的基本操作

(1) 初始化设置。数码相机初次开机时要对语言、时区和时间、存储介质、相片质量

图 1-2-25 佳能卡片型数码相机

做设置，按照向导操作完成即可。在使用相机之前，要对电池进行充电、安装存储卡和电池，最后初始化设置，然后就可以正常拍摄了。

(2) 选择好拍摄角度。将镜头对准拍摄主体，虽然现在镜头的变焦倍数越来越大，但还是建议拍摄者尽可能靠近主体进行拍摄。通过变焦按钮进行变焦，变焦按钮一般标记有 W 和 T 字样，W 表示广角，T 表示长焦，按住 W 这一端，取景范围逐渐变大，主体逐渐缩小，适合拍全景时用；按住 T 这端，取景范围变小，俗称拉近，适合拍特写用。

(3) 拍摄照片。选择好取景范围后，镜头的焦点可能还不在主体上，需要对焦，数码相机中除了手动模式，都可以进行自动对焦，用食指半按快门，液晶屏幕中间的方框对准拍摄主体，逐渐清晰，然后全按快门。注意拍摄过程中要尽量保持相机稳定，不能晃动，否则相片会模糊。

(4) 查看照片。对于相机中已经拍摄好的照片，可以按回放按钮进行查看，同时，结合变焦按钮，可以对照片进行放大和缩小浏览。如果对照片不满意，可以按删除按钮，删除后重新拍摄。

2. 数码相机的拍摄模式

除了自动模式外，一般还有程序自动、快门优先、光圈优先、全手动模式、场景模式、摄像模式。不同品牌的相机，模式拨盘有一些不同。

(1) 程序自动模式。模式拨盘中的 P 表示程序自动模式。即由相机根据当时情况自动决定使用何种光圈、快门速度组合。程序自动模式类似于自动模式，自动模式同时也会控制是否启动闪光灯，而 P 模式不对闪光灯进行控制。

(2) 快门优先模式。模式拨盘的 S 表示快门优先模式，Tv 表示快门速度先决自动曝光模式，佳能相机的模式标识与其他相机稍有不同。这种方式是光圈优先自动曝光方式的对偶方式，也属于"半自动"曝光方式，但操作者所要选择的是快门速度，照相机就会自动地选择相应的光圈。快门优先自动曝光方式在理论上非常适合于拍摄动体，操作者可以选择较高的快门速度来"冻结"动体的影像；也适合拍摄光线明暗对比大的主体，比如晚上拍摄灯具的内部。

(3) 光圈优先模式。模式拨盘中的 A 表示光圈优先模式。在这种方式下，由操作者选择所需的光圈值，数码相机会根据拍摄条件自动调节其他参数。利用这种模式，可以有效地控制景深的大小。选择较低的光圈值(开大光圈)，景深变小，背景显得模糊柔和。选择较高的光圈值(缩小光圈),景深变大,使前景和背景都变得清晰。

(4) 全手动拍摄模式。模式拨盘中的 M 表示光圈优先模式。此模式需要以手动方式调节快门与光圈的参数,需要各个参数的合理搭配,没有相当功底的摄影经验是难以正确曝光的。

(5) 场景模式。数码相机预设了一些典型的场景,各种场景模式根据对应的不同场景,出厂时预设了与其适应的光圈、快门、对焦模式、感光度。常见的场景模式有人像模式、夜景模式、运动模式、微距模式、风景模式、全景辅助模式等。

(6) 人像模式。用来拍摄人物肖像,多数相机支持人脸识别,将焦点自动调整到人物脸部。数码相机会把光圈调到最大,做出人浅景深的效果。而有些相机还会使用能够表现更强肤色效果的色调、对比度或柔化效果进行拍摄,以突出人像主体。

1.2.5 案例教学——多媒体教室中笔记本电脑、投影仪的使用

主要知识点:

- 多媒体教室的组成。
- 笔记本电脑与中控系统的连接。
- 电脑与投影仪的连接。
- 投影仪的实用功能与简单维护。

随着信息技术教育硬件设施的完善,越来越多的课程在多媒体教室中开展,如何用好多媒体教室的设备是教师的一项重要技能。多媒体教室一般由多媒体计算机、投影仪、中控系统、音箱设备组成,有的还配备了电子白板、实物展示台。多媒体计算机除了具备普通计算机的功能外,还应具备播放与刻录光盘、录制与输出声音的功能,通过中控系统的控制,能够将视频信号传输到投影仪、将声音传输到音响设备。如配有电子白板,多媒体计算机要连接到电子白板并安装相应软件;如配有实物展示台,中控系统可以将实物展示台的信号输出到投影仪。以上是多媒体教室一般所要具备的功能,随着技术的发展,越来越多的设备应用到教学中,在多媒体教室的基础上发展建设了精品课程自动录播教室、多媒体网络机房等。

投影仪在各种教室中都起着重要作用,根据其工作方式的不同,分为 CRT(阴极射线管投影机)、LCD(液晶投影机)、DLP(数字光处理投影机)三种类型,目前市场上以 LCD 和 DLP 居多,广泛应用在学校、公司、展厅甚至是家庭场所。多媒体教室中,中控系统、笔记本电脑、投影仪、台式电脑之间的连接与使用至关重要,掌握一些投影仪的使用与维护知识也是很有必要的,下面具体介绍。

1. 笔记本电脑与中控系统连接

准备好 VGA 视频线,一端连接在笔记本电脑上,另外一端连接到中控面板的 VGA 接口,如图 1-2-26 所示。在中控面板的信号源选择一栏中,按下"笔记本"按钮,指示灯亮起,表示当前投影仪的信号源来自于笔记本电脑;然后,在笔记本电脑上切换输出信号方式,有"仅计算机"、"复制"、"扩展"、"仅投影仪"4 种方式,如图 1-2-27 所示,一般选择"复制"方式。"复制"方式的效果是计算机屏幕与投影仪画面同步显示,是最常用的显示方

式;“扩展”方式的效果是把投影仪作为计算机的扩展桌面,计算机屏幕与投影仪画面不同步,但是二者作为两个显示区域,窗口内容可以用鼠标在二者之间拖动。

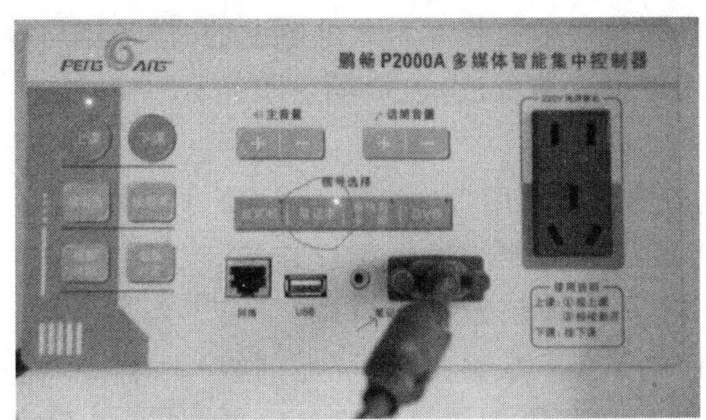

图 1-2-26 中控面板

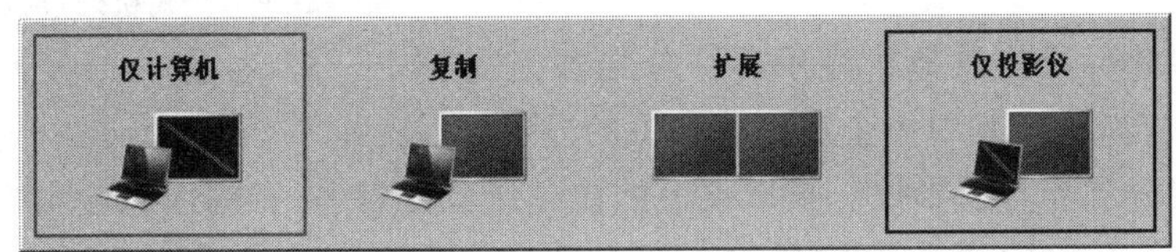

图 1-2-27 切换视频信号输出方式

输出方式的切换。如果计算机是 Windows 7 系统,可以按 WIN 键+P 在 4 种输出方式中轮回切换;也可以安装与笔记本电脑的功能键相配套的驱动或软件,利用 Fn 功能键进行切换,各种品牌的电脑切换按键不一,可以查看官方说明。

2. 笔记本电脑与投影仪连接

在会议室、家庭等场景中,需要笔记本直接连接投影仪来辅助作汇报或者娱乐,这种场景的连接比较简单,直接将笔记本电脑的视频输出接口与投影仪的输入接口连接即可,如图 1-2-28 所示。投影仪有两个接入信号的接口,可选其中之一连接,有的数字高清投影配有 HDMI 接口,这就需要笔记本电脑也支持 HDMI 接口输出,并准备好 HDMI 数据线。

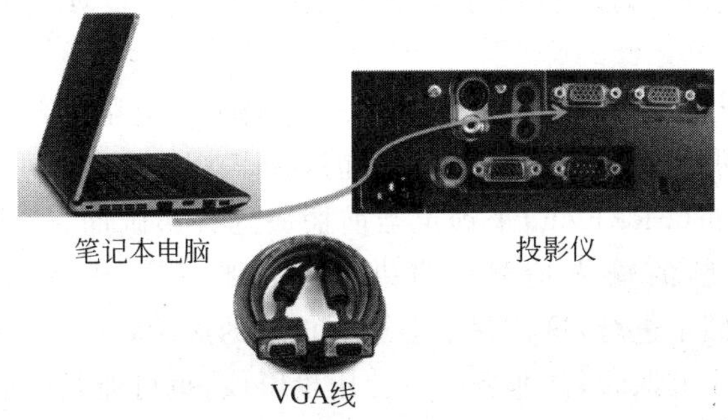

图 1-2-28 笔记本与投影仪连接图

连接完成后,投影仪一般会自动搜索信号来源,如果检测到某一路有输入信号则自动接入，但是笔记本电脑一端要进行切换操作，方法与第 1 步中介绍的一样。

3. 台式电脑与投影仪连接

在教室或展厅中，投影仪一般是接在台式电脑上的，显示器与投影仪可以同时显示电脑输出的画面，一般采用以下连接方法，连接示意图如图 1-2-29 所示。

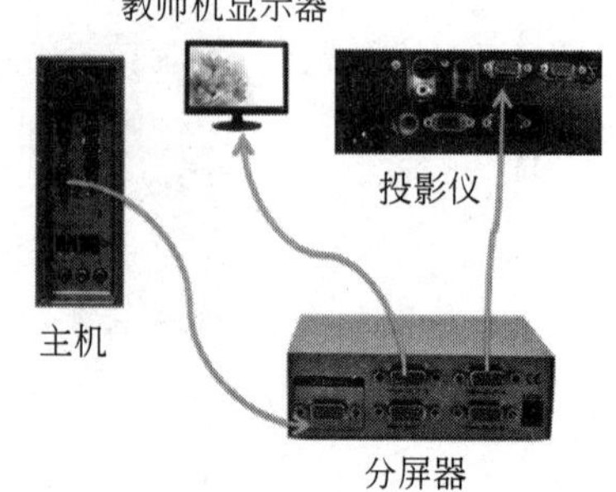

图 1-2-29 台式机连接投影仪示意图

(1) 连接电脑主机与分屏器。用 VGA 视频线，将电脑主机的视频输出接口与分屏器的输入接口连接。主机上一块显卡一般只有一个视频输出接口，如果有多块显卡，要分清当前用的是哪一块显卡；分屏器的视频接口一般是"一进多出"，一路输入信号多路输出信号，输入接口有特殊标记，如图 1-2-29 中的是"VGA IN"标识。

(2) 连接分屏器与教师机显示器。分屏器上有 4 个视频输出接口，选择其中一个连接教师机的显示器。

(3) 连接分屏器与投影仪。投影仪上的视频接口比较多，有输入与输出之分，投影仪背部接口中，右上角的两个为信号输入接口，其下标识有 COMPUTER IN1 字样。用 VGA 视频线将分屏器上的输出接口与投影仪上的 COMPUTER IN1 接口连接。

注意：部分投影仪上还有输出接口，标识的是 MONITOR OUT 字样，可以将主机连接到投影仪的输入接口，然后将投影仪的输出接口连接到教师机显示器，这样可以不借助于分屏器，也能达到同步显示的效果。

4. 巧用投影仪的几种实用功能

市场上大部分投影仪提供了一些扩展功能，这些功能可以帮助我们更好地做报告或进行其他演示。

(1) 时间控制，让投影仪帮助我们计时。单击遥控器控制面板中的"菜单"(MENU)键，弹出投影功能设置菜单，再用方向按钮移动到"选项"(OPT)上，再按"确定"(OK)按钮，选中"计时器"(TIMER)项。屏幕上出现倒计时时间输入提示，输入具体时间数字，比如 25 分钟。在演示过程中，按遥控器控制面板上的"计时"(TIMER)键，启动设置好的倒计时。

(2) 冻结画面，分离显示器与投影仪画面。在演讲时，电脑屏幕上的操作会同步显示在投影仪上，演讲者的每一步都展现在观众面前，有碍观瞻。此时可以巧妙使用遥控器控制面板中的"冻结"按钮(FREEZE)来锁定当前播放的投影画面，即投影画面停留在这一个画面，不再接受电脑的输入信号。演讲者在电脑上操作完后，再按一下"冻结"(FREEZE)按钮即可照常进行，这样就不会影响正常的演示。

(3) 黑屏。演讲或上课时，并非要一直使用投影仪，也可能是中间让投影仪休息一小会，都可以用到黑屏功能。按下遥控器上的"遮屏"(BLANK)按钮，屏幕即刻切换到黑屏状态，此时屏幕无显示，灯泡进入低功耗运转状态，再次按键可以启动。

5. 投影仪的简单维护

(1) 投影仪的开关机。首先要连接好电源线,中间插座要牢靠,确保使用过程中不会松动,以免中途突然断电。投影仪开机需要预热,特别是冬天气温比较低的时候,需要运转几分钟才正常,否则画面不清晰或图像抖动或颜色失真。投影仪关机时,按遥控器上的关机按钮两次,此时投影仪的风扇仍在运转,其作用是给投影仪的灯泡散热,必须等风扇停止转动才可以断开电源,否则会缩短灯泡的使用寿命。

(2) 保持机器稳定,尽量减少移动,小心轻放。投影仪一般吊装在天花板上,但也有摆放在会议桌上的,需要时才安放好。移动投影仪要轻拿轻放,避免机器发生强烈的冲撞、挤压和震动,以免影响投影时影像的会聚,出现 RGB 颜色无法重合的现象。

(3) 保持投影仪镜头的洁净。投影仪镜头如果有灰尘、指纹、划痕,将出现投影画面不清晰、屏幕出现花点,因此要保护好镜头。移动的投影仪在不使用时要将镜头盖盖上,并装入专用的保护袋。

(4) 连续工作时间不宜太长。投影仪是靠强光源投影的,灯泡的发热量非常大,连续工作时间不宜超过一个小时,工作一段时间后,让投影仪休息 10 分钟。休息时不是将镜头挡住,而是要利用投影仪的"黑屏"功能进行遮蔽,或者关闭机器。

*1.2.6 案例教学——全自动精品课程录播教室的使用

主要知识点:

- 全自动精品课程录播教室的组成。
- 全自动录播的原理。
- 录制课程的一般方法。

全自动精品课程录播教室是方便教师录制整个课程教学活动过程的教室,教师一键开启系统后,录播系统会自动跟踪教师、学生,并智能地切换镜头近景与远景,最后生成一个包含教师、学生、电脑桌面、内容节点信息的三分屏网络视频课件,方便分享。目前,精品课程教学录像、教学直播、教学竞赛、微课多采用此种录播教室来录制视频。

1. 全自动精品课程录播教室的组成与工作原理

全自动精品课程录播教室可以有很丰富的设备与软件,打造出色的功能,也有的功能弱些,但一般应包含以下几个部分。

(1) 教师端摄像头与跟踪系统。教师端摄像头主要拍摄教师,当教师站在讲台上并且位置几乎没有变化时,摄像头自动切换给教师以特写;当教师走动时,摄像头切换景别,并且跟踪教师的位置,保证教师画面始终处于画面中央。一般录播教室安装一个教师端摄像头,位于教室最后方,但如果教室面积大,应在教室中部再加装一个。

(2) 学生端摄像头与跟踪系统。学生端摄像头位于教室前面,同时配有红外线感应装置,当学生区域有人起立时,红外感应装置检测到后,学生端摄像头切向该学生区域。

(3) 多路拾音话筒与调音台。教师可以单独配一个讲课的话筒,学生区域的顶部要配置多个话筒,搜集学生的声音,一般采用枪式吊装话筒固定在教室顶部。各路话筒都接入到调音台,由调音台控制音量的大小、是否静音、调制音频效果等。

(4) 导播平台与导播服务器。导播平台控制着各路视频和音频输入信号,可以自动切换教师镜头、学生镜头和电脑桌面,剪辑合成电影模式的教学镜头。除了自动导播,也可以手动控制,由专门人员值守,在导播平台上手动切换视频输入信号和音频输入信号。

(5) 录播服务器。课堂可以录制存储在本地服务器,也可以在网络上直播。录播服务器负责将录制完成的视频存储在录播服务器上,生成教学资源,如三分屏网页课件。如有直播需要,将课堂教学视频在网络上直播。

全自动录播教室各组成部分及工作原理如图 1-2-30 所示。

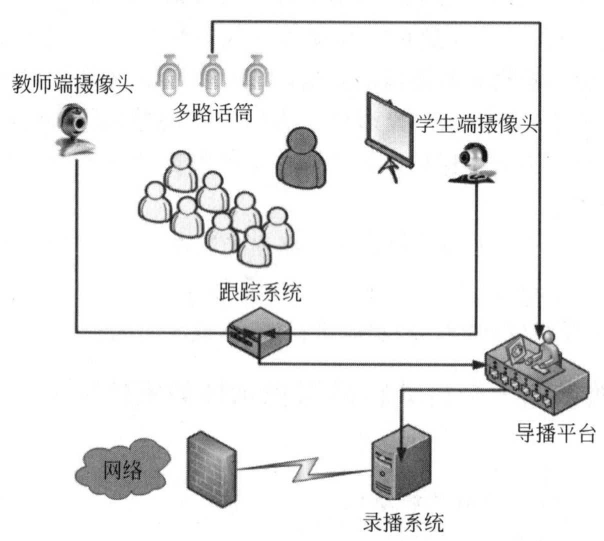

图 1-2-30　全自动录播教室工作原理图

2. 全自动精品课程录播教室的一般使用方法

全自动录播教室可以一键启动,在如图 1-2-31 所示的中控面板上,按"开始"按钮以后便自动进入录制状态,完成后按"停止"按钮则停止录制,生成视频资源。中间如有需要停顿的地方,如课间休息或其他原因需要中止,可以按"暂停"按钮,重新录播则按"开始"按钮即可。

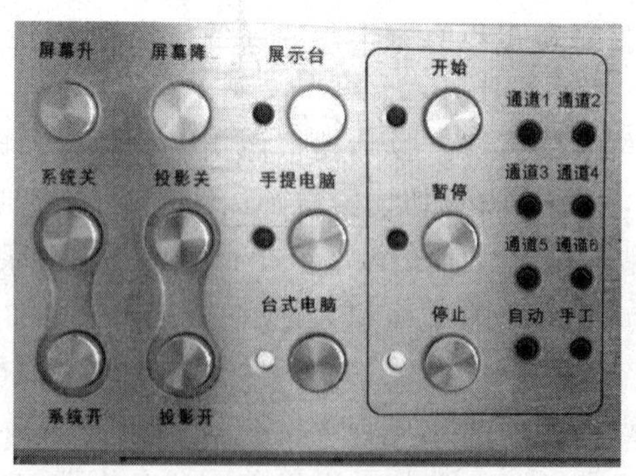

图 1-2-31　全自动录播教室中控面板

以上方法生成的资源说明信息都是默认的,如要改变资源的存放目录及标题信息,需要先新建文件,再开始录制。

打开"文件"菜单下的"新建"命令,在"新建课件"窗口依次输入相应的主题、主讲人、版权、描述信息,单击"浏览"按钮选择资源的存放目录,如图 1-2-32 所示保存在"D:\录制视频"目录下,在录播画面如图 1-2-33 中也能看到相关信息。

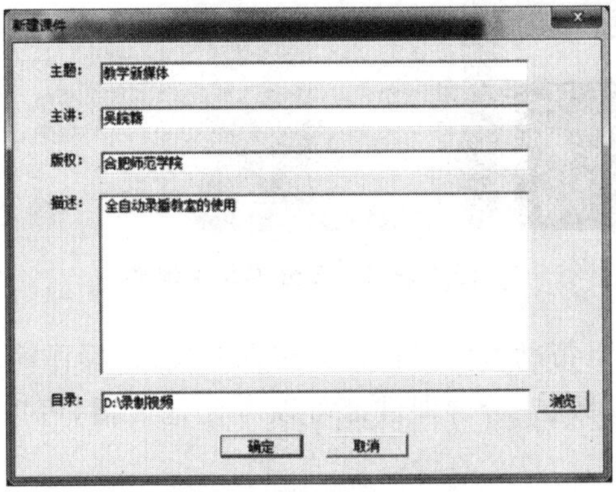

图 1-2-32 新建课件

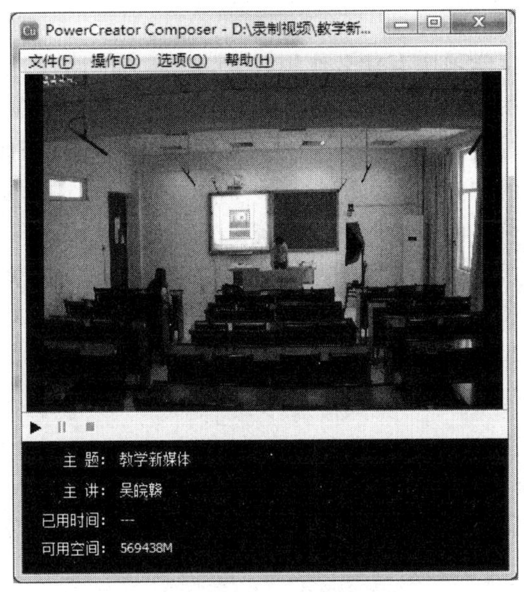

图 1-2-33 录播画面

录制完成后,打开"D:\录制视频"文件夹,其下有一个"教学新媒体_20160414_122803"文件夹,这就是录制后的视频资源。打开该文件夹,找到视频"000.asf",这个视频是录播系统对各路信号进行合成后的视频;找到"content.htm"文件,用浏览器打开,如图 1-2-34 所示,以网页框架的形式生成了一个三分屏的网络视频课件。后期可以对视频再编辑完善,然后将整个文件夹上传到课程服务器上,其他学习者就可以通过网络点播该视频课件了。

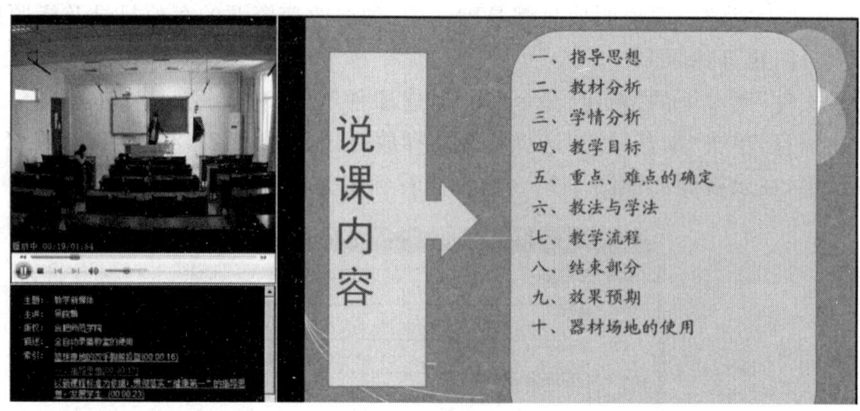

图 1-2-34　三分屏网络课件

全自动录播教室可以帮助教师轻松地实现课堂实录，操作简单，中间不需要担心镜头切换，结束后生成的单视频、三分屏课件都可以方便地传播，可以广泛地应用在精品课程录制、微课制作等领域。

思考与练习

1. 信息素养在终生学习中有什么作用？
2. 检索语法的作用是什么？
3. 检索语句“数学课件 -高中 filetype:ppt site:edu.cn”代表何意？
4. 列举几种常用的中文搜索引擎。
5. 列举几个国内著名的电子图书馆系统。
6. 交互性电子白板在教学中有哪些优势？请结合自己任教学科谈一谈。
7. 数码摄像机要长时间拍摄，需要做好哪些准备？
8. 投影仪的开启与关闭有哪些需要注意的？
9. 多媒体教室一般包含哪些设备？

第 2 章

常用音频编辑软件

在信息化教育资源中，音频素材常被用来作为课件的伴奏、解说，以强调课件内容或突出情境氛围。音频素材的获取方法有很多种，既可通过第 1 章中介绍的方法网络搜索，也可使用相关音频编辑软件录制并处理。本章将讲解两个流行的常用音频编辑软件，其中，GoldWave 软件可用来对音频文件进行基本的编辑加工及格式转换；Adobe Audition 原名为 Cool Edit Pro. 被 Adobe 公司收购后，改名为 Adobe Audition。作为一个专业的音频编辑和混合环境，Adobe Audition 常被用来进行声音文件的录制与后期处理，以提高声音文件的质量，作为课件中的音频素材使用。

本章学习目标：

- 掌握 GoldWave 控制器的使用与选择、截取音频片段的方法。
- 掌握 GoldWave 中音频的复制、剪切与粘贴方法。
- 了解 GoldWave 中不同声道的选择与声音合成的方法。
- 掌握 GoldWave 中音量的调整方法。
- 初步掌握 GoldWave 中淡入淡出及回声效果的设置。
- 掌握 Adobe Audition 中新建音频文件并录音的方法。
- 初步掌握 Adobe Audition 中剃刀工具的使用。
- 掌握 Adobe Audition 中音频片段的降噪、语速与音调、增幅等效果的添加。
- 掌握 Adobe Audition 中室内混响的添加。
- 了解 Adobe Audition 中多轨混音的简单制作。

2.1 GoldWave 音频资源加工处理

作为一款功能强大的数字音乐编辑器，GoldWave 集声音编辑、播放、录制和转换等功能于一体，可用来对音频资源进行基本的加工和处理。本节中，将以案例教学的方式，结合例子讲解 GoldWave 加工处理音频资源的实用技术技巧，以及有一定难度的非基础性知识。

2.1.1 案例教学——课文《春》朗诵音频基本处理

主要知识点：

- 控制器的使用与音频格式的转换。
- 选择音频片段。
- 截取音频片段。
- 复制、剪切与粘贴三种不同操作。
- 删除与撤销。

GoldWave是一个操作简单、功能强大的音频编辑软件，它不仅支持MP3、WAV、MOV、VOC、AIFF、SDS、APE等多种格式的音频文件，还包含了声音编辑、混音、声音合并等丰富的音频处理特效，能够较全面地满足教学声音材料的使用要求，其操作界面如图2-1-1所示。下面我们将以课文《春》朗诵音频基本处理过程为例讲解GoldWave中音频素材的基础编辑操作。

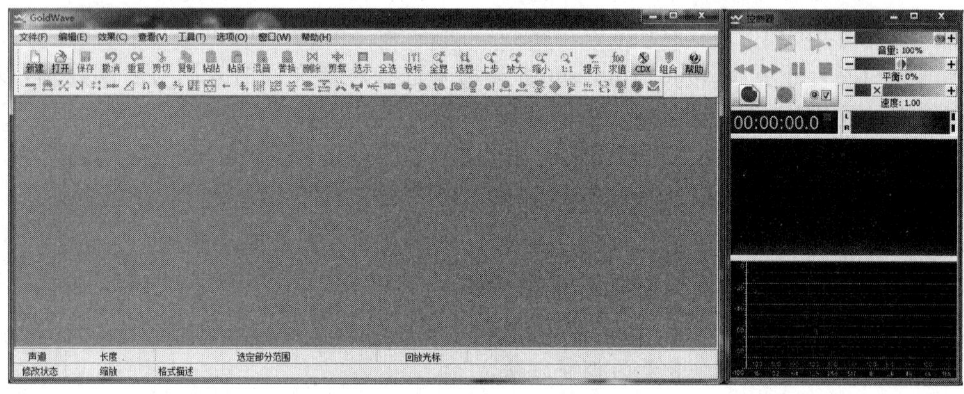

图 2-1-1 GoldWave软件界面

1. GoldWave的基本操作与控制器的使用

(1) 打开声音文件

在GoldWave软件中打开“春.wav”声音文件，操作界面如图2-1-2所示，自上而下分别为菜单命令和快捷工具栏、声音文件波形显示区域及所打开文件的属性状态三个部分。由于案例为立体声，因此声音文件分为如图2-1-2所示的两个声道，其中处于上方的绿色波形代表左声道，其下方红色波形代表右声道，可以分别或统一对它们进行编辑处理。

(2) 控制器的使用

① GoldWave软件中，使用“工具”→“控制器”菜单，可以切换控制器的显示与隐藏，其界面如图2-1-3所示。

② 在控制器中单击“使用按钮1设置播放”，可直接播放“春.wav”声音文件的全部波形，单击“使用按钮2设置播放”或“使用按钮3设置播放”，则分别播放选定部分的波形或从当前位置继续播放。

③ 控制器还可以进行向后播放、向前快速播放、暂停、停止等操作，并可以查看当前

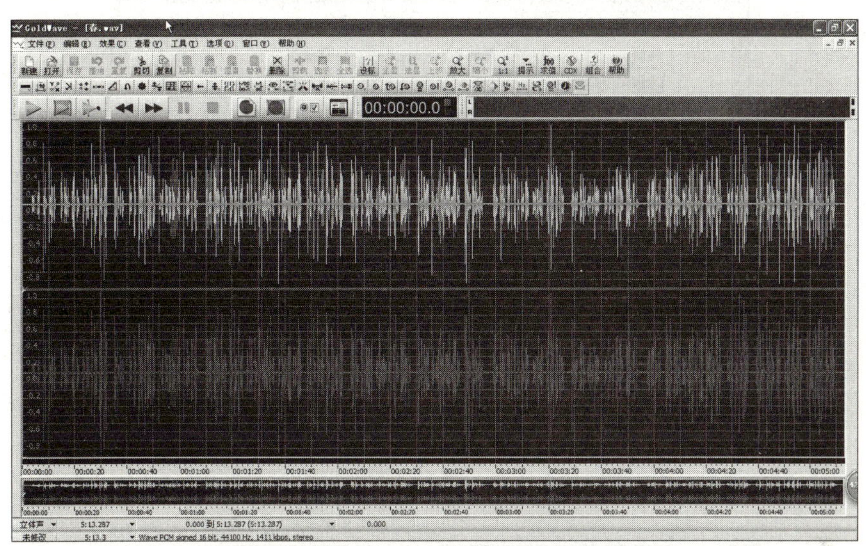

图 2-1-2 “春”声音文件编辑界面

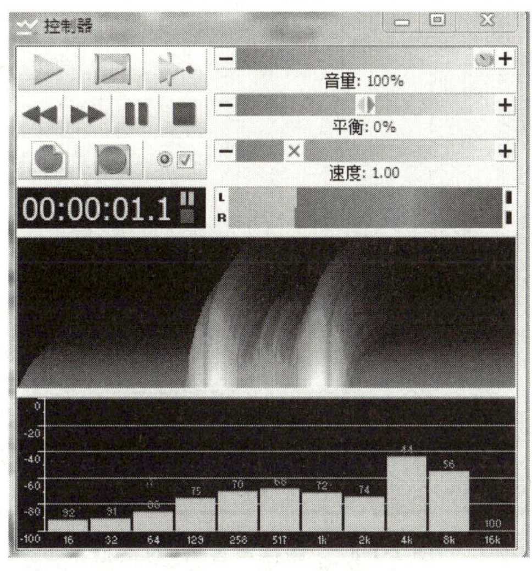

图 2-1-3 GoldWave 控制器界面

音频文件的具体波形、精确的播放时间、左右声道音量等信息。单击控制器的属性按钮，可以调整播放、录音、音量、视觉以及声卡设备等方面的控制器属性，其界面如图 2-1-4 所示。

(3) 音频文件格式的转换

① 在 GoldWave 软件中，选择“文件”→“另存为”菜单，打开如图 2-1-5 所示的“保存声音为”对话框。

② 在“保存类型”选项中选择 mp3，可将音频文件格式由 wav 转换为 mp3，即保存为“春.mp3”声音文件。

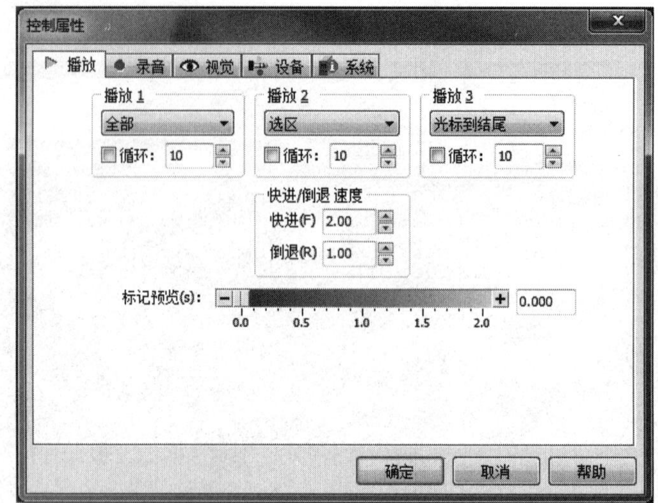

图 2-1-4 “控制属性”对话框

图 2-1-5 “保存声音为”对话框

2. GoldWave 中音频片段的选择与截取

(1) 选择音频片段

在 GoldWave 软件中,无论是对音频文件进行片段的复制、粘贴或删除,还是淡入淡出等其他效果的设置,首先都需要选定某个音频片段,然后再进行相关的编辑操作,其设置过程如下:

① 在打开的“春.mp3”声音文件波形显示区域 0 分 3 秒左右位置上单击鼠标即可确定选择部分的起始点,在 5 分 10 秒左右位置上可选择右键快捷菜单“设置结束标记”即确定选择部分的结束点。其中,被选中的音频片段呈现高亮显示,而未被选中的音频部分则显示为深色背景,其界面如图 2-1-6 所示。

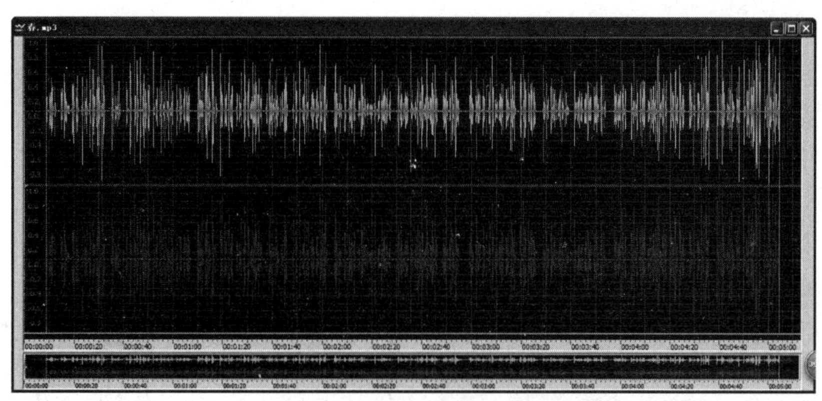

图 2-1-6　GoldWave 音频片段的选择

② 如需精确截取音频片段，可直接使用“编辑”→“标记”→“设置”命令，在打开的“设置标记”对话框中精确输入开始与结束时间，其界面如图 2-1-7 所示。

(2) 截取音频片段

由于“春. mp3”声音文件在朗诵的开始和结束位置均存在无声部分需要删除，可通过 GoldWave 中的菜单命令选择音频片段并截取，其设置过程如下：

① 选定“春. mp3”声音文件 0 分 3 秒到 5 分 10 秒之间的音频片段，使用“文件”→“选定部分另存为”菜单，打开如图 2-1-8 所示的“保存选定部分为”对话框。

图 2-1-7　“设置标记”对话框

图 2-1-8　“保存选定部分为”对话框

② 设置文件名为“春朗诵部分. mp3”，即可将“春. mp3”声音文件中的选定音频片段截取保存为一个新的文件。

3. 音频的复制、剪切、粘贴、删除

(1) 复制、剪切与粘贴

在选定了“春朗诵部分. mp3”声音文件中某个音频片段的基础上，可进行复制、剪切

与删除等基本操作,其设置过程如下:

① 选择“春朗诵部分.mp3”声音文件中0分0秒至0分10秒之间的音频片段,使用“编辑”→“复制”菜单复制音频片段。

② 使用鼠标单击选中声音文件结束位置,选择“编辑”→“粘贴”菜单,可将复制的音频片段插入到文件结束位置播放。

③ 由于音频文件结束位置较难选定,也可使用“编辑”→“粘贴到”→“文件结尾”菜单,将复制的音频片段插入到声音文件的结尾位置。

如需要单独保存复制的音频片段,可在选定音频片段的基础上执行“编辑”→“粘贴为新文件”菜单命令,将复制的音频片段粘贴到新建声音文件中。此时软件波形显示区域会出现新的声波图,如图2-1-9所示,其中位于上方的无标题1即为粘贴而成的新文件,可选择“文件”→“保存”菜单进行保存。

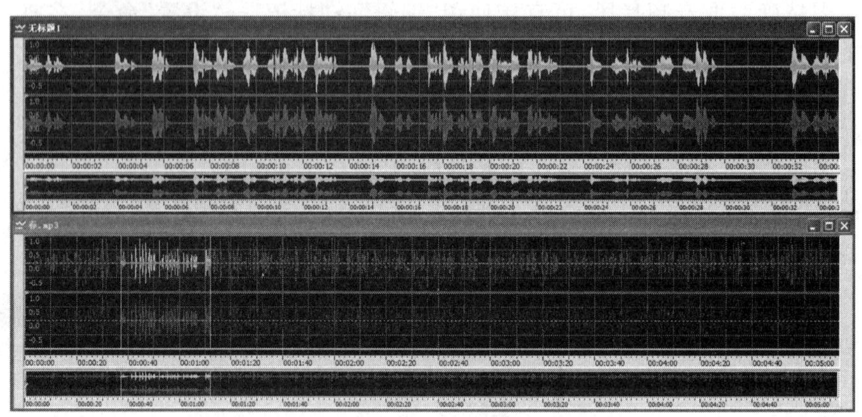

图2-1-9 “粘贴为新文件”软件界面

(2) 删除与撤销

对于上一步骤中复制粘贴的音频片段,可根据素材情况进行删除或撤销操作,其设置过程如下:

① 选择“春朗诵部分.mp3”声音文件中5分6秒至5分16秒之间的音频片段,即上一步骤中复制粘贴而成的音频片段,使用“编辑”→“删除”菜单可将选定的音频片段删除。

② 如5分6秒至5分16秒之间的音频片段仍需存在,可使用“编辑”→“撤销”菜单取消上一步操作,而使用“编辑”→“重复”菜单则恢复上一步的撤销操作,可结合实际情况使用。

③ 经过以上音频片段的选择以及复制粘贴、删除等操作之后,保存“春朗诵部分.mp3”声音文件,作为下一案例中的音频素材使用。

注意:选择“编辑”→“删除”菜单可将选定的音频片段删除,而选择“编辑”→“剪裁”菜单则将未选中的音频片段删除,使用通俗的语言来描述,删除可以称为“删除选定”,而剪裁则是“删除未选定”。

2.1.2 案例教学——课文《春》朗诵伴奏音频资源制作(配有微课视频)

主要知识点:

- 不同声道的选择。
- 声音合成的不同方法。
- 音量的调整。
- 淡入淡出效果的设置。
- 回声效果的设置。

下面以“课文《春》朗诵伴奏”为例讲解 GoldWave 中音频素材的高级编辑加工技巧。

1. 声道的选择

(1) 打开“春朗诵部分.mp3”声音文件,软件将会以水平形式呈现出上下两个声道,如前文所示,处于上方的绿色波形代表左声道,其下方红色波形代表右声道。

(2) 执行“编辑”→“声道”→“右声道”命令可选中声音文件的右声道,如图 2-1-10 所示。当选定右声道时,左声道会以深色背景显示,即处于不可编辑状态,所有操作对其没有影响。

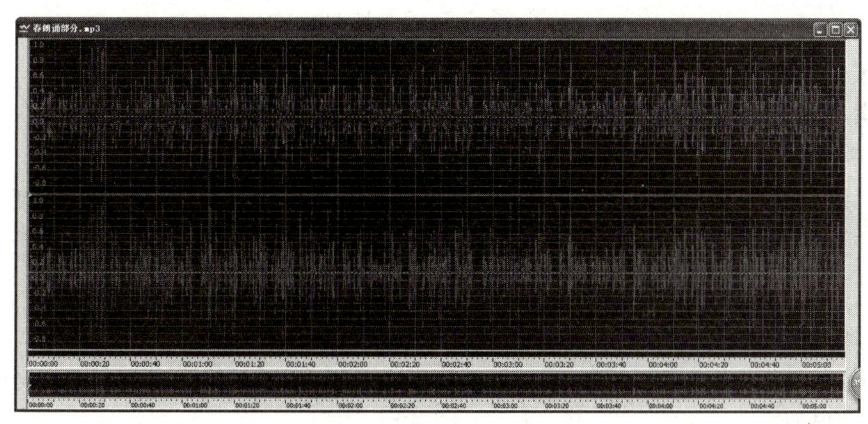

图 2-1-10 选择某一声道

注意:当需要恢复到双声道的编辑状态时,可执行“编辑”→“声道”→“双声道”命令。

2. 声音的合成

(1) 选择“春朗诵部分.mp3”声音文件的右声道,执行“编辑”→“删除”命令将该声音文件中右声道的全部波形删除。

(2) 在 GoldWave 软件中打开“钢琴伴奏.mp3”声音文件并选中全部波形,将其复制粘贴到“春朗诵部分.mp3”声音文件的右声道中,即可通过左右声道的编辑完成朗读与伴奏音乐的合成。

(3) 要将朗诵与伴奏音乐合成在一起,也可以通过混音功能来实现。选择并复制“钢琴伴奏.mp3”的全部波形,在“春朗诵部分.mp3”声音文件中选择“编辑”→“混音”菜单,打开如图 2-1-11 所示的“混音”对话框,确定进行混音的起始时间及音量,结合“预览当前设置”按钮可达成更好的混音效果。

3. 不同声道音量的调整

经过声道的选择与合成之后，发现处于右声道的钢琴伴奏音乐音量稍大，导致声音主体不够突出，可选择对不同声道进行音量的调整，以进一步提高伴奏朗诵声音文件的质量，设置过程如下：

(1) 选中伴奏朗诵合成声音文件中的右声道，执行“效果”→“音量”→“更改音量”命令，在打开的如图 2-1-12 所示的“更改音量”对话框中使用音量调节条或直接输入数值以更改音量，如需精细调节，可单击滑块两端的加号或减号微调。

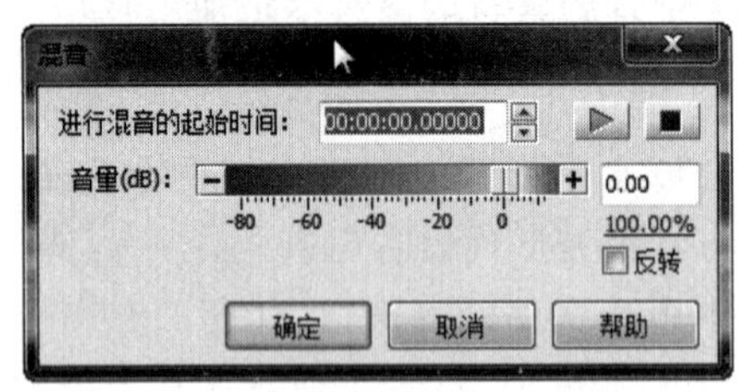

图 2-1-11 “混音”对话框

图 2-1-12 “更改音量”对话框

(2) 结合“预览当前设置”按钮可预览音量效果，单击“确定”按钮后，会发现文件波形显示区域中放置了伴奏音乐的右声道波形变小，音量降低。

注意：

① 这里的分贝不是绝对声强，而是相对分贝值，例如“−1”就是让声音减小 1 分贝。

② “更改音量”命令不仅对选中的声道有效，也可在选择全部波形或某个音频片段的前提下，对整个声音文件或单个选中的音频片段进行音量的调节，以提高声音文件的整体质量。

4. 淡入淡出效果的设置

为了追求更完美的音频效果，可在音频文件开头和结尾部分分别设置淡入和淡出效果，设置过程如下：

(1) 选择当前声音文件中 0 分 0 秒至 0 分 10 秒之间的音频片段，执行“效果”→“音量”→“淡入”命令，打开如图 2-1-13 所示的“淡入”对话框，设置初始音量与渐变曲线类型，也可直接使用软件预置方案，如“50％到完全音量，直线型”。

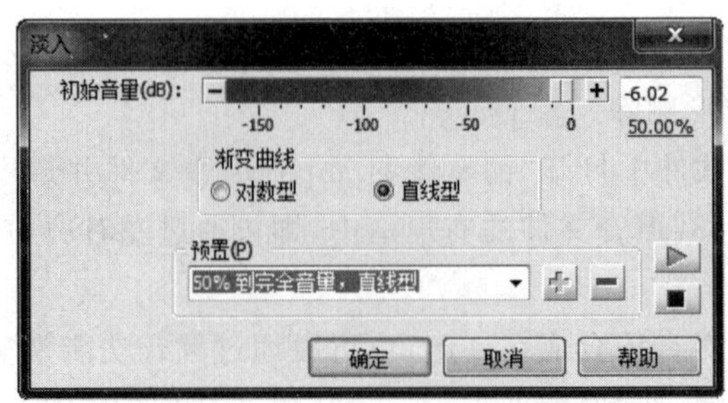

图 2-1-13 “淡入”对话框

(2) 同理，选择当前音频5分20秒至5分30秒之间的音频片段，执行"效果"→"音量"→"淡出"命令，可打开如图2-1-14所示的"淡出"对话框，设置相应的淡出效果，如"完全音量到50%，直线型"。

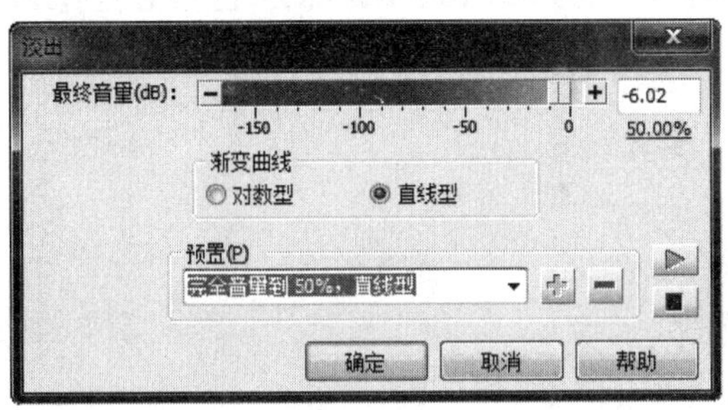

图 2-1-14 "淡出"对话框

5. 回声效果的设置

选择当前音频文件放置了人声朗诵的左声道，可以给人声朗诵加上回声的效果，设置过程如下：

(1) 选择左声道，选择"效果"→"回声"菜单，打开如图2-1-15所示的"回声"对话框。

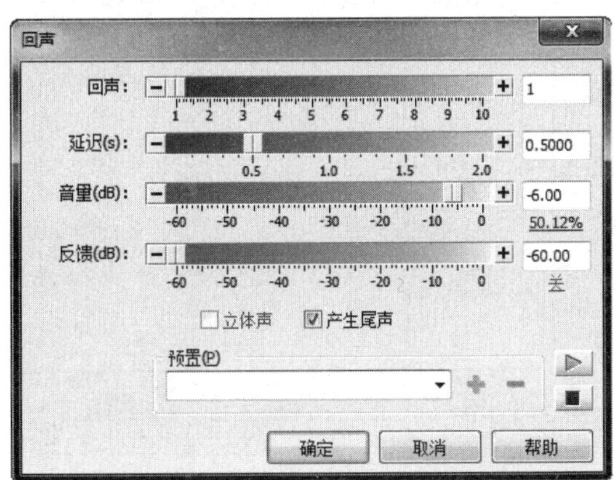

图 2-1-15 "回声"对话框

(2) 在对话框中设置回声、延迟、音量和反馈等参数。其中，回声是指回音的次数；延迟则设置延迟时间，即回音与主音或两次回音之间的时间间隔；音量是指以分贝为单位的回声衰减量；反馈是指回声对主音的影响，－60db为关闭，即对主音没有影响。设置"立体声"会产生双声道回声效果，"产生尾声"选项则会让回音尾部延长，两者可使回声更具有空间感和真实感。

*2.2 Adobe Audition 音频后期编辑处理

Adobe Audition 作为一款专业的音频编辑和混合环境处理软件，它的降噪、混音等后期编辑功能相对于 GoldWave 软件先进很多，为声音录制与后期制作提供了先进的操作平台。本节中,将以案例教学的方式,结合例子讲解 Adobe Audition 加工处理音频资源的实用技术技巧,以及有一定难度的非基础性知识。

2.2.1 案例教学——《一剪梅》诗词朗诵录音(配有微课视频)

主要知识点:

- 新建音频文件并录音。
- 整理声音片段。
- 录音的降噪处理。
- 语速与音调的调整。
- 室内混响的添加。

Adobe Audition 是一个专业的音频编辑和混合软件,利用它不仅可以进行音频的录制与混合,还能实现一些复杂的后期编辑与处理功能,其操作界面如图 2-2-1 所示。下面我们将以课文《一剪梅》诗词朗诵录音资源的制作过程为例,讲解 Adobe Audition 中音频素材的基础编辑操作。

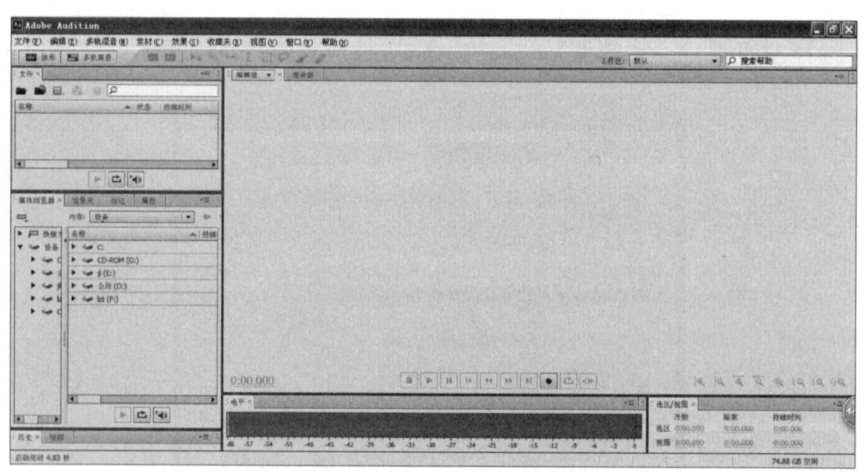

图 2-2-1 Adobe Audition 软件界面

1. Adobe Audition 中音频文件的录制

(1) 新建声音文件

① 启动 Adobe Audition 软件,选择"文件"→"新建"→"音轨文件"菜单,或直接单击工具栏中的"波形"按钮即可新建声音文件,对话框界面如图 2-2-2 所示。

② 在弹出的对话框中,可根据实际需要设定采样率、声道以及位深度等音频文件参数。其中,"采样率"可选择为 44100,如需录制演奏音乐可适当提高采样频率;"声道"可选择为立体声;"位深度"设置为 16 位。

(2) 声音文件的录制

① 在新建的声音文件中,单击编辑器中的"录制"按钮开始声音的录制。

② 选择"文件"→"存储"菜单设置声音文件的文件名、位置及格式之后,单击"确定"

按钮即保存“《一剪梅》诗词朗诵录音. wav”声音文件，如图 2-2-3 所示。

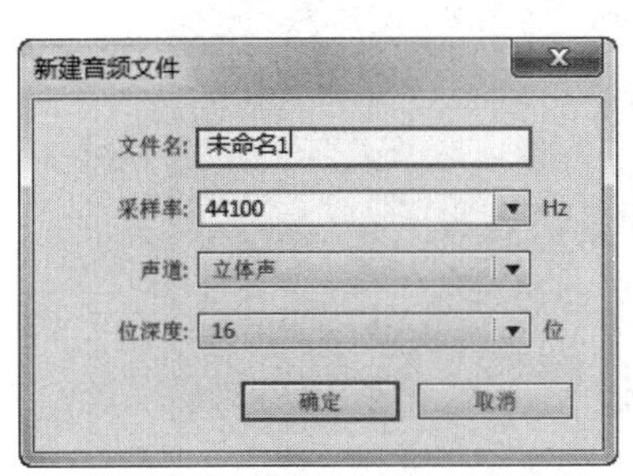

图 2-2-2 “新建音频文件”对话框

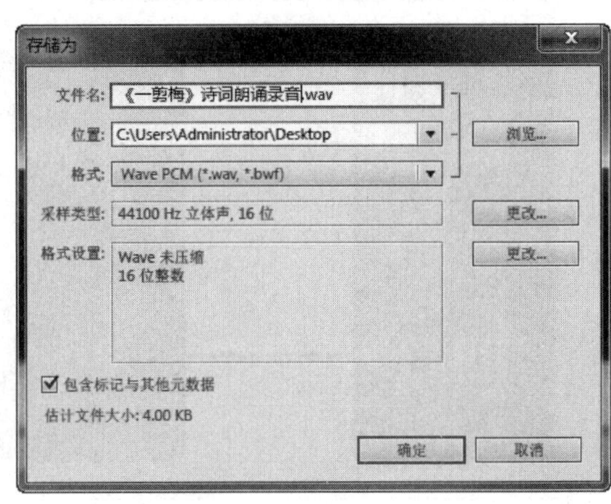

图 2-2-3 “存储为”对话框

注意：如出现如图 2-2-4 所示的对话框，说明系统音频输入与输出设备的采样率不匹配，导致录音工作无法正常进行。需事先在控制面板中调整扬声器与麦克风的采样频率和位深度，建议均选择“16 位，44100Hz”即可。

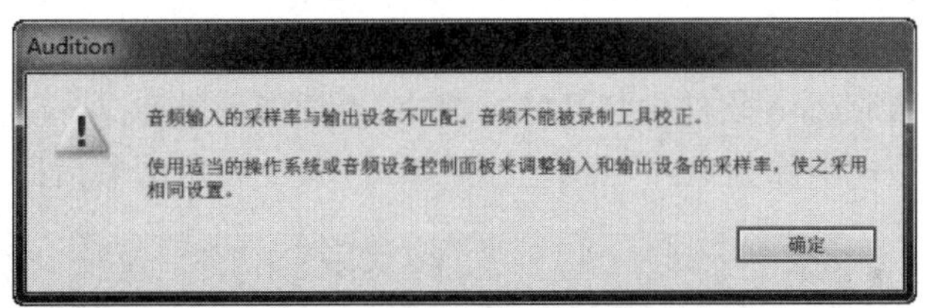

图 2-2-4 警示对话框

2. Adobe Audition 中音频片段的整理

声音文件的录制工作很难精确无误地一次性完成，如出现口误等现象，可在 Adobe Audition 中通过删除、替换等方式对音频片段进行整理，设置过程如下：

(1) 打开“《一剪梅》诗词朗诵录音. wav”声音文件，可结合编辑器下方的“放大(时间)”按钮将波形放大以方便编辑处理。

(2) 使用鼠标左键拖动，选择声音文件中 0 分 4 秒至 0 分 7 秒之间的音频片段，选择“编辑”→“删除”菜单或直接按下键盘上的 Delete 键，可删除录音过程中多余的口误或任何不想保留的部分，效果如图 2-2-5 所示。

(3) 同理，选中其他需要处理的音频片段并删除，或在选中音频片段的基础上按下“录制”按钮以重新录制不合格的音频片段，保存整理好的“《一剪梅》诗词朗诵录音. wav”声音文件。

注意：重新录制的音频部分会覆盖之前的音频片段，且随着录制时间的延续继续覆盖未被选中的部分。

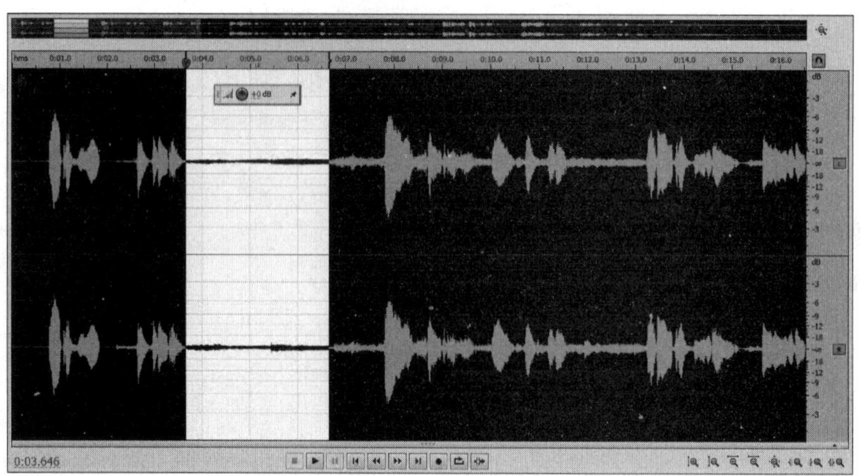

图 2-2-5　选择音频片段

3. Adobe Audition 中音频片段的降噪处理

(1) 消除嗡嗡声

由于录音现场环境等因素，经过剪辑整理的声音文件音质并不完美，如可能会出现嗡嗡的噪音，需在 Adobe Audition 中进行后期降噪处理，设置过程如下：

① 在 Adobe Audition 软件中打开“《一剪梅》诗词朗诵录音. wav”声音文件，选择“效果”→“降噪/恢复”→“消除嗡嗡声”菜单，打开如图 2-2-6 所示的对话框。

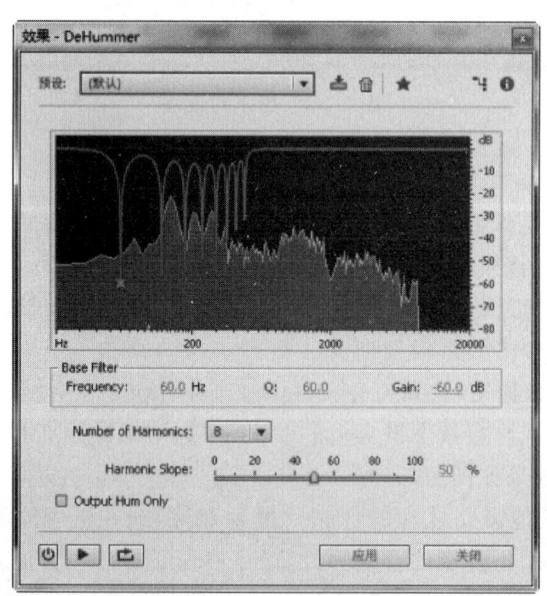

图 2-2-6　“消除嗡嗡声”对话框

② 使用默认的预设方案，结合对话框左下角的状态开关，可听出录音文件中混入的嗡嗡声噪音得到降噪处理。

(2) 降低嘶声

除了嗡嗡的噪音以外，现场录音还可能由于录音主体的发声习惯出现类似嘶声的噪音，同样可在 Adobe Audition 中进行处理，设置过程如下：

① 在 Adobe Audition 软件中打开“《一剪梅》诗词朗诵录音. wav”声音文件，选择“效果”→“降噪/恢复”→“降低嘶声”菜单，打开如图 2-2-7 所示的对话框。

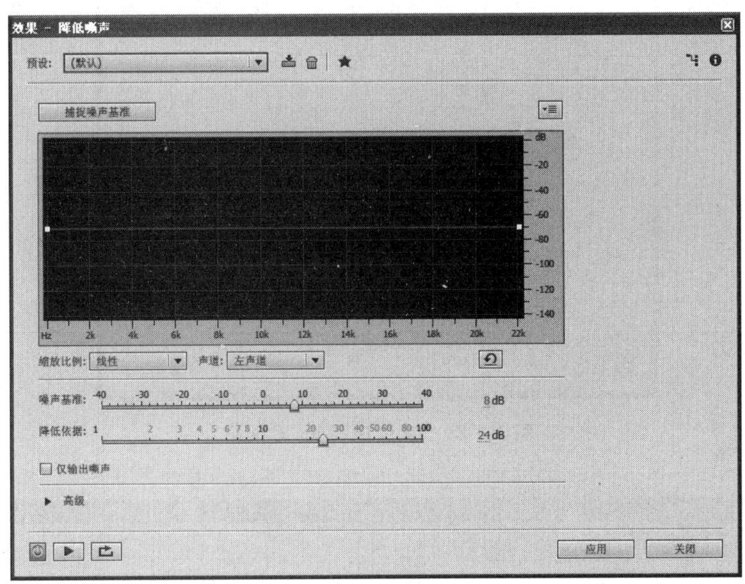

图 2-2-7 “降低嘶声”对话框

② 使用默认的预设方案，结合对话框左下角的状态开关，可听出录音文件中混入的嘶声噪音得到降噪处理。同理，如效果不佳，也可选择软件提供的“轻、高”等不同方案。

(3) 自适应降噪

有时录音文件中未必会出现大量的嗡嗡声或嘶声等特征明显的噪音，此时可通过自适应降噪进行处理，设置过程如下：

① 在 Adobe Audition 软件中打开“《一剪梅》诗词朗诵录音. wav”声音文件，选择“效果”→“降噪/恢复”→“自适应降噪”菜单，打开如图 2-2-8 所示的对话框。

② 结合对话框左下角的状态开关选择合适的预设方案，建议使用弱降噪预设方案，因为强降噪方案可能会导致单方面追求降噪效果致使声音品质大幅度下降。

注意：降噪处理可能会导致原声的损失，在实际操作过程中，需不断调整找到降噪与保证声音质量的平衡点。

(4) 降噪处理

在某些录音文件中，可将具有代表性的噪音进行样本捕捉后再进行降噪处理，会达到事半功倍的效果，设置过程如下：

① 在 Adobe Audition 软件中打开“《一剪梅》诗词朗诵录音. wav”声音文件，使用鼠标左键拖动选择 0 分 28 秒至 0 分 32 秒之间的音频片段，选择“效果”→“降噪/恢复”→“捕捉噪声样本”菜单，将选定的音频片段定义为噪声样本。

② 选择“效果”→“降噪/恢复”→“降噪处理”菜单，打开如图 2-2-9 所示的对话框，使用默认的自定义预设方案即可进行相应的降噪处理。

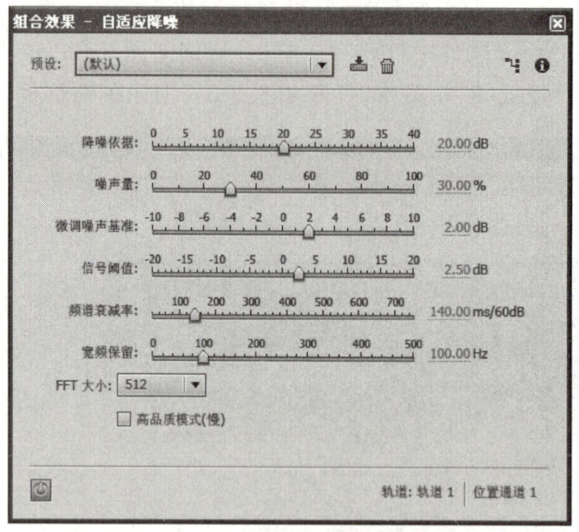

图 2-2-8 “自适应降噪”对话框

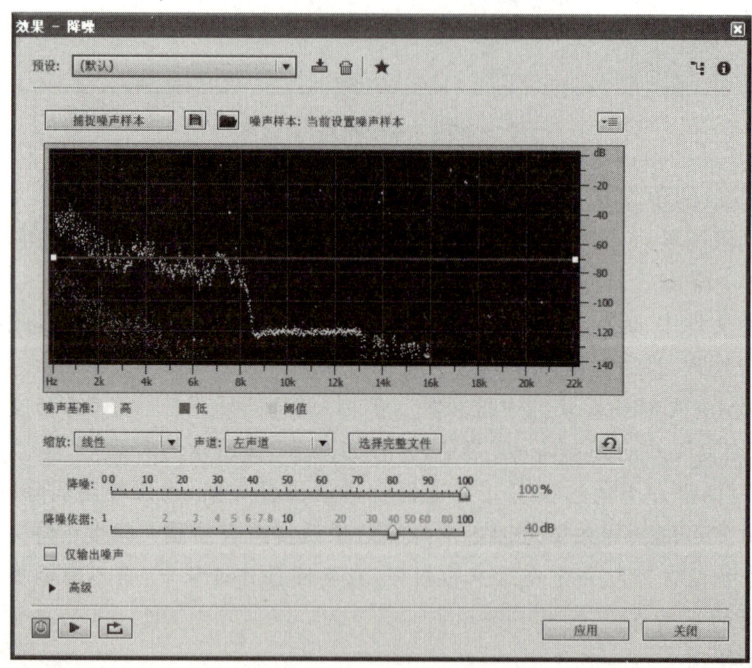

图 2-2-9 “降噪处理”对话框

4. 语速与音调的调整

(1) 语速的调整

经过降噪处理后的声音文件还可进行语速的调整，以适应课件素材的制作需求，设置过程如下：

① 在 Adobe Audition 软件中打开“《一剪梅》诗词朗诵录音.wav”声音文件，选择“效果”→“时间与变调”→“伸缩与变调”菜单，打开如图 2-2-10 所示的对话框。

② 使用鼠标左键拖动以调整“伸缩”选项比例为“120%”，可得到较舒缓的朗诵速度。

(2) 音调的调整

为避免整个录音文件由于一人朗诵从而导致的单调与贫乏，可通过后期的音调处理，形成多人合作朗诵的效果，设置过程如下：

① 在 Adobe Audition 软件中打开“《一剪梅》诗词朗诵录音.wav”声音文件，使用鼠标左键拖动选择 0 分 32 秒至 1 分 3 秒之间的音频片段，选择“效果”→“时间与变调”→“伸缩与变调”菜单，如图 2-2-10 所示。

② 使用鼠标左键拖动以调整“变调”选项比例为“−3 半音阶”，可将后半段诗词朗诵调整成男声状态。

5. 室内混响的添加

经过一系列的降噪、变调等处理以后，为防止录音文件出现干瘪且不圆润的声音效果，可通过 Adobe Audition 软件中的混响工具进行调整，设置过程如下：

(1) 在 Adobe Audition 软件中打开“《一剪梅》诗词朗诵录音.wav”声音文件，选择“效果”→“混响”→“室内混响”菜单，如图 2-2-11 所示。

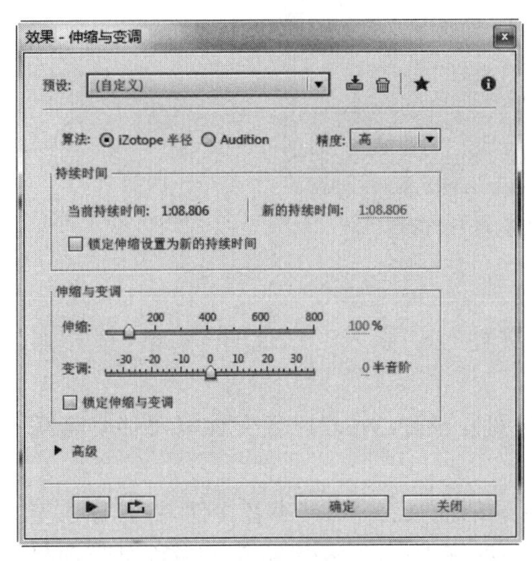

图 2-2-10 “伸缩与变调”对话框

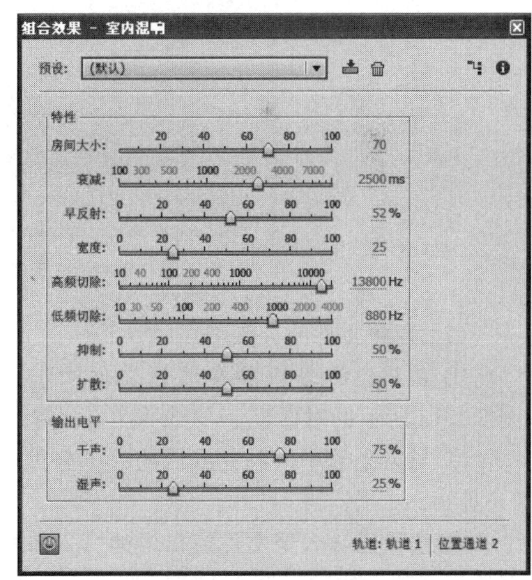

图 2-2-11 “室内混响”对话框

(2) 使用默认的预设方案，结合对话框左下角的状态开关，可听出录音文件中声音品质得到提高。

2.2.2 案例教学——《一剪梅》诗词朗诵配乐后期处理

主要知识点：

- 多轨混音的简单制作。
- 轨道中音频文件的插入。
- 声音片段的增幅处理。
- 剃刀工具的使用。
- 音频点的添加与设置。

下面以《一剪梅》诗词朗诵配乐后期处理为例，讲解 Adobe Audition 软件中音频素材的高级编辑加工技巧。

1. 多轨混音的创建

（1）创建多轨混音

启动 Adobe Audition 软件，选择“文件”→“新建”→“多轨混音项目”菜单，或直接单击工具栏中的“多轨混音”按钮即可新建多轨混音项目文件，对话框界面如图 2-2-12 所示。

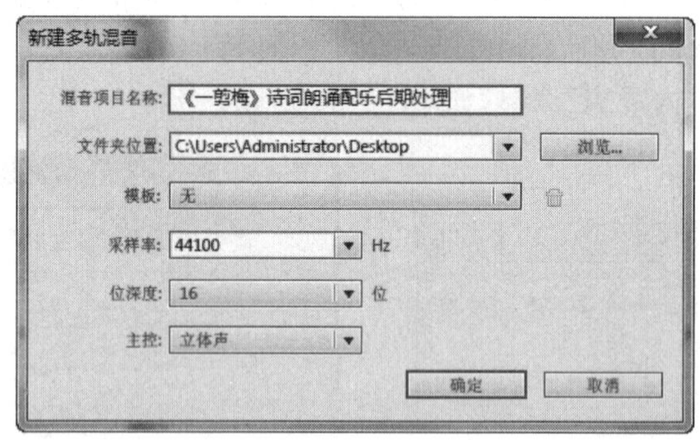

图 2-2-12 “新建多轨混音”对话框

（2）音频文件的导入

① 在新建的多轨混音项目文件中，选择“文件”→“导入”→“文件”菜单，打开如图 2-2-13 所示的对话框。

② 导入上节中录制完成后的“《一剪梅》诗词朗诵录音. wav”声音文件以及伴奏音乐“一剪梅. wav”。

③ 选择已导入至文件窗口中的“《一剪梅》诗词朗诵录音. wav”声音文件，将其导入至多轨混音项目中的轨道 1；同理，选择伴奏音乐“一剪梅. wav”，将其导入至多轨混音项目中的轨道 2，如图 2-2-14 所示。

2. 音频文件的长度及位置调整

在《一剪梅》诗词朗诵配乐后期处理过程中，伴奏音乐的持续时间需要根据朗诵节奏予以调整，设置过程如下：

（1）单击多轨混音项目编辑器下方的“缩小(时间)”按钮，将波形缩小至完整显示两个波形文件,如图 2-2-15 所示。

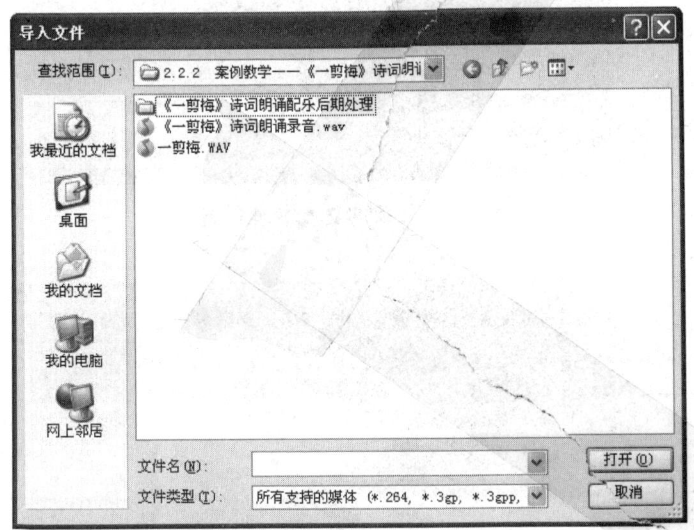

图 2-2-13 “导入文件”对话框

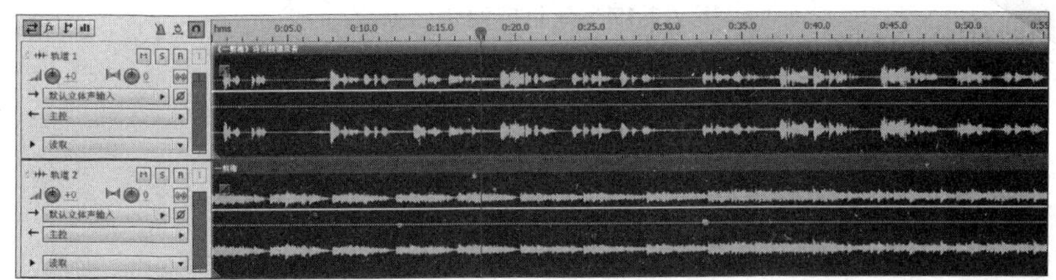

图 2-2-14 导入轨道后的软件界面

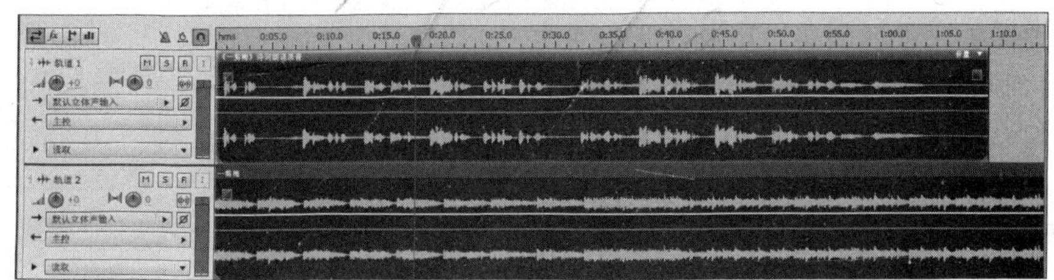

图 2-2-15 缩小后的软件界面

(2) 将鼠标移至位于轨道 2 的“一剪梅.wav”声音文件末端位置,调整伴奏音乐长度与位于轨道 1 的朗诵音频一致,如图 2-2-16 所示。

(3) 选中轨道 2 中的音频素材,使用工具栏中的剃刀工具在 0 分 30 秒左右位置单击,将位于轨道 2 中的伴奏音乐分割成两个部分,再使用工具栏中的移动工具将后一部分平移至轨道 3,如图 2-2-17 所示。

注意:工具栏中的剃刀工具组分为“选择素材剃刀工具”和“所有素材剃刀工具”两种类型,此处只需将位于轨道 2 中伴奏音频分为两段,故在选中轨道 2 音频素材的前提下,

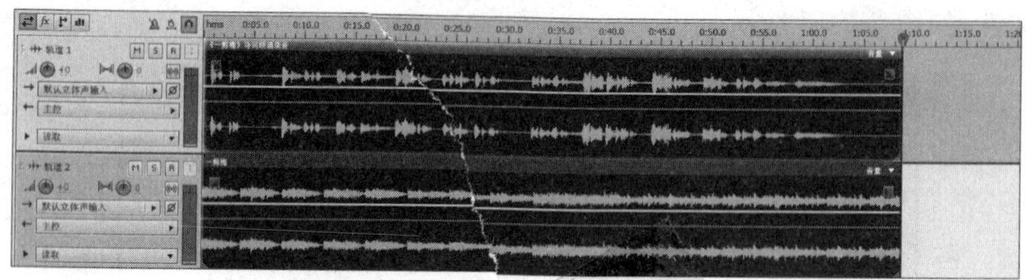

图 2-2-16 调整后的软件界面

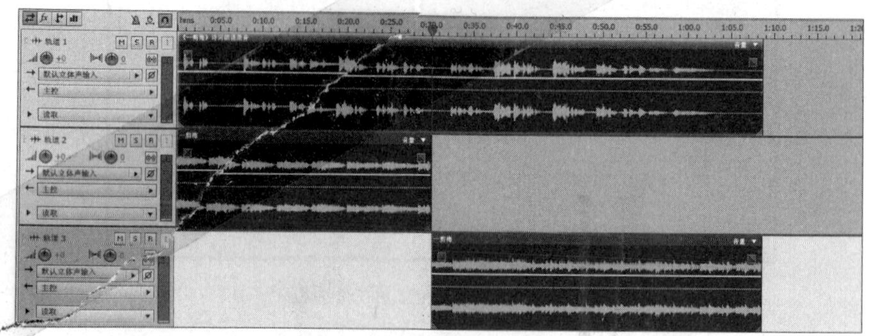

图 2-2-17 分割后的软件界面

使用“选择素材剃刀工具”即可。

3. 音频片段的音量控制

(1) 使用音量调节按钮

经过多轨混音项目中音频文件的持续时间及位置调整之后，发现处于轨道 2 和轨道 3 中的伴奏音乐音量稍大，为避免喧宾夺主，应对其音量进行调整，设置过程如下：

① 选择轨道 2 下方的音量调节器，如图 2-2-18 所示。

② 当鼠标变为如图 2-2-18 所示的双向箭头时，按下鼠标左键将音量调整为－5 左右。同理，选择轨道 3 下方的音量调节器，直接双击输入－5，调整轨道音量。

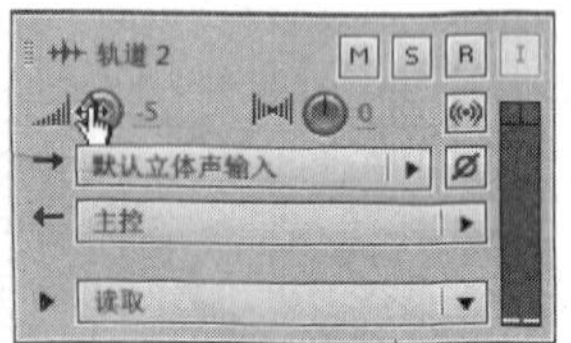

图 2-2-18 轨道音量调节器

(2) 音频片段的增幅处理

同理，也可对位于轨道 1 中的朗诵音频音量进行调整，设置过程如下：

① 选择轨道 1 中的音频文件，选择“效果”→“振幅与压限”→“增幅”菜单，打开如图 2-2-19 所示的对话框。

② 选择“＋1dB 提升”预设方案，按下对话框左下角的状态开关，可听出轨道 1 中的朗诵音频音量得到提升。

(3) 音频片段的标准化处理

为避免单方面追求音量的提高从而导致音质失真的现象，建议对轨道 1 可使用标准化处理的方式调整音量，设置过程如下：

① 双击轨道 1 中的音频文件，选择“效果”→“振幅与压限”→“标准化处理”菜单，打

开如图 2-2-20 所示的对话框。

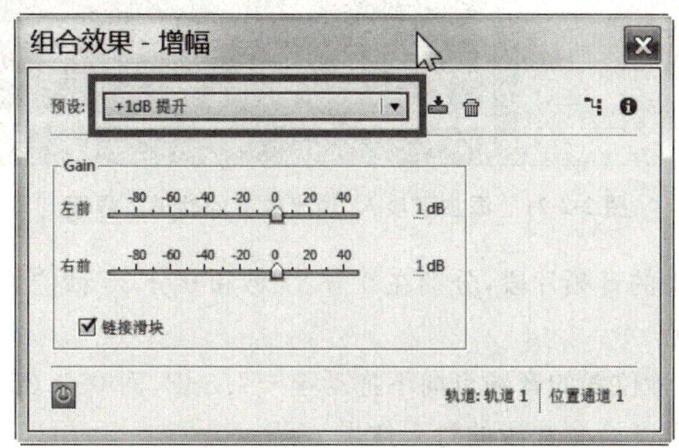

图 2-2-19 “增幅”对话框

图 2-2-20 “标准化”对话框

② 使用默认的标准化设置方案，即标准化为 100%、平均标准化所有声道、DC 偏差调整为 3.5%，可听出轨道 1 中的朗诵音频音量得到提升，且不会由于超过电平标准而导致失真。

注意：音频片段的标准化处理需在双击音频片段后打开的波形窗口中进行，设置完毕后，单击“多轨混音”按钮即可回到多轨混音项目窗口。

4. Adobe Audition 中淡入淡出的设置

(1) 使用菜单直接设置

在伴奏音乐的开头和结尾部分分别设置淡入和淡出效果，会给整个混音项目增加节奏感与协调感，设置过程如下：

① 选择轨道 2 中的音频片段，选择“素材”→“淡入”→“淡入”菜单。

② 如对淡入方式不满意，也可选择“素材”→“淡入”→“余弦”菜单，将淡入方式由默认的线性改为余弦效果。

③ 同理，在选择了轨道 2 中音频片段的基础上，选择“素材”→“淡出”→“淡出”菜单，以及“素材”→“淡出”→“余弦”菜单，为轨道 2 中的音频片段添加余弦方式的淡出效果，最终效果如图 2-2-21 所示。

(2) 音频点的添加与设置

除了可以使用菜单设置淡入、淡出音频效果以外，通过添加音频点的方式也可实现淡入淡出效果的添加，设置过程如下：

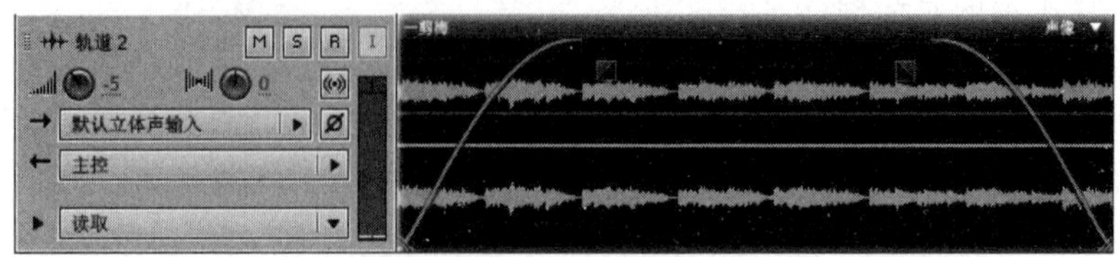

图 2-2-21　添加了淡入、淡出效果的轨道 2 界面

① 选择轨道 3 中的音频片段，分别在 0 分 31 秒和 0 分 35 秒位置单击黄色的音量基准线，添加两个音频点。

② 选中 0 分 31 秒位置的音频点向下拖动至－7.5dB，而 0 分 35 秒位置的音频点仍保持在 0dB，形成轨道 3 音频片段的淡入效果。

③ 同理，在选中轨道 3 中音频片段的基础上，分别在 1 分 4 秒和 1 分 8 秒位置单击黄色的音量基准线，再次添加两个音频点。

④ 选中 1 分 8 秒位置的音频点向下拖动至－7.5dB，而 1 分 4 秒位置的音频点仍保持在 0 dB，形成轨道 3 音频片段的淡出效果，最终效果如图 2-2-22 所示。

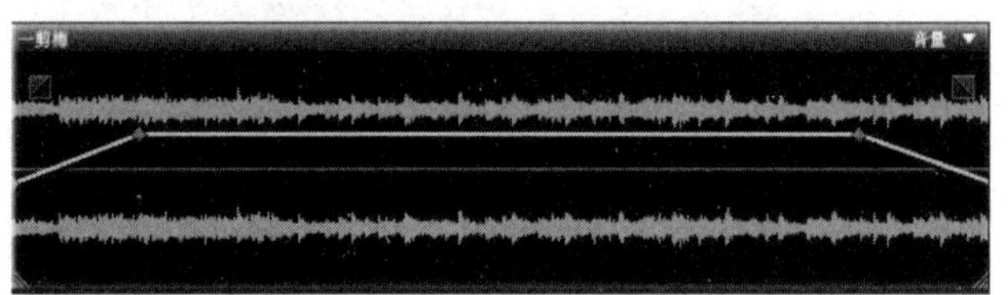

图 2-2-22　添加了淡入、淡出效果的轨道 3 界面

⑤ 选择“文件”→“导出”→“多轨混缩”→“完整混音”菜单，打开如图 2-2-23 所示的对话框，设置文件名、位置、格式后，完成《一剪梅》诗词朗诵配乐后期处理。

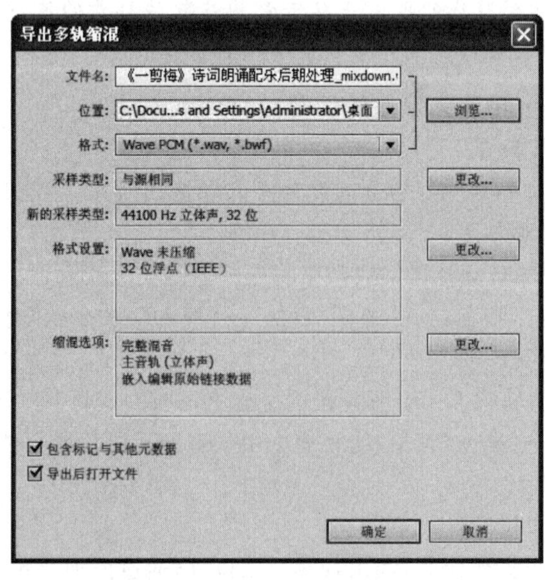

图 2-2-23　“导出多轨混缩”对话框

思考与练习

1. 简述 GoldWave 软件的功能,并列举其支持的文件格式。

2. GoldWave 软件中的控制器可实现哪些基本功能?

3. 假如你的电脑上没有安装格式工厂或其他类型的格式转换软件,请问如何使用 GoldWave 软件将网络下载的 MOV 格式文件转换为 WAV 格式?

4. 在 GoldWave 软件中,选择某个音频片段的方法有哪些?

5. 列举在 GoldWave 软件中截取某个音频片段的方法,并简述操作过程。

6. 简述 GoldWave 软件“编辑”菜单中“删除”命令和“剪裁”命令的区别。

7. 在 GoldWave 软件中,能否单独对某个声道进行操作? 请简述方法。

8. 简述在 GoldWave 中编辑音频时,如何在开始位置添加淡入的音频效果。

9. 在期末举行的班级文艺晚会中,小明想将自己深情朗诵的诗歌音频与轻音乐伴奏声合成在一起,作为晚会开场时的背景声,请问在 GoldWave 软件中该如何操作?

10. 在 Adobe Audition 软件中新建音频文件时,如出现系统音频输入与输出设备采样率不匹配而导致无法新建时,该如何处理?

11. 请列举 Adobe Audition 软件中降噪处理的几种常用方式,并简述其操作过程。

12. 小明在录制课文朗诵素材时,发现语速过快,同时,他还想将原本单人朗诵的音频制作成多人合作朗诵的效果,请问在 Adobe Audition 软件中该如何操作?

13. Adobe Audition 软件中的剃刀工具分为哪几种,功能上有何区别?

14. 如何在 Adobe Audition 软件中导出处理完毕的多轨混音项目?

第 3 章 常用图像编辑软件

在教学过程中,图像素材是很重要的一部分多媒体素材,它能直观地体现教学内容。图像编辑软件有很多,本章主要介绍常用图像浏览软件 ACDSee 及图片加工处理软件 Photoshop 的常用使用方法与技巧。ACDSee 是最流行的数字图像看图软件之一,广泛应用于图片的获取、浏览、管理等方面,能对图像进行简单编辑;Photoshop 是一款主流的较专业的图像处理软件,它具备强大的图像制作和处理功能。本章中,通过介绍 ACDSee 软件的常用功能,对图片教学资源进行获取、浏览、管理和简单编辑;通过介绍 Photoshop 常用工具、基本操作和编辑,对图片教学资源进行一定的加工和处理,可以较好地完成图片的合成、课件封面的制作、图片教学素材的完善等,从而达到教学中所需的效果。

本章学习目标:

- 了解 ACDSee 浏览图像的方法。
- 掌握 ACDSee 编辑图像的常用操作。
- Photoshop 的快速入门。
- 了解 Photoshop 的基本操作。
- 掌握 Photoshop 磁性套索、魔棒等常用工具。
- 掌握 Photoshop 描边、羽化、滤镜等常用编辑。

3.1 用 ACDSee 处理图像资源

ACDSee 是目前非常流行的看图工具之一。它提供了良好的操作界面,简单人性化的操作方式,优质的快速图形解码方式,支持丰富的图形格式,强大的图形文件管理功能等。在信息化教学资源中,可以使用 ACDSee 软件对多种格式的图片教学资源进行快速地浏览和一定的加工处理,以达到我们的教学需要。我们以案例教学的方式介绍 ACDSee 10 处理图像资源的实用知识和技术技巧。

3.1.1 案例教学——“认识蝴蝶”图片欣赏和编辑(配有微课视频)

主要知识点:

- 浏览图片。

- 复制、删除、旋转图片。
- 影像编辑。

ACDSee 主界面如图 3-1-1 所示，主要分为“菜单栏”、“工具栏”、“文件夹”面板、“预览”面板、“浏览窗口”。下面以“认识蝴蝶.jpg”为例简单介绍 ACDSee 的常用功能及基本使用方法。

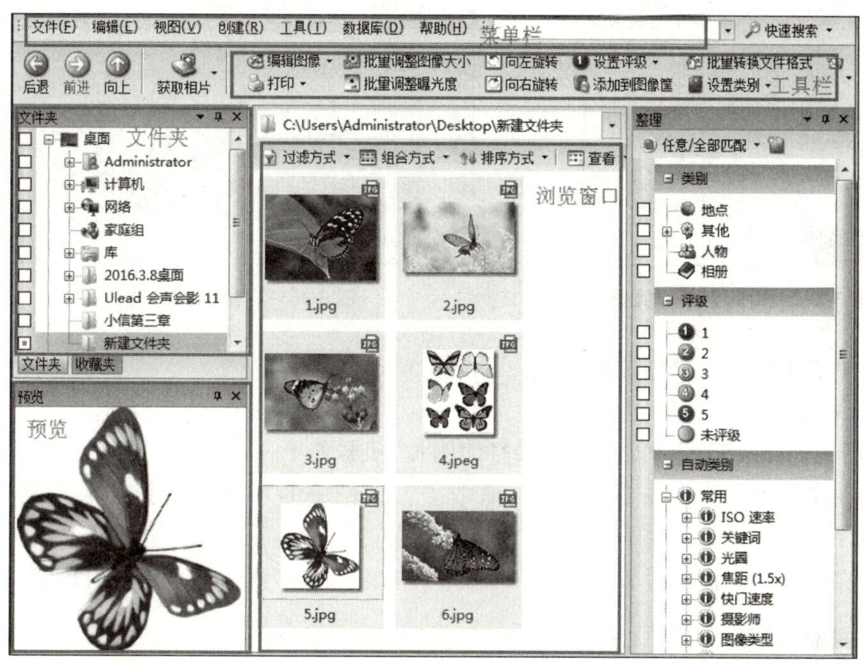

图 3-1-1 ACDSee 主界面

1. 使用 ACDsee 浏览、打印图片

(1) 使用 ACDSee 直接查看、浏览图片

ACDSee 浏览窗口可以查看、浏览图片，步骤如下：

① 双击桌面上的 ACDSee 快捷图标，打开 ACDSee 软件。

② 单击浏览工具栏中的“文件夹”面板，在下面的树状目录中找到“蝴蝶”文件夹，打开文件夹，浏览窗口中将显示文件夹中的所有“蝴蝶”图片，如图 3-1-1 所示。

③ 在“浏览窗口”中，单击一幅图片，“预览”面板中将显示该图片内容。单击“浏览窗口”中的“查看”下拉列表，可以选择查看图片的不同方式，例如“胶片”、“略图”、“平铺”等，如图 3-1-2 所示。

④ 双击图片，可以打开该图片，并进行详细查看。

(2) 使用放大、缩小、幻灯片等方式查看、浏览图片

① 双击打开一张图片后，可以单击工具栏中的“放大”、“缩小”按钮放大或缩小该图片，从而查看图片放大后的更细节之处，或者缩小后看图片的整体效果。

② 双击打开图片后，单击工具栏中的“上一个”、“下一个”按钮可以浏览同一文件夹

下的前一幅或后一幅图片；也可以通过鼠标右键弹出的快捷菜单，选择“下一个图像”、“上一个图像”或滑动鼠标滑轮依次浏览每张图像；还可以在鼠标右键弹出的快捷菜单中选择“幻灯片放映”，则图像会以幻灯片方式自动放映浏览，如图 3-1-3 所示。

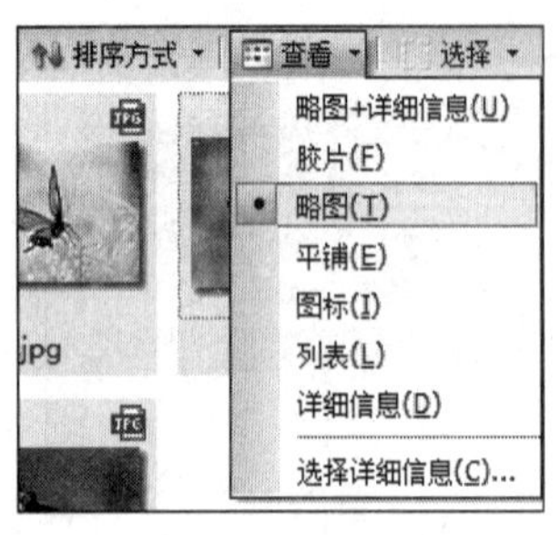

图 3-1-2　图片查看方式选择

图 3-1-3　图片浏览、查看

③ 单击关闭按钮回到主窗口。

(3) 打印图片

利用 ACDSee 打印功能可以直接打印图片，步骤如下：

① 在文件列表中单击选中图片，单击主工具栏中的“打印”下拉列表中的“打印图像”。

② 在弹出的界面中设置打印纸张和方向，单击“打印”按钮即可进入打印程序。

2. 复制、删除、旋转图片

(1) 在对图片进行编辑或其他需要备份复制场景下，要将图片复制到其他位置，先选中待复制的图片，单击“编辑”菜单，选择“复制到文件夹”，在出现的“复制到文件夹”对话框中指定目标路径，然后单击“确定”按钮，如图 3-1-4 所示。

图 3-1-4　备份复制图片

(2) 如果某图片多余，要删除图片，可以在“浏览窗口”中先选中，然后单击“编辑”菜单栏中的“删除”按钮，或者直接按键盘上的 Delete 键，如图 3-1-5 所示。

(3) 为了更好地观察一幅图片在不同角度时的效果，我们不需要“转到屏幕或者扭动脖子”，只要选中需要旋转的图片，在主工具栏中根据需要选择“向左旋转”或“向右旋转”，以达到正常观察状态。

3. 使用 ACDsee 对图片进行简单编辑

ACDSee 具有对图片进行简单编辑的功能。在“浏览窗口”中单击选中图片，单击主工具栏中的“编辑图像”按钮，进入图像编辑器窗口，窗口左边是“编辑面板”的主菜单，如图 3-1-6 所示。下面介绍几种图像编辑功能。

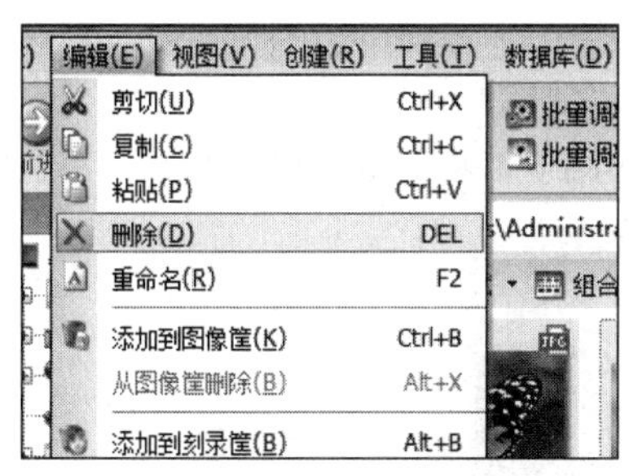

图 3-1-5 删除图片

图 3-1-6 图片编辑窗口

(1) 裁剪图像

通过“裁剪”选项可以将图片中我们需要保留的部分进行保留，把图片中的有些瑕疵部分或不需要保留的部分丢弃，制作过程如下：

① 单击“编辑面板”上的“裁剪”按钮，在图片中会出现一片高亮区域，调整高亮区域的大小到合适位置，高亮区之外的图像部分都会被裁掉。

② 单击“完成”按钮可预览裁剪后的效果，如果裁剪不符合我们期望的效果，可以单击“编辑面板”中的“撤销：裁剪”按钮，撤销本次操作。

③ 如果对效果比较满意，单击“完成编辑”按钮即可。

(2) 调整大小

“蝴蝶素材 6.jpg” 文件大小为 1920×1200，现将其大小设置为 800×600。

① 单击“编辑面板”主菜单中的“调整大小”按钮进入图片尺寸设置对话框，设置宽度和高度，如果想让图片宽度与高度的数值非等比例调整，则将“保持纵横比”选项对钩取消即可，如图 3-1-7 所示。

② 单击“完成”即可对调整大小后的图片进行预览。

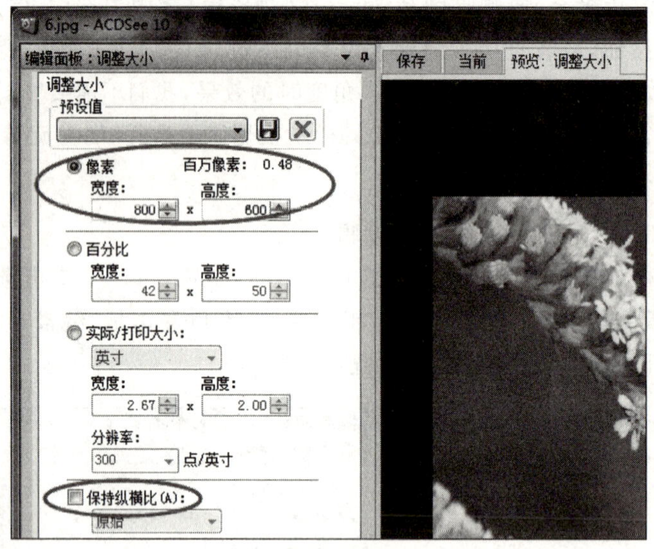

图 3-1-7 调整图像大小

(3) 颜色

给“蝴蝶素材 2.jpg”设置 HSL 值，可以达到不同的效果。

① 单击“编辑面板”主菜单中的“颜色”按钮，进入如图 3-1-8 所示的对话框。

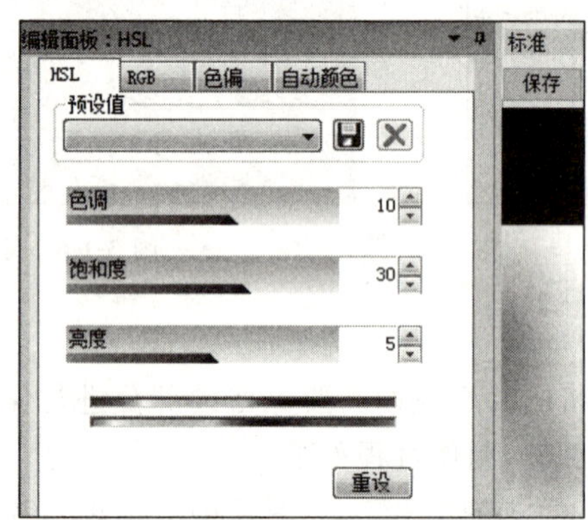

图 3-1-8 图片旋转设置

② 选择“HSL”面板，移动相应滑块，将色调数值设置为 10，饱和度数值设置为 30，亮度数值设置为 5，单击“完成”及“完成编辑”，另存为“认识蝴蝶.jpg”。

(4) 添加文本

给图片“认识蝴蝶.jpg”添加文字标题。

① 单击“编辑面板”主菜单中的“添加文本”按钮，进入“添加文本”对话框。

② 设置文本内容为“认识蝴蝶”，字体为“华文琥珀”，字体大小设置为 54，字体颜色为绿黄，混合模式为标准，勾选“阴影”和“倾斜”，如图 3-1-9 所示。

③ 单击“完成”按钮，单击“完成编辑”按钮，保存图片。

通过以上操作，“认识蝴蝶.jpg”图像文件的简单编辑就完成了。

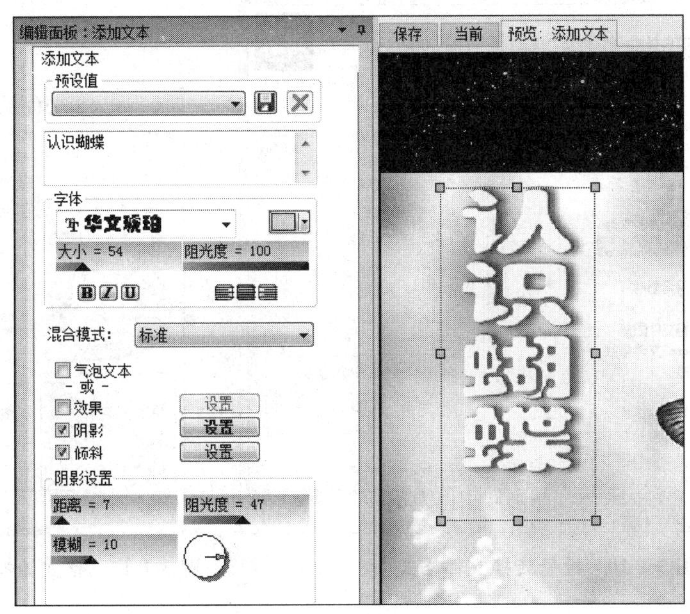

图 3-1-9 图片文本添加

3.1.2 案例教学——“山水画”图像资源批处理

主要知识点：

- 批处理转换图片格式。
- 批处理改变图片大小。
- 批处理重命名图片。

ACDSee 软件除了具有图像浏览和简单编辑功能，还具有对图像的批量处理功能。下面通过案例“学习山水画”学习如何使用 ACDSee 软件对图像进行批量处理。

1. 图片格式批量转换

当很多张图片格式不统一时，使用 ACDSee 可以一次性地对图片格式进行批量转换。

打开 ACDSee 软件，在左侧“文件夹”窗口中，选择山水画文件夹。从浏览窗口中，可以看到图片资源有 jpg 格式和 bmp 格式。相同图片 jpg 格式图片比 bmp 格式占用更小的空间。这里我们将 bmp 格式图片转换成 jpg 格式，制作过程如下：

(1) 选中所有格式为.bmp 的图像文件。

(2) 单击“工具”菜单栏中的“转换文件格式”选项，打开“批量转换文件格式”对话框，如图 3-1-10 所示。

(3) 选择输出 JPG，单击“下一步”按钮，设置输出参数和输出路径，单击“开始转换”即可。此时在浏览窗口中，我们可以看到转换后输出的转换完成的 jpg 格式图片，如图 3-1-11 所示。

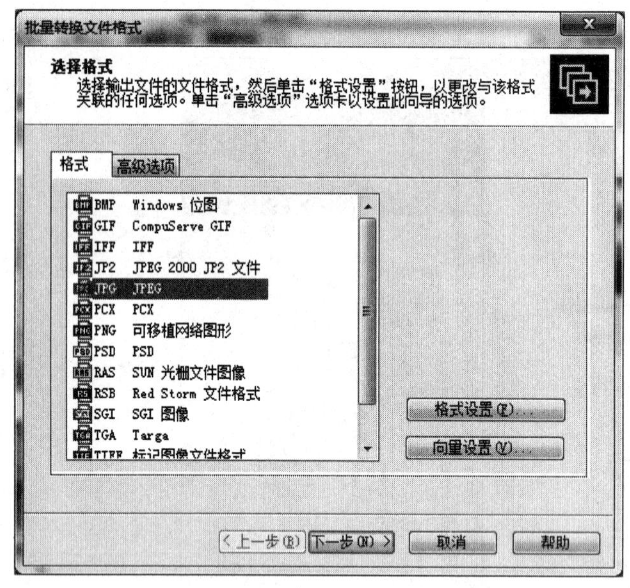

图 3-1-10 批量转换文件格式

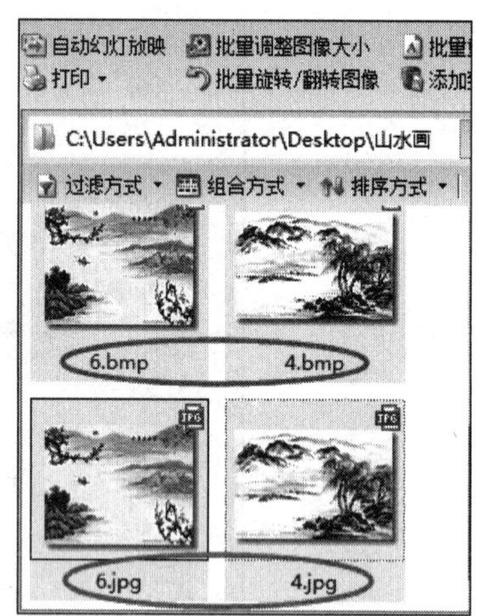

图 3-1-11 格式转换后浏览窗口界面

2. 图片大小批量转换

在浏览区中，当多张图片大小不统一时，为了快速设置，通过 ACDSee 可以一次性批量设置图片大小。操作如下：

（1）选中图片素材中所有.jpg 格式图片，单击"批量调整图像大小"。

（2）进入"批量调整图像大小"界面，指定图像大小为 1000×600，如图 3-1-12 所示。单击"开始调整大小"按钮，ACDSee 软件将进行图像大小的批量调整。执行完成后，单击"确定"按钮即可。转换后的图片如图 3-1-13 所示，图像高宽均匀。

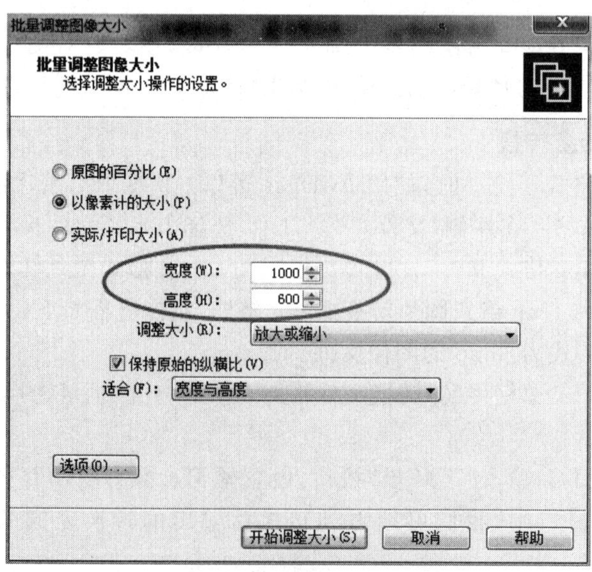

图 3-1-12 "批量调整图像大小"对话框

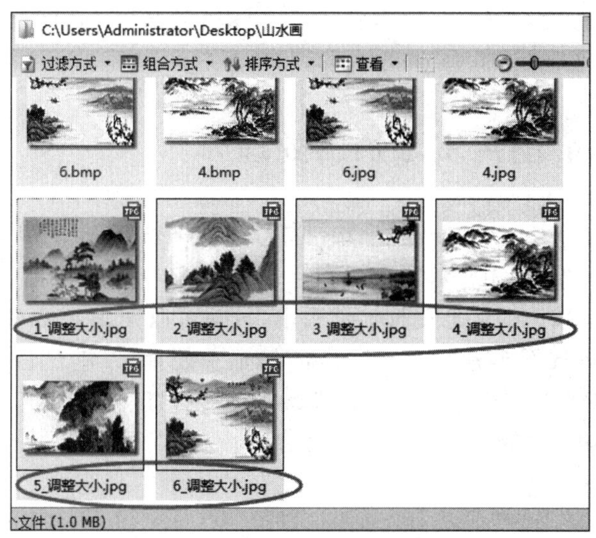

图 3-1-13 批量转换大小后的图像

3. 批量重命名图片

当多个图片素材命名不规则时，我们可以使用 ACDSee 中的批量重命名功能对图片进行统一格式的快速重命名。

以上调整大小后的图片命名方式是“#_调整大小.jpg”，下面我们将这些调整大小后的图片批量重命名为“#_山水画.jpg”，制作过程如下：

（1）单击选中所有“#_调整大小.jpg”文件。

（2）单击主工具栏中的“批量重命名”按钮，进入“批量重命名”对话框。在“批量重命名”对话框中，勾选“使用模板重命名文件”下的“使用数字替换 #”，设置“开始于”数字值为 1，将模板命名修改为“#_山水画”，如图 3-1-14 所示。

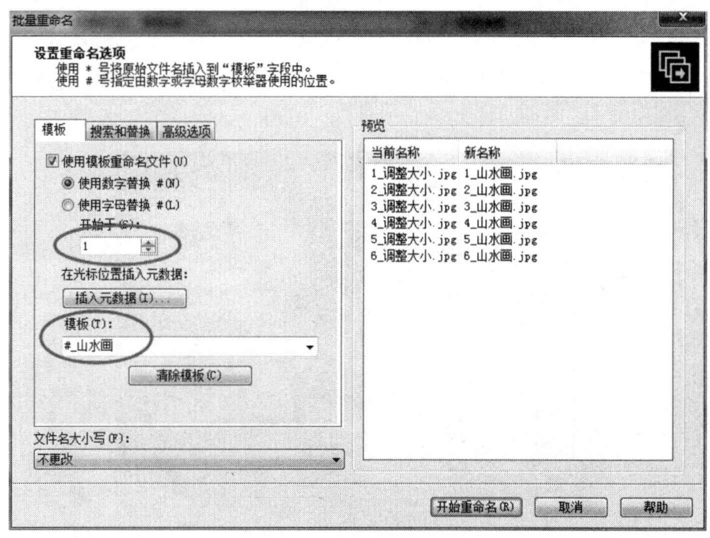

图 3-1-14 “批量重命名”对话框

(3) 单击“开始重命名”按钮,命名完成后,单击“完成”按钮,即批量完成了图像素材的重命名处理。

3.2 Photoshop 图片资源加工处理

Photoshop 是由 Adobe Systems 开发和发行的图像处理软件。Photoshop 主要处理以像素构成的数字图像,利用其众多的编修与绘图工具,可以有效地进行图片编辑工作,广泛地应用在设计领域。在信息化教学资源中,教师可以使用 Photoshop 软件对课件封面、书籍封面、报告稿插图等素材进行一定的加工和处理,以满足教学需要。通过利用 Photoshop 软件处理教学图像素材可以提升教师图像编辑能力,可以让教师自行处理图片素材以便教学使用。下面以案例教学的方式,结合例子讲解 Photoshop 图片资源加工处理的实用知识和技术技巧。

3.2.1 案例教学——制作“唐诗意境”教学图片

主要知识点:

- 灰度模式与 RGB 模式。
- 窗口排列。
- 移动工具。
- 自由变换。
- 油漆桶工具。
- 描边。
- Photoshop 图层基础知识。
- 文件的保存方式。

本案例以语文学科中教学图片资源“唐诗意境”为例,讲解 Photoshop 文件的打开、新建、窗口排列、灰度和 RGB 模式、图层基础知识、文件的保存方式等基本操作;讲解移动工具、油漆桶工具等工具的基本使用和自由变换、描边等基本编辑,最终效果如图 3-2-1 所示。

图 3-2-1 “唐诗意境”最终效果图

1. Photoshop 文件的打开和新建

打开 Photoshop CS4 软件后，通过“文件”菜单中的“打开”和“新建”选项来完成文件的打开和新建。本案例将打开 4 幅图片并新建一个文件，制作过程如下：

(1) 打开 Photoshop CS4 软件，单击“文件”菜单中的“打开”选项，选中“唐诗意境”中的 4 幅图片，打开这 4 幅图片。

(2) 单击“文件”菜单中的“新建”选项，打开“新建”对话框，设置如图 3-2-2 所示，建立一个大小为 800 像素×600 像素的文件，将文件名称改为“唐诗意境”，单击“确定”按钮。

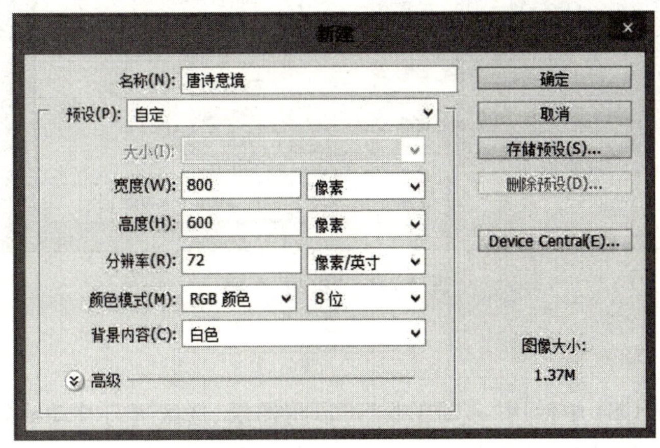

图 3-2-2 “新建”对话框

2. 灰度模式与 RGB 模式

Photoshop CS4 中图像模式有多种，在这里介绍常用的灰度模式和 RGB 模式。

RGB 是由色光混合而成的色彩模式。R 代表红色，G 代表绿色，B 代表蓝色，三种色彩叠加形成了其他的色彩。因为三种颜色都有 256 个亮度水平级，所以三种色彩叠加就形成 1670 万种颜色了，也就是真彩色，通过它们足以再现绚丽的世界。

所谓灰度色，就是指纯白、纯黑以及两者中的一系列从黑到白的过渡色。灰度色中不包含任何色相，即不存在红色、黄色这样的颜色。灰度隶属于 RGB 色域(色域指色彩范围)。其中除了纯白和纯黑以外，还有 254 种中间过渡色。用于将彩色图像转为高品质的黑白图像(如报纸、杂志、打印)。

这两种模式是可以相互转换的，本案例以 RGB 模式转换到灰度模式为例进行讲解，制作过程如下：

(1) 在选项卡中选择“图一”文件，执行“图像”→“模式”→“灰度”命令，将“图一”由 RGB 模式转换为灰度模式。

(2) 在弹出的“信息”对话框中，选择“扔掉”颜色信息，将“图一”由之前的 RGB 模式转换成了灰度模式。

注意：当由 RGB 模式转换成了灰度模式后，图片之前的颜色信息全部“扔掉”，变成黑白色。另可通过执行“图像”→“模式”→RGB 命令将灰度模式文件转换为 RGB 模式文件。

3. 窗口排列

此时打开的4个图片文件和一个新建文件默认以“所有内容合并到选项卡中”进行排列，当在选项卡上选中某个文件时，可以显示该文件内容并进行编辑。为了方便后期处理图片，可以根据需要选择“窗口”菜单中的“排列”选项，对几个图片文件进行一定的排列。操作如图3-2-3所示。

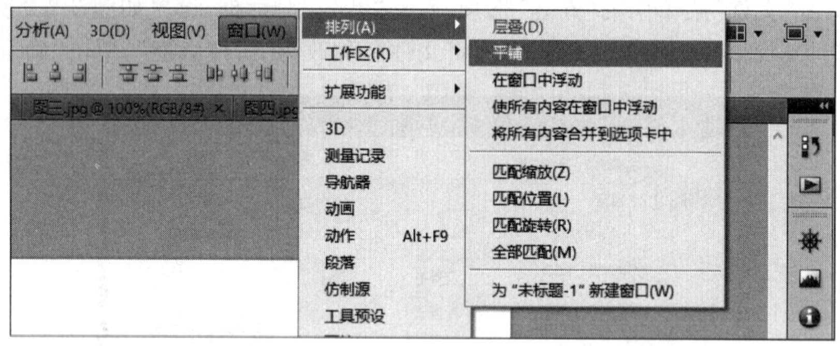

图3-2-3 “排列”选项

4. 移动工具

在Photoshop CS4中使用“移动工具”可以将图层、选区进行移动或复制。通过“移动工具”将图层或选区在同一个文件中移动，实现对象的移动操作；而通过“移动工具”将图层或选区移动到另一个文件中，则实现的是对象的复制操作。本案例将要实现4幅图片复制到新建立的“唐诗意境”文件中，并调整4幅图片在新文件中的位置，制作过程如下：

(1) 执行“窗口”→“排列”→“平铺”命令。

(2) 选择“移动工具”，将“图一”通过鼠标拖曳，移动到“唐诗意境”文件中，实现“图一”复制到“唐诗意境”文件中的操作，关闭“图一”文件。

“图二”、“图三”、“图四”通过相同的操作，利用“移动工具”复制到“唐诗意境”文件中。

(3) 在“图层”控制面板中，分别选择4个图片图层，通过移动工具拖曳，移动4个图片的位置，效果如图3-2-4所示。

图3-2-4 使用“移动工具”合并后的效果图

注意：在 Photoshop 软件操作过程中，当想回到之前某一操作时，可以利用“历史记录”控制面板来实现。

5. 自由变换

Photoshop CS4 中，可以利用“自由变换”来变化选区和被选图层的大小及形状。制作过程如下：

(1) 更改图片大小：通过“图层”控制面板，分别选中 4 个图层，执行“编辑”→“自由变换”命令，此时图片四周出现 8 个控制点，如图 3-2-5 所示，通过拖曳 8 个控制点缩放图片大小，为了使图片大小比例不变，可通过拖曳控制点结合 Shift 键进行等比例缩放。

图 3-2-5　利用“自由变换”进行图层大小缩放

(2) 当大小缩放好后，在图片中双击鼠标或按 Enter 键退出自由变换。

(3) 更改图片角度：通过图层控制面板，分别选中“图一”和“图四”的图层，执行“编辑”→“自由变换”命令，在控制点处，当光标变成 ↰ 时，通过转动鼠标更改图片的角度。制作效果如图 3-2-6 所示。

图 3-2-6　利用“自由变换”调整图层大小和角度的效果图

注意：自由变换操作后，一定要退出自由变换命令，方可进行其他操作。

6. 油漆桶工具和描边

Photoshop CS4 中，利用“油漆桶”可以填充图层或选区颜色；利用“描边”可对图层添加边框，以此突出该图层内容或美化图层。本案例以背景层的背景填充和“图层 4”的边框来举例，制作过程如下：

(1) 在图层控制面板选择“背景层”，在“工具”中，通过单击“前景色”设置一种土黄色的背景。

(2) 选择“油漆桶”工具，在“背景层”上单击，进行颜色的填充。

注意：如果“工具”中找不到“油漆桶”工具，则在“渐变”工具处右击，打开下拉选项，选择“油漆桶”工具即可。

(3) 选中图层 4，执行“编辑”→“描边”命令，在打开的“描边”对话框中设置宽度为 6px、颜色为黑色，如图 3-2-7 所示。填充和描边后的效果如图 3-2-8 所示。

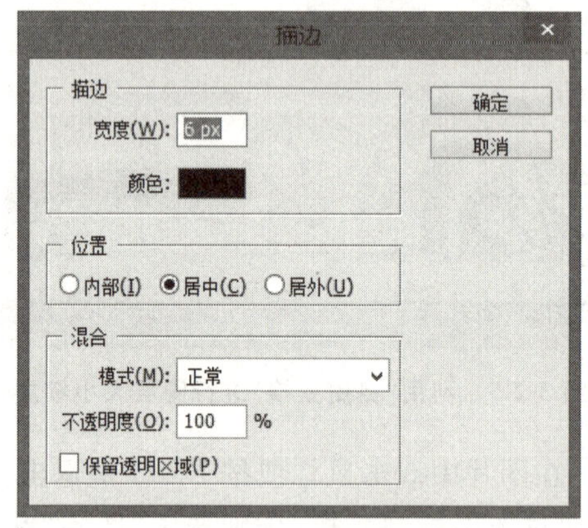

图 3-2-7 “描边”设置

图 3-2-8 填充和描边后的效果

7. Photoshop 图层的基础知识

Photoshop CS4 中，图层是其重要的组成成分，图层就像是文字或图形等元素的胶片，一张张按顺序叠放在一起，组合起来形成页面的最终效果。新建的图层如透明的玻璃纸，无论在哪一层上绘图都不影响其他图层。因此，在制作图层内容时，应通过“图层”控制面板选择对应的图层进行加工，还可通过“图层”菜单或“图层”控制面板进行图层的新建、复制、删除等基本操作。本案例主要介绍图层的复制、透明度的调整和图层的叠放次序，制作过程如下：

(1) 在“图层”控制面板选择“图层 3”，右击打开快捷菜单，选择“复制图层”，如图 3-2-9 所示，生成“图层 3 副本”图层。

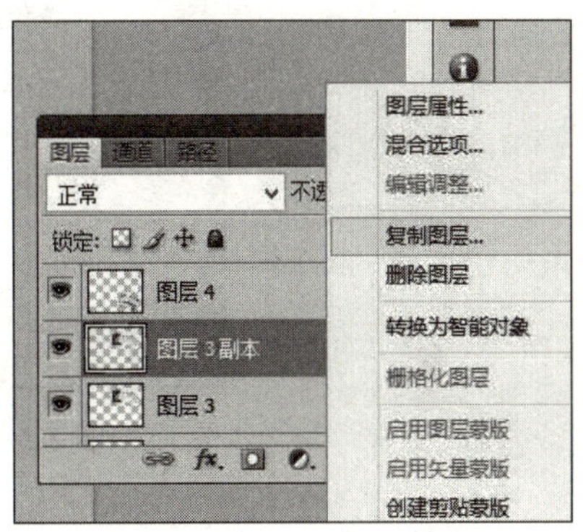

图 3-2-9 复制图层

(2) 在图片上，通过“移动工具”拖曳“图层 3 副本”，从而移动该图层的位置，使其与“图层 3”有一定的错位。

(3) 在图层控制面板中将“图层 3 副本”透明度的值设置为 30%。

(4) 在图层控制面板中，通过拖曳“图层 3 副本”至“图层 3”位置下方，从而更改两个图层的叠放次序。然后通过“移动工具”调整好图层的位置，达到如图 3-2-1 所示的最终效果。

注意： 背景层和普通层不同，背景层无法进行位置移动及透明度值等设置，通过鼠标双击解锁可转换成普通图层。

8. Photoshop 文件保存方式

Photoshop CS4 文件可保存为多种格式，本案例介绍 .psd 和 .jpg 两种格式，制作过程如下：

(1) 执行“文件”→“存储”命令，此时为 Photoshop 默认格式 .psd。该格式可保存图层信息，方便后期继续加工处理。

(2) 执行“文件”→“存储”或“文件”→“存储为”命令，选择 .jpg 格式，完成最终制作。

3.2.2 案例教学——制作“学形状”教学图片素材

主要知识点：

- 裁剪工具。
- 图像大小。
- 导航器。
- 选框工具。
- 多边形套索工具。
- 渐变工具。
- 魔棒工具。

• 反向。

本案例以美术学科中教学图片资源“学形状”为例，讲解 Photoshop 的裁剪工具、图像大小、选框工具、多边形套索工具、魔棒工具、反向等基本工具和常用操作，最终效果如图 3-2-10 所示。

图 3-2-10 “学形状”最终效果图

1. 裁剪工具

Photoshop CS4 中，裁剪工具是用来裁剪图片的，可以将图片多余的部分裁剪掉，制作过程如下：

(1) 打开“图一”文件，在工具箱上单击“裁剪”工具，在“图一”文件上，通过鼠标拖曳一块区域为要保留的部分，如图 3-2-11 所示，此时周边屏蔽的黑色区域为将要裁剪的部分。

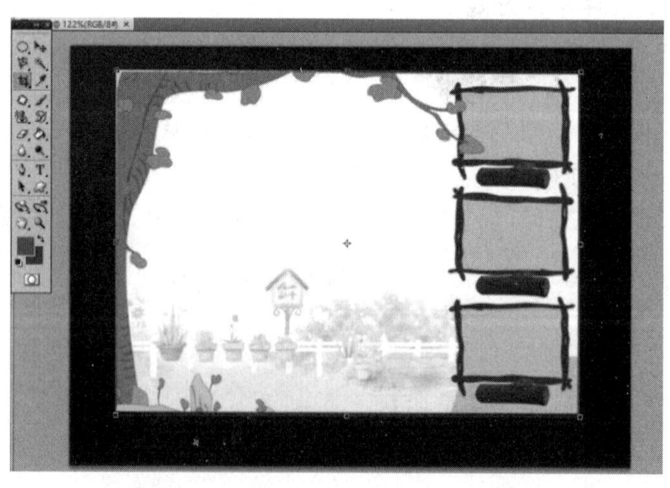

图 3-2-11 利用“裁剪”工具拖曳一个区域

(2) 通过拖曳区域周边的控制点，可以调节保留部分的大小，当调整好保留部分大小后，双击鼠标左键，裁剪掉多余部分，最终达到如图 3-2-12 所示效果。

图 3-2-12　利用“裁剪”工具裁剪后的效果图

2. 图像大小调整

Photoshop CS4 中通过“图像大小”可以更改图片的大小尺寸，制作过程如下：

(1) 执行“图像”→“图像大小”命令，打开“图像大小”对话框。

(2) 去掉“约束比例”选区，将图像的宽度和高度改成 800 像素和 600 像素，如图 3-2-13 所示。

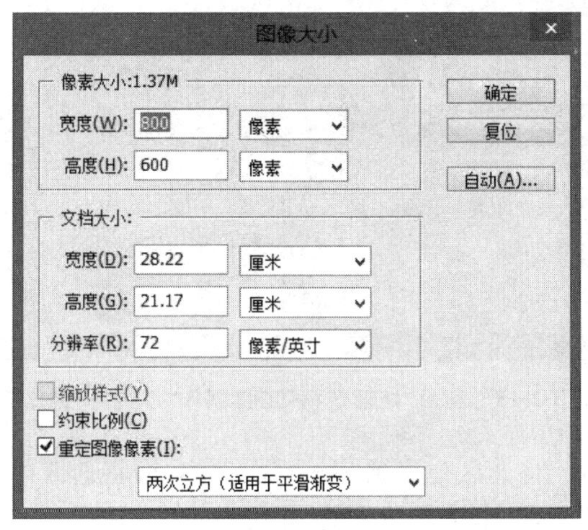

图 3-2-13　利用“图像大小”更改图像的大小

注意：可以通过“约束比例”选项决定图像大小是否需要比例的约束。

3. 导航器

Photoshop CS4 中，导航器用来调整图像的缩放比例和视图区域，通过更改显示比例来调整大小，当放大数倍后在导航器中可通过抓手来找到目标区域。调整图像的缩放比例制作过程如下：

(1) 打开“图二”文件，找到控制面板中的导航器控制面板。

(2) 拖曳导航器滑块或“放大”、“缩小”按钮来更改图片显示的大小比例，将“图二”显示比例调整为200%，以便观看和操作，如图 3-2-14 所示。

注意：导航器只是更改了图像显示的比例，图像大小没有变化；如在界面中有找不到的控制面板可通过“窗口”菜单打开。

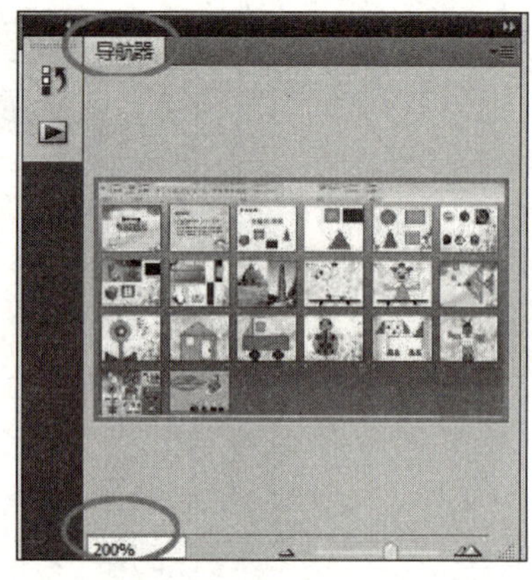

图 3-2-14 打开导航器控制面板

4. 利用选框工具制作规则选区

Photoshop CS4 中，选框工具可以用来制作矩形或椭圆等规则选区，本案例将把“图二”中的汽车通过“矩形选框工具”复制到“图一”文件中，将把“图三”中的文字部分通过“椭圆选框工具”复制到“图一”文件中。制作过程如下：

(1) 打开“图二”和“图三”文件，利用导航器放大文件显示比例，在“图二”工具箱中选择“矩形选框”工具。

(2) 利用“矩形选框”工具结合鼠标左键在小汽车处绘制一块矩形选区，此时小汽车部分外围出现“蚂蚁线”，则小汽车部分被选中，如图 3-2-15 所示。

图 3-2-15 利用“矩形选框”工具制作“小汽车”的选区

(3) 利用“移动工具”将选区拖曳到“图一”文件中，即将选区内容复制到了“图一”中。

(4) 在“图三”文件中，右击工具箱中的“矩形选框”工具或长按鼠标左键，打开选框工具的下拉选项，选择“椭圆选框”工具，利用“椭圆选框”工具结合鼠标左键在“学形状”文字处绘制一块椭圆选区；执行“编辑”→“拷贝”命令，在“图一”文件中执行“编辑”→“粘贴”命令可将该选区复制到“图一”文件中。

(5) 利用“移动工具”和“自由变换”调整两个新图层的位置和大小，效果如图 3-2-16 所示。

注意：制作一个选区后，被选中部分边缘就有虚线，说明选区已建立成功；如要取消选区可通过执行“选择”→“取消选区”命令或按 Ctrl+D 快捷键实现。

拓展：选区工具除可以在已有的图片上建立规则选区，还可以绘制规则选区，通过填

图 3-2-16 利用选框工具合并图片后的效果图

充颜色制作形状，制作过程如下：

(6) 在“图一”文件中，利用“矩形选框工具”结合 Shift 键绘制一个正方形选区。

(7) 执行“图层”→“新建”命令，建立一个新图层，在该图层中利用“油漆桶工具”给正方形选区填充红色。

(8) 在“图一”文件中，利用“椭圆选框工具”结合 Shift 键绘制一个圆形选区。

(9) 建立一个新图层，在该图层中利用“油漆桶工具”给圆形选区填充黄色。效果如图 3-2-17 所示。

图 3-2-17 利用选框工具制作形状后的效果图

5. 多边形套索工具

Photoshop CS4 中，多边形套索工具也是建立选区的工具之一，它可以比较精确地选择有棱有角的图形，主要用于选择多边界的折线，本案例利用多边形套索工具绘制一个三角形，制作过程如下：

(1) 新建一个图层，右击“套索工具”打开其下拉选项，选择“多边形套索工具”。

(2) 在图层上单击鼠标建立三角形的一个顶点，拖曳鼠标产生三角形的边。

(3) 当终点和起点重合时，单击鼠标，完成三角形选区的建立，如图 3-2-18 所示。

6. 渐变工具

Photoshop CS4 中，渐变工具可以产生逐渐变化的色彩，本案例将给上面的三角形选区填充“蓝白”色的线性渐变填充。制作过程如下：

(1) 执行“图层”→“新建”命令，建立一个新图层，在工具箱中选择“渐变工具”，如没有找到“渐变工具”，则在油漆桶工具处长按鼠标左键，打开下拉选项，选择“渐变工具”，如图 3-2-19 所示。

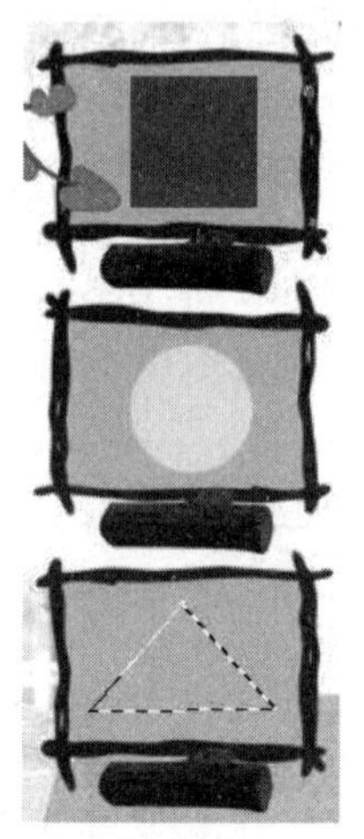

图 3-2-18 利用“多边形套索工具”绘制三角形选区

图 3-2-19 选择“渐变工具”

(2) 单击“渐变工具”属性栏中的“点按可编辑渐变”，如图 3-2-20 所示。

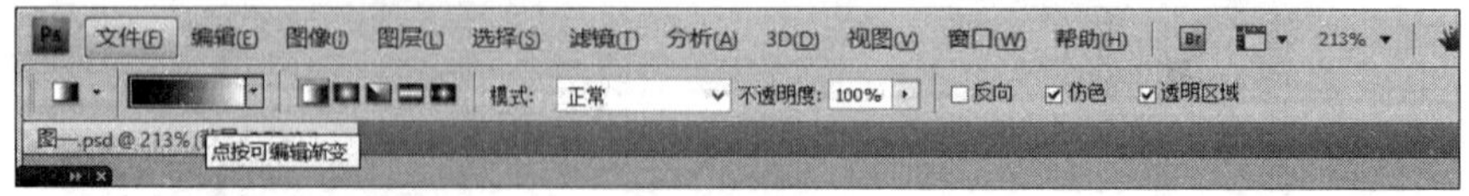

图 3-2-20 “点按可编辑渐变”属性

(3) 在打开的“渐变编辑器”对话框中，双击左边的色标卡，设置为蓝色；双击右边的色标卡，设置为白色，从而设置一个“蓝白”颜色的渐变效果，单击“确定”按钮退出对话框。

(4) 设置好渐变的颜色后，在“渐变工具”属性栏中选择“线性渐变”。

(5) 在制作好的三角形选区范围内，利用鼠标左键从下往上拖曳进行渐变颜色的填充，取消选区后达到如图 3-2-10 所示的三角形填充所示效果。

7. 魔棒工具和反向操作

Photoshop CS4 中的魔棒工具也是建立选区的工具之一，它可以快速地建立一块颜色相近的选区。本案例将利用魔棒工具将“图四”中的黑色部分选中，并通过“反向”来选中小鸡，制作过程如下：

(1) 打开“图四”文件，在工具箱中选择“魔棒”工具。

(2) 在该文件黑色区域处单击鼠标，此时黑色区域全部被选中。

(3) 执行“选择”→“反向”命令，选区变成黑色以外的小鸡区域，利用“拷贝”、“粘贴”将小鸡区域复制到“图一”文件中，并通过“移动工具”和“自由变换”将小鸡缩小后放在“图一”的左下角。

注意：如果利用“魔棒”制作选区的颜色不能完全被选中，可结合“魔棒”工具的“容差”属性进行容差值的设置，从而扩大相近颜色的选择范围。

最后将制作好的文件存储为“学形状.jpg”，完成对本案例的制作。

3.2.3 案例教学——制作《圆的位置关系》课件封面(配有微课视频)

主要知识点：

- 磁性套索工具。
- 羽化。
- 文字工具。
- 图层样式。
- 滤镜。

本案例以数学学科课件封面《圆的位置关系》为例，讲解 Photoshop 的磁性套索工具、羽化、文字工具、图层样式设置和滤镜添加等基本工具和常用编辑，最终效果如图 3-2-21 所示。

图 3-2-21 《圆的位置关系》课件封面效果图

利用前面所学知识点，新建一个 800 像素×600 像素的文件，并填充浅蓝色背景，存储为“圆的位置关系. PSD”。

1. 羽化

Photoshop CS4 中，羽化是通过对选区添加一定的羽化值，使选区边界产生柔和虚化的效果，让选区更好地与背景层融合。制作过程如下：

(1) 打开“图一”，利用“椭圆选框工具”绘制一块椭圆选区。

(2) 右击鼠标，弹出快捷菜单，如图 3-2-22 所示，选择“羽化”。

图 3-2-22 “羽化”的选择

(3) 在弹出的“羽化选区”对话框中，设置羽化值为 12。

(4) 将该选区通过移动工具移动，复制到“圆的位置关系”文件中，生成“图层一”，调整好大小和位置。

注意：以上是设置羽化的一种方法，使用该方法时，一定要确保在选中选区的基础上打开快捷菜单。

2. 磁性套索工具

Photoshop CS4 中，磁性套索工具也是制作选区的工具之一，用它可以制作不规则选区，磁性套索工具似乎有磁力一样，不用按鼠标左键而直接移动鼠标，在光标处会出现自动跟踪的线，这条线总是走向颜色与颜色边界处，边界越明显磁力越强，将首尾连接后可完成选择，一般用于颜色与颜色差别比较大的图像的选择。制作过程如下：

(1) 打开“图二”，利用导航器放大图片，选择“套索工具”中的“磁性套索工具”。

(2) 在“图二”汽车某处单击鼠标左键，建立选区的起点，沿着汽车与背景交界附近拖拉鼠标，Photoshop 会自动将选取边界吸附到交界上。此时的一个个吸附在交界处的小方块叫做“锚点”，它将选区锁定在交界，也可在拖曳的同时单击鼠标左键创建新的锚点，如图 3-2-23 所示。

(3) 当鼠标回到起点时，磁性套索工具的小图标右下角就会出现一个小圆圈，这时松开鼠标就会形成一个封闭的选区。

图 3-2-23 利用“磁性套索工具”制作汽车选区

(4) 将汽车选区复制到“圆的位置关系”文件中，生成“图层二”。此时效果图如图 3-2-24 所示。

图 3-2-24 过程效果图

注意：当发现套索偏离了轮廓（图像边缘）时，可以按 Delete 键删除最后的一个锚点。

3. 滤镜

Photoshop CS4 中，滤镜主要用来实现图像的各种特殊效果，本案例以“纹理”滤镜中的“龟裂缝”来举例。制作过程如下：

(1) 新建图层，在“图层 3”中利用选区工具绘制矩形选区，并填充深蓝色。

(2) 执行“滤镜”→“纹理”→“龟裂缝”命令，打开“龟裂缝”对话框，在该对话框中可以设置具体的数值参数，如图 3-2-25 所示。

(3) 单击“确定”按钮，通过复制“图层 3”，利用“移动工具”拖曳更改图层位置至图片底部，制作和“图层 3”一样大小的矩形框；并通过同样的方法结合“自由变换”制作较窄的一条矩形框，效果如图 3-2-26 所示。

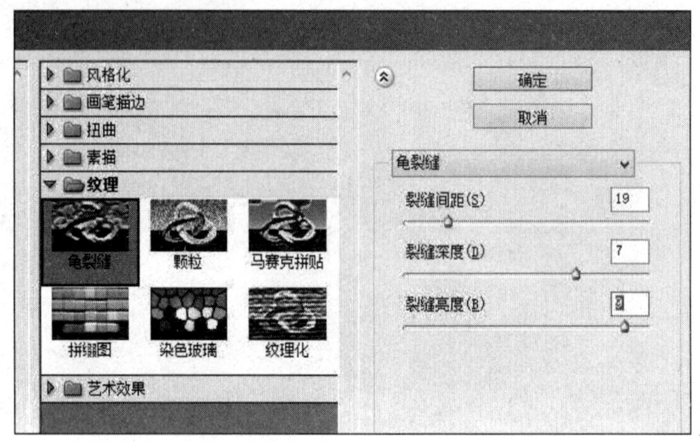

图 3-2-25 龟裂缝滤镜参数设置

图 3-2-26 三条矩形边框效果图

4. 文字工具

Photoshop CS4 中，文字工具是输入本文的工具，本案例以"横排文字工具"为例，讲解文字的输入、编辑等知识。制作过程如下：

(1) 选择"文字工具"→"横排文字工具"，在文件中单击，光标开始闪烁，即可输入文字。

(2) 输入"圆的"二字，通过选中文字，在文字工具属性栏中对文字进行编辑，设置字体：隶书、大小：72、颜色：蓝紫色，如图 3-2-27 所示。

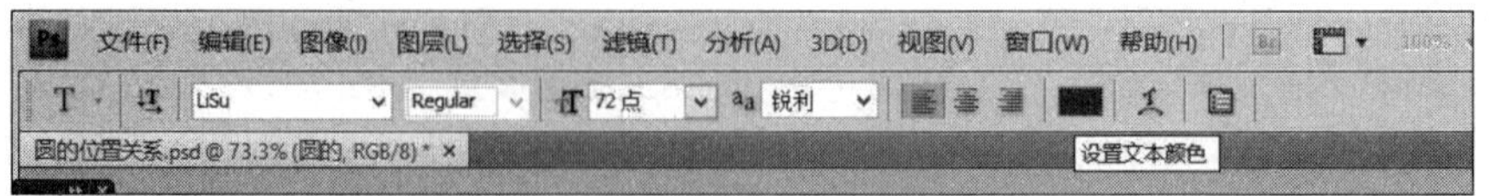

图 3-2-27 "文字工具"属性设置

(3) 通过单击"选择工具"退出文字的编辑，利用同样的操作制作"位置"、"关系"另两个文字图层，其中"位置"两字的大小大于72号字体，则在文字工具属性栏中的文字大小处手写：90，颜色：橘黄色。并输入和编辑其他文字信息，如图3-2-28所示。

图 3-2-28 文字输入、编辑后的效果图

5. 图层样式

Photoshop CS4中，图层样式可以简单快捷地制作出各种立体投影、质感以及光影效果的图像特效。本案例以文字图层样式来举例，制作过程如下：

(1) 在图层控制面板，选中"位置"二字图层，右击鼠标打开快捷菜单，选择"混合选项"，打开"图层样式"对话框。通过选中"投影"、"外发光"、"渐变叠加"，可以给文字图层添加一些默认的样式。

(2) 选中"渐变叠加"样式，将颜色设置为"蓝黄"渐变、角度为"－90"；选中"投影"样式，将颜色设置为"灰色"、角度为"135"、距离为"10"。

(3) 将"圆的"、"关系"两个文字图层添加灰色投影和外发光样式。达到图3-2-21中的标题文字效果。

(4) 利用椭圆选框工具和描边制作文字右上方的两个圆环。

注意：通过打钩选择某个样式是给图层添加系统默认的样式；只有具体选中某个样式，才可通过对话框更改样式的效果。

此时完成最终效果，将文件存储为"圆的位置关系.JPG"。

3.2.4 案例教学——制作《草原赞歌》歌曲教学图片素材

主要知识点：

- 修补工具。
- 画笔工具。
- 色彩调整。
- 橡皮擦工具。

本案例以音乐学科中"草原赞歌"歌曲教学图片素材为例，讲解Photoshop的修补工具、色彩调整、画笔工具和橡皮擦工具的使用及技巧，最终效果如图3-2-29所示。

1. 色彩调整

Photoshop CS4 中，可以通过色彩调整更改图片颜色，达到满意的效果，本案例以“色彩平衡”为例，将“图一”原本偏色的效果进行调整。制作过程如下：

(1) 打开“图一”，利用“裁剪”工具对图片进行裁切，裁剪至效果图的背景效果。

(2) 执行“图像”→“调整”→“色彩平衡”命令，打开“色彩平衡”对话框，将数值更改为图 3-2-30 所示。单击“确定”按钮，退出“色彩平衡”设置。

图 3-2-29 《草原赞歌》效果图

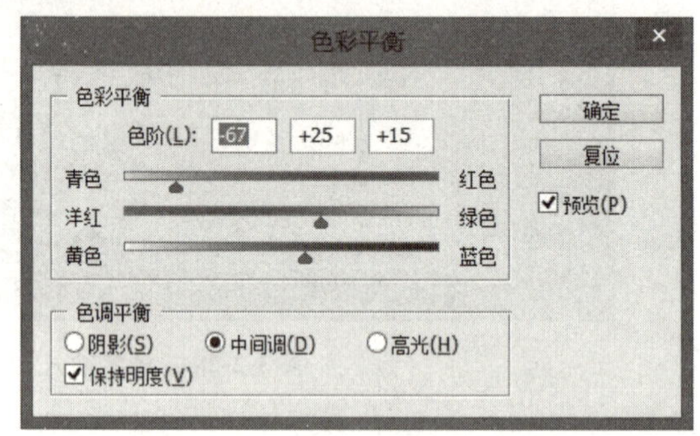

图 3-2-30 调整“图一”色彩平衡

2. 修补工具

Photoshop CS4 中，修补工具可以将一块选区复制到另一块区域，它具有自动匹配颜色的功能，复制出的效果与周围的色彩较为融合。制作过程如下：

(1) 选中“修补工具”，如图 3-2-31 所示。

(2) 选择“修补工具”属性栏中的“源”，如图 3-2-31 所示。

“源”指修补的对象是现在选中的区域，方法是先选中要修补的区域，再把选区拖动到用于修补的区域。本案例要将中间黑色的牛去掉，变成草地。

① 选中“修补工具”，在“牛”的轮廓周边通过鼠标绘制一个选区，如图 3-2-32 所示。

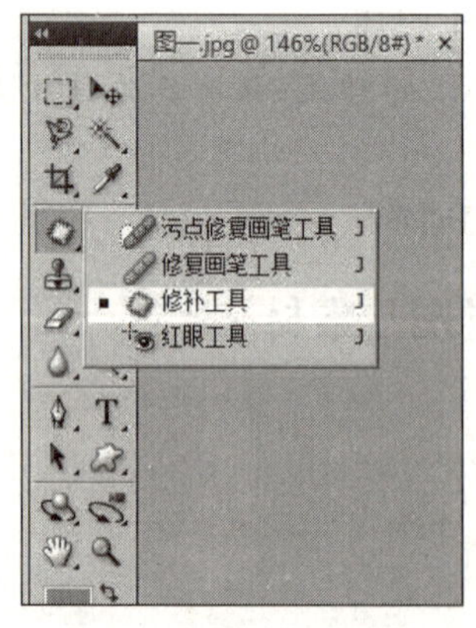

图 3-2-31 “修补工具”的选择

图 3-2-32 “修补工具”选中要修补的区域

② 将该选区拖动到“牛”附近的草地上，则“牛”消失了，变成了草地，如图 3-2-33 所示。

(3) 选择“修补工具”属性栏中的“目标”,“目标”与“源”相反,是将要修补的区域移动到拖动后的区域。在“蒙古包”周边绘制一块选区,将选区拖动到附近的草地上,则草地变成了蒙古包,如图 3-2-34 所示。

图 3-2-33 拖动选区到附近草地后的效果图

图 3-2-34 利用“目标”修补后的两个蒙古包效果图

3. 橡皮擦工具和画笔工具

Photoshop CS4 中,“橡皮擦工具”用于擦除图像;“画笔工具”功能之一是制图,本案例讲解利用橡皮擦擦除不需要的内容,利用画笔工具绘制定义好的画笔内容。制作过程如下:

(1) 打开“图二”,选择工具箱中的“橡皮擦工具”,设置“橡皮擦工具”属性栏中的画笔大小,利用鼠标左键在图片中涂抹,将音乐符号上方的多余信息进行擦除。

(2) 利用“魔棒工具”和其“选区相加”属性,单击选中“图二”中所有白色区域。

(3) 执行“选择”→“反向”命令,从而建立音乐符图像的选区。

(4) 执行“编辑”→“定义画笔预设”命令,实现将音乐符号定义成一种画笔笔触样式。

(5) 选择工具箱中的“画笔”工具,打开“画笔”工具栏中的“画笔”属性选项,选择刚刚定义的“音乐符”笔触。

(6) 新建图层,设置不同的颜色,绘制出 4 个彩色的音乐符号。

(7) 输入主题文字信息,最终效果如图 3-2-29 所示。将文件存储为“草原赞歌.JPG”,完成本案例的制作。

思考与练习

1. ACDSee 可以对图像进行哪些批量操作?
2. 使用 ACDSee 如何对图像进行重命名?
3. 使用 ACDSee 如何在图片上添加制作文字标题?
4. Photoshop CS4 中,如何将 RGB 模式转换成灰度模式?
5. Photoshop CS4 中,多个文件是否只有一种排列方式?如果不是,如何自如地使用排列方式方便文件的观看或操作?
6. Photoshop CS4 中,移动工具有哪些功能?
7. Photoshop CS4 中,利用自由变换调整好图层大小后,为什么不能直接进行其他操作?

8. Photoshop CS4 中,如何由题图 3-1 中左边已有的大花瓶图层制作题图 3-1 中右边的小花瓶图层?

题图 3-1 花瓶

9. Photoshop CS4 中,未做完还需要加工的作品保存什么格式?已做完需要插入到 PPT 课件中的作品保存什么格式?

10. Photoshop CS4 中,完成题图 3-2(a)到题图 3-2(b)需要哪些操作?请尝试制作。

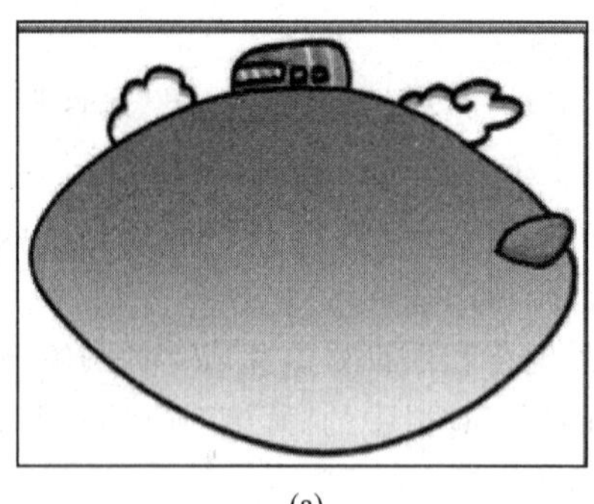

(a)

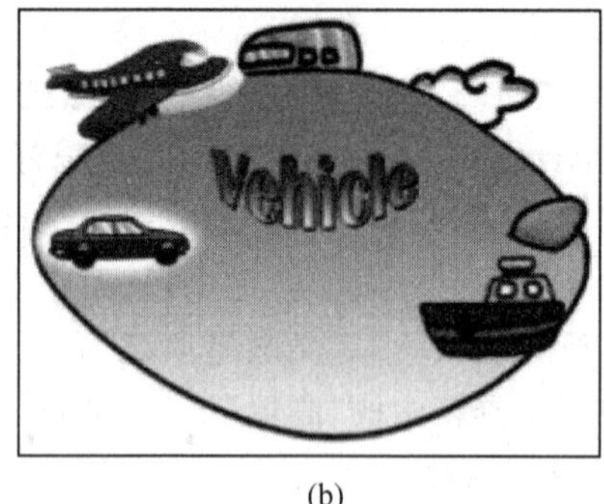

(b)

题图 3-2 第 10 题图

11. Photoshop CS4 中,制作规则选区和不规则选区有哪些工具?

12. Photoshop CS4 中,给选区添加虚化柔和的效果,要使用什么操作?制作有立体效果、内外发光的文字,需要对文字图层进行什么操作?

第 4 章 常用视频编辑软件

在日常办公和学习生活中，视频编辑技术越来越受到关注。在多媒体教学过程中，视频编辑工具的使用也十分重要。视频编辑软件种类较多，本章主要介绍会声会影视频编辑、Camtasia Studio 视频编辑以及格式工厂等软件的主要使用方法及技巧。会声会影视频编辑软件操作简单易懂，界面简洁明快，提供了完整的影片编辑流程解决方案，适合家庭日常使用。Camtasia Studio 软件提供了强大的屏幕录像、视频的剪辑和编辑、视频播放等功能。使用该软件，用户可以方便地进行屏幕操作的录制、PPT 录制等。格式工厂软件可以较方便地实现视频资源的格式转换，能简单方便地进行视频片段截取及合并等功能，另外使用格式工厂还可以实现图片及音频资源的格式转换等。

本章学习目标：

- 掌握会声会影视频编辑的常用操作和基本编辑。
- 了解会声会影视频编辑中的音频分离、视频配音等高级操作。
- 熟悉会声会影视频文件的输出。
- 掌握 Camtasia Studio 视频常用编辑。
- 掌握格式工厂转换文件格式。
- 熟悉格式工厂截取及合并音视频资源的方法。

*4.1 会声会影视频编辑简介

会声会影是一款功能强大的视频编辑软件，具有图像抓取和编修功能，可以抓取，转换 MV、DV、V8、TV 和实时记录抓取画面文件，并提供有超过 100 多种的编辑功能与效果，可导出多种常见的视频格式，甚至可以直接制作成 DVD 和 VCD 光盘。不仅符合家庭或个人所需的影片剪辑功能，制作家庭相册影片等，甚至可以挑战专业级的影片剪辑软件。下面我们以案例教学的方式，结合例子讲解会声会影的视频编辑技术技巧。

案例教学——“诗词欣赏——爱莲说”视频编辑(配有微课视频)

主要知识点：

- 视频素材的捕获、添加。

- 视频素材的修剪与分割等基本操作。
- 视频滤镜、转场等效果的添加与编辑。
- 标题与字幕效果的制作与编辑。
- 视频中的音频分离、视频配音。
- 视频文件的输出。

本案例以语文学科中诗词"爱莲说"为题，制作"爱莲说"诗词朗诵视频。通过该案例，讲解会声会影制作视频的基本操作技巧，效果如图 4-1-1 所示。

图 4-1-1 "爱莲说"效果图

会声会影主界面如图 4-1-2 所示，从中可以看到各功能区分布。其中视频编辑视图有两种，一种是"故事版视图"，一种是"时间轴视图"。"时间轴视图"主要有"视频轨"、"标题轨"、"声音轨"、"音乐轨"，分别用于编辑视频中的视频和图片素材、添加标题字幕、添加音频等。

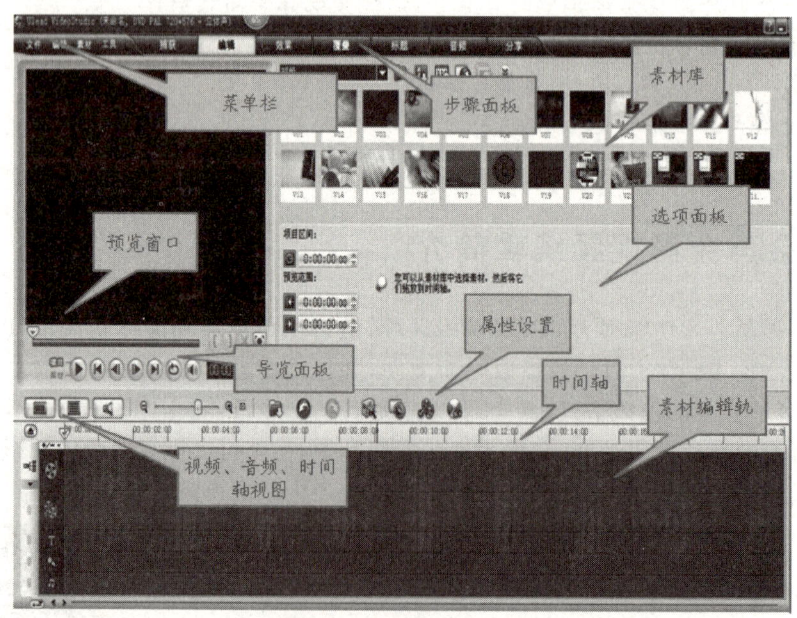

图 4-1-2 会声会影主界面

1. 视频素材的捕获、添加、修剪与分割等基本操作

(1) 视频素材的捕获与添加

在会声会影视频编辑中,视频素材可以通过会声会影“捕获”步骤面板,选择从USB摄像头、DV或手机、U盘等移动设备导入;也可以在“编辑”步骤面板,使用“添加素材按钮”选择电脑本地视频文件或其他素材。下面我们从本地电脑中将本案例所需的图片、视频等素材添加到会声会影素材库,制作过程如下:

① 单击会声会影主界面“编辑”步骤面板,进入编辑页面,在素材库的下拉列表中选择“图像”。

② 单击“加载图像”按钮,选中需要添加的图片文件素材“封面.jpg”,将其添加到图片素材目录,如图4-1-3所示。

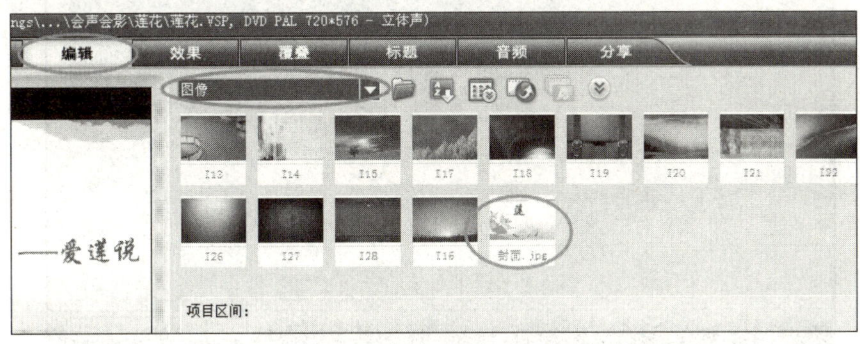

图 4-1-3 添加图像素材

③ 再将素材库的下拉列表中的类型选为“视频”,单击“加载视频”按钮,选中视频文件素材“绽放的睡莲.mp4”,将其添加到视频素材目录,如图4-1-4所示。

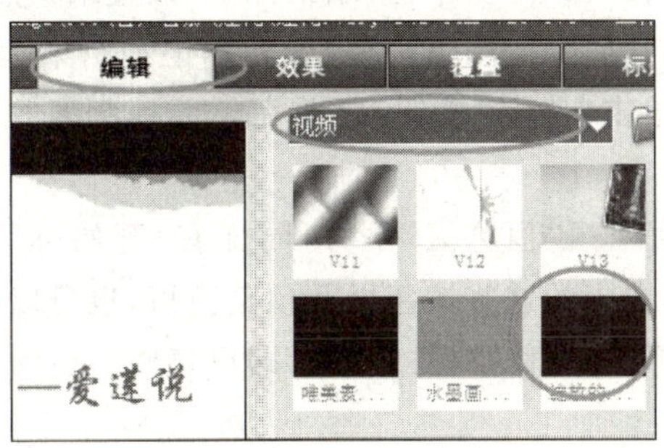

图 4-1-4 添加视频素材

④ 按以上操作方法,继续将本案例中所需的音频等素材添加到相应素材库中。素材添加完成之后,下面可以开始进一步对素材进行编辑与操作。

(2) 视频的修整

通过会声会影的视频修整功能可以对素材视频进行指定开始时间和结束时间的剪辑,并且可以把视频中多个好的片段保留下来,也就是多重修整视频。多重修整视频相关操作如下:

① 将刚添加的图片素材和视频素材分别拖动到会声会影“时间轴视图”的视频轨中。选中视频素材，在“编辑”→“视频”属性面板中，单击“多重修整视频”，弹出“多重修整视频”对话框，如图 4-1-5 所示。

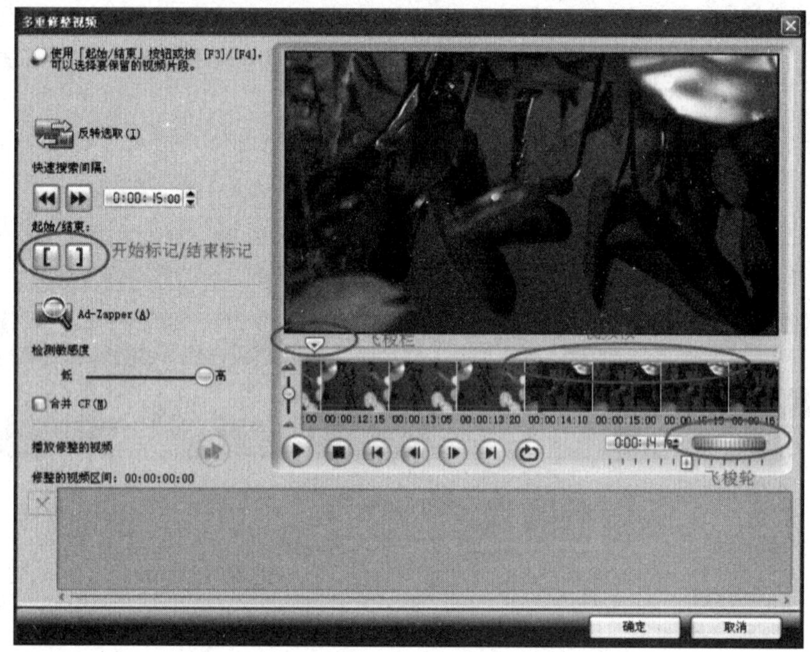

图 4-1-5　视频预览区修整界面

② “多重修整视频”对话框中，控制飞梭栏，在时间轴“00:00:14:10”处，单击“开始标记”设置起始点，在“00:00:21:00”处，单击“结束标记”设置结束点，此时在修整视频区间，就会显示刚刚截取的视频片段。运用飞梭栏、开始标记和结束标记继续截取其他时间段视频。视频片段选好后，单击“确定”按钮，之前完整的视频素材就会变成修整后的视频片段。

③ 在会声会影主界面视频“预览区”下方，同样有“开始标记”、“结束标记”和“飞梭栏”控制按钮，运用导览面板中的这些按钮以及预览窗口，也可以对视频进行简单修整，修整后单击“素材”菜单，选择“保存修整后的素材”即可将修整后的素材保存至素材库中。

(3) 视频分割

视频分割是把一段完整视频分割成一段或者多段，以方便后期使用。视频分割操作如下：

① 将上一步骤中修整后的“绽放的睡莲.mp4”素材拖动添加到“故事版视图”视频编辑区，在“编辑”→“视频”属性面板中，选择“按场景分割”，弹出“场景”对话框，如图 4-1-6 所示。

② 单击“扫描”按钮，软件会自动根据帧内容，对视频文件进行扫描，并根据场景不同，自动截取视频片段，并编号。本案例选择 4,6,12,22 编号的视频片段，单击“确定”按钮，多个自动分割的场景片段就自动添加到视频编辑区。

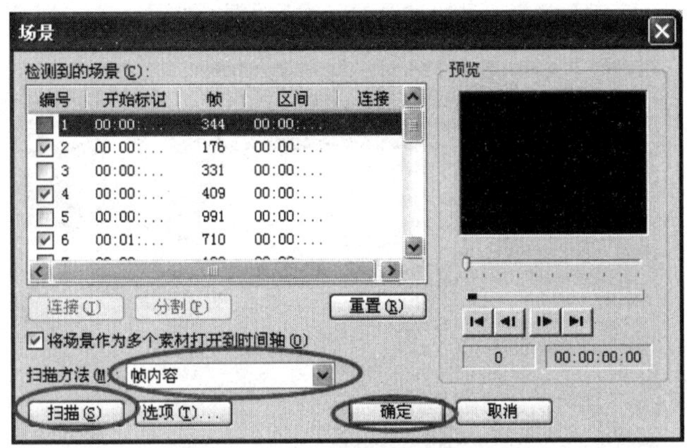

图 4-1-6 按场景分割对话框

③ 在会声会影主界面视频“预览区”下方，除了之前讲的有“开始标记”、“结束标记”和“飞梭栏”控制按钮之外，还有剪刀工具。如果视频分割操作比较简单，则不需要用到按场景分割，可以使用飞梭栏，以及导览面板和剪刀工具，对视频进行直接剪辑分割。

2. 视频滤镜、转场等效果的添加与编辑

(1) 视频滤镜效果的设置

会声会影软件提供很多视频滤镜效果，使用滤镜，可以给视频片段添加丰富绚丽的效果，比如马赛克、老电影、雨点等效果。

本案例中，在“故事版视图”中选中第三个视频片段，操作如下：

① 单击“编辑”步骤面板中素材库下拉列表，选择“视频滤镜”，如图 4-1-7 所示。

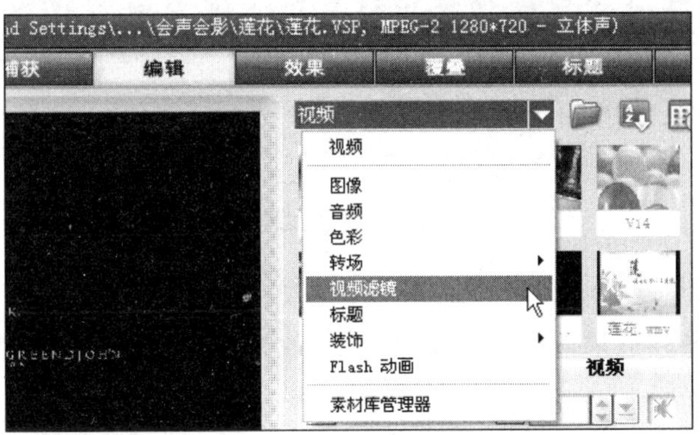

图 4-1-7 打开“视频滤镜”素材库

② 选择“雨点”滤镜，将其拖动到第三个视频片段上。在视频预览区可以看到添加雨点滤镜后的“雨中莲开”的效果。

(2) 视频转场效果的添加与编辑

视频编辑过程中，为了使多个视频片段之间能够自然过渡，通常需要在两个视频片段之间添加“转场”效果，会声会影软件中提供了多种多样的转场效果。

① 切换到“故事版视图”。在“编辑”步骤面板下，素材编辑区中，单击下拉列表切换

到“转场”，选择合适的转场效果，例如选择“三维”效果，如图 4-1-8 所示。

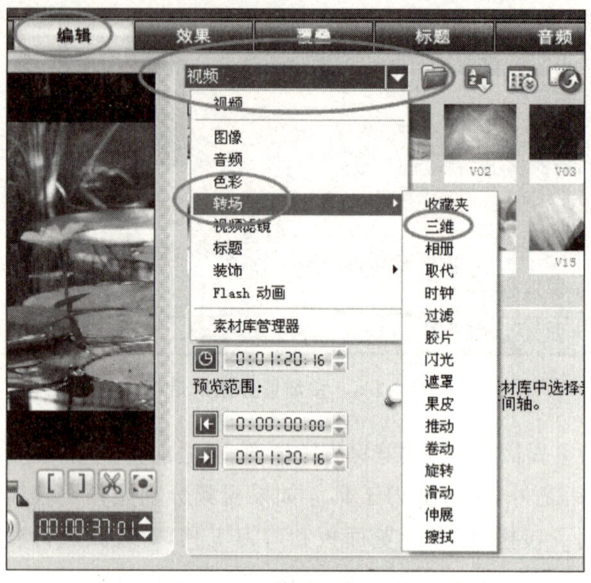

图 4-1-8 选择转场效果

② 此时主界面会自动跳转到“效果”步骤面板，同时显示出多种样式的三维效果，如图 4-1-9 所示。

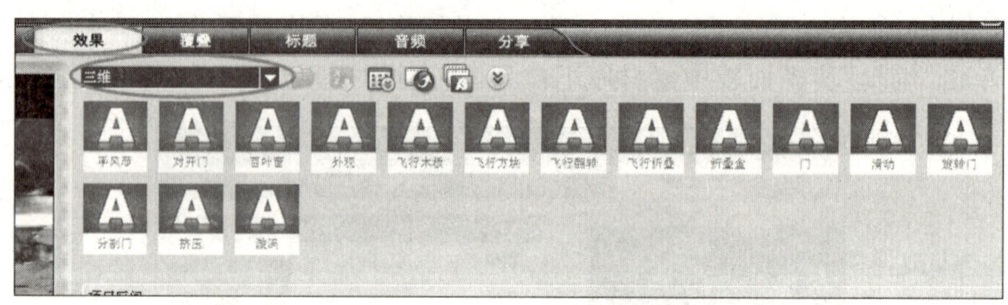

图 4-1-9 多种三维转场效果

③ 选中合适的转场效果，拖动到两个视频素材中间，或者选中需要添加转场效果的位置，直接双击该转场效果即可成功添加。在“效果”步骤面板下，单击下拉列表，还可以选择其他转场效果。

3. 标题与字幕效果的制作与编辑

(1) 给视频添加字幕

切换到“时间轴视图”，单击打开“标题”步骤面板，在属性面板中，选择“打开字幕文件”，如图 4-1-10 所示。选择“爱莲说. utf”，此时可以添加导入会声会影支持的字幕文件到标题轨。此种方法可以完成较大文本量，较多字幕片段的字幕添加。

(2) 制作视频标题

视频中添加标题，可以更加突出视频主题，标题制作过程如下：

① 在“时间轴视图”中，将时间轴游标放在起始位置，单击“标题”步骤面板，进入“标

题”步骤界面,如图 4-1-11 所示。

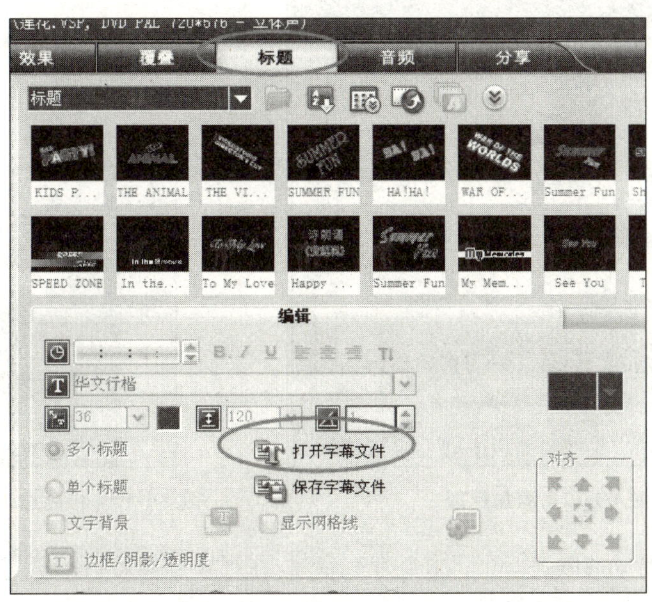

图 4-1-10　打开字幕文件

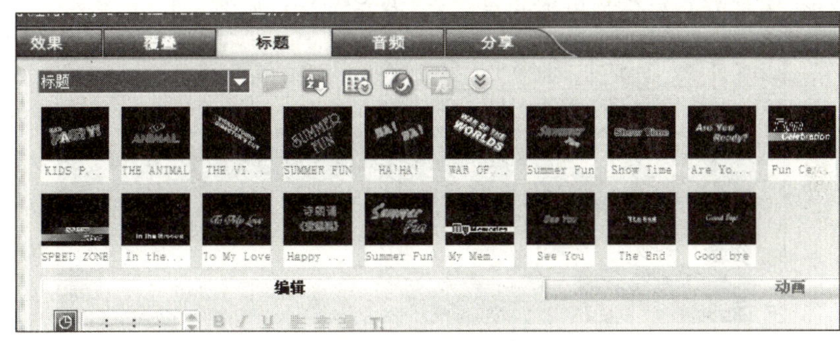

图 4-1-11　标题界面

② 在“标题”步骤面板中,选择适合的标题模板拖动到标题轨中,在预览窗口中修改标题模板中的文字;或者双击视频“预览区”,直接添加文字标题:“诗词欣赏——爱莲说”,并在“编辑”属性面板中调整文字颜色、字体及大小等,也可在“动画”属性面板中,给文字设置一定的动画效果,效果如图 4-1-12 所示。

③ 在“时间轴视图”中,选择标题轨中“诗词欣赏——爱莲说”的形状,拖动两边黄色边缘,可以控制标题在时间轴中显示的时间段,如图 4-1-13 所示,标题在“00:00:00:00”至“00:00:01:40”区间内显示。

4. 视频中的音频分离、视频配音

(1) 音频分离

会声会影中音频分离是把原有视频中的声音与视频画面分开,分开之后,音视频可以单独进行编辑,单独预览视频轨中内容时不再有音频内容。

图 4-1-12 添加标题

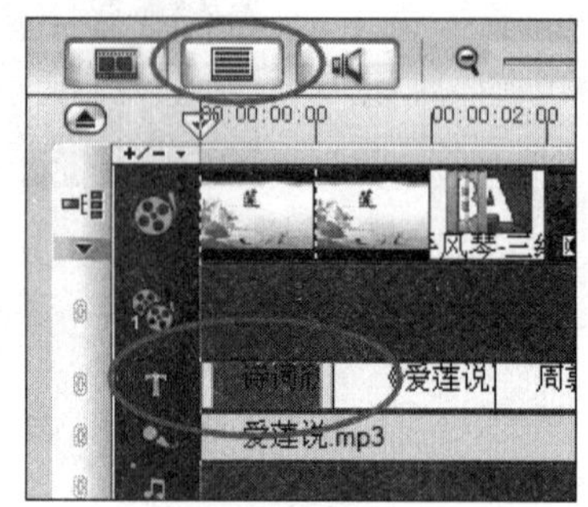

图 4-1-13 标题显示时间的控制与调整

视频素材“绽放的睡莲.mp4”中自带有音频，在视频分割后，音频不连续，我们可以通过音频分割功能，将原音频删除，从而添加新的音频，制作过程如下：

① 在“时间轴视图”下，分别选中各视频片段，在“编辑”→“视频”属性面板中单击“分割音频”选项，音频就会被分割出来并显示在“声音轨”中，如图 4-1-14 所示。

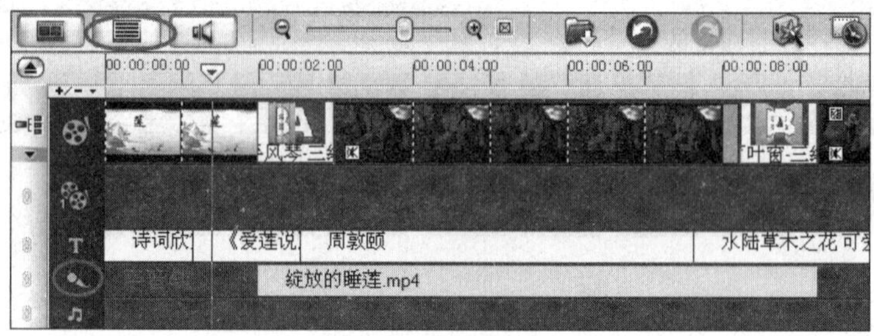

图 4-1-14 音频分割

② 选中“声音轨”中分割后的音频，将其一一删除。

(2) 给视频配音

① 单击主界面“音频”步骤面板，单击“加载音频”按钮，添加本地音频素材“爱莲说.mp3”，此文件就被添加到音频素材库中。

② 拖动“爱莲说.mp3”音频素材到“声音轨”中，时间起始位置大约为“00:00:01:00”处。此时预览项目，视频播放时就已配上了“爱莲说”朗诵配音。如果字幕与音频不同步，可适当调整音频的起始位置。

5. 视频文件的输出

视频编辑完毕后，可以将视频导出到本地文件或者创建光盘文件。会声会影支持多种常见视频格式以及多种分辨率视频导出。

(1) 分享创建。单击“分享”步骤面板，单击选择“创建视频文件”。

(2) 设置输出格式。例如选择"WMV->WMV HD 720 25p"会声会影将按照高清720分辨率,每秒25帧,输出后缀名为wmv格式的视频文件。经过一段时间的等待,视频渲染完成后,就可以拷贝视频到其他设备上运行观看。

(3) 如果视频没有完成编辑,想进一步到另一台计算机上继续编辑,可以执行"文件"→"智能包"命令,设置保存的文件夹名称和路径,确定即可。

(注:本节案例中所用原始图片、音视频素材下载自网络公开材料)

4.2 Camtasia Studio 视频编辑简介

Camtasia Studio 是美国 TechSmith 公司出品的屏幕录像和编辑的软件套装。该软件具有强大的视频编功能,例如,可以对视频进行修改裁剪、声音的编辑、录制旁白、视频的效果添加等。我们以案例教学的方式,结合例子讲解 Camtasia Studio 的视频基本编辑技巧。

案例教学——交互式视频教学片段素材制作(配有微课视频)

主要知识点:

- 录制屏幕。
- 视频裁剪。
- 视频转场。
- 片头动画。
- 添加测验。
- 视频输出。

本案例通过制作小学生关于"水里生物"主题的教学片段视频来学习使用 Camtasia Studio 软件进行视频的制作、编辑和输出等,最终效果如图4-2-1所示。

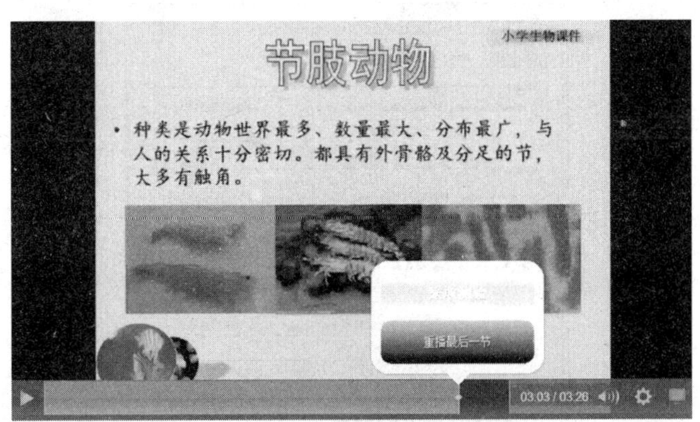

图 4-2-1 导出视频

1. 录制屏幕

Camtasia Studio 中录制屏幕的功能可以记录电脑屏幕中的操作及声音等。制作过程如下：

(1) 启动 Camtasia Studio 软件，如图 4-2-2 所示。单击 Record the screen 菜单，进入录制屏幕状态。

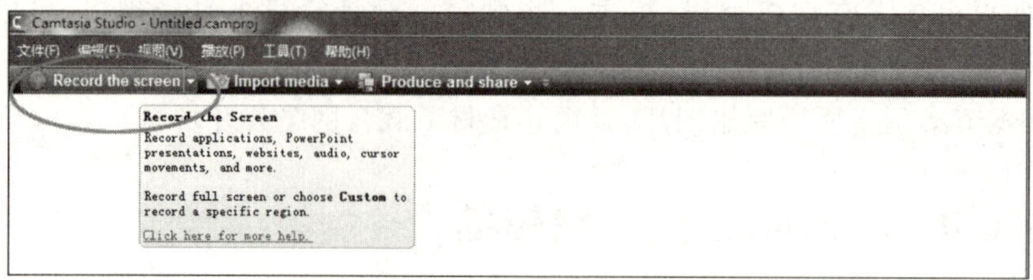

图 4-2-2 Camtasia Studio 软件界面

(2) 在出现的录制屏幕选项中，可以设置是否录制音频、视频以及屏幕大小。如果要录制人物头像，可以执行 Webcam off 菜单下的 Options 命令，在弹出的设置框中的 Webcam device 中选择设备已有的相机，如果不需要录制人物，则选择 Do not record camera。

本案例中设置 Webcam off 菜单属性为 Do not record camera，如图 4-2-3 和图 4-2-4 所示(图 4-2-4 中的教师头像用卡通图代替)。

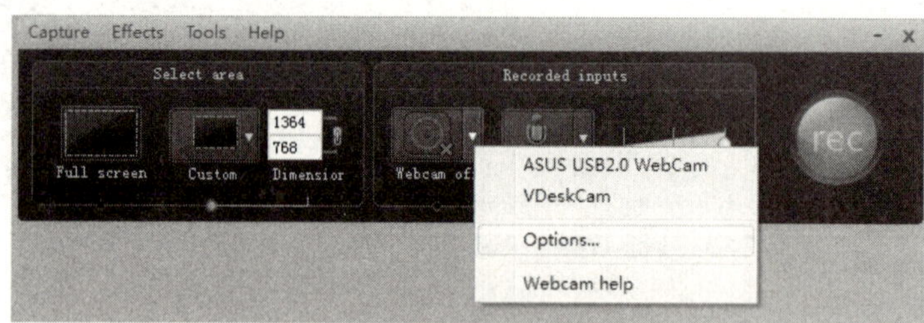

图 4-2-3 录制屏幕选项

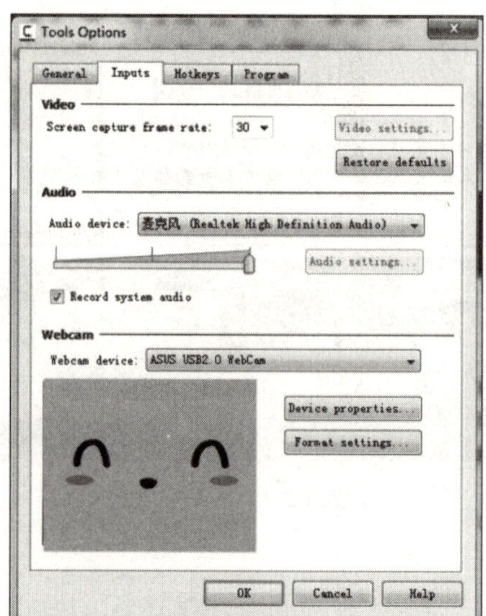

图 4-2-4 工具选项

(3) 打开要录制的 PPT 文件“水里的生物.pptx”，单击 Rec 按钮开始录制。录制好之后，按 F10 键，进入保存界面，如图 4-2-5 所示。

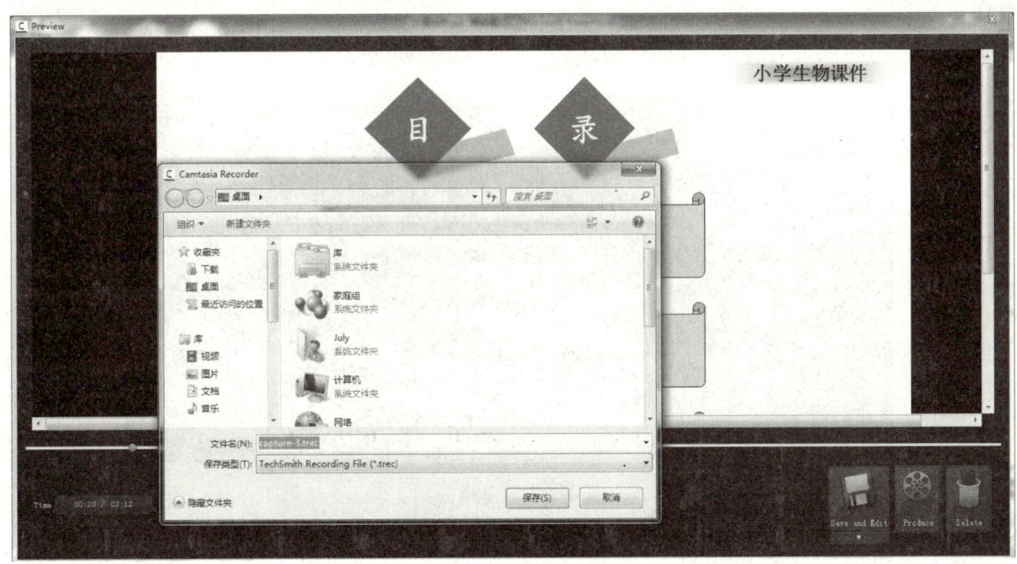

图 4-2-5 保存界面

(4) 单击 Save and Edit 按钮，将录制的素材保存为 capture.trec。

2. 视频裁剪

保存完毕后，进入 Camtasia Studio 界面，这时候下侧的时间轴面板中的轨道 1 和轨道 2 分别自动添加录制的屏幕和系统音频，如图 4-2-6 所示。

图 4-2-6 Camtasia Studio 编辑界面

在右侧的视频预览界面中，单击播放按钮可以观看录制的视频。如果视频中有不合适的地方，可以进行一定的裁剪操作。本案例中将 00:04:20 到 00:07:10 时间段裁剪掉。制作过程如下：

（1）拖动时间轴滑块，定位到 00:04:20 的位置，如图 4-2-7 所示，单击“分割”按钮。

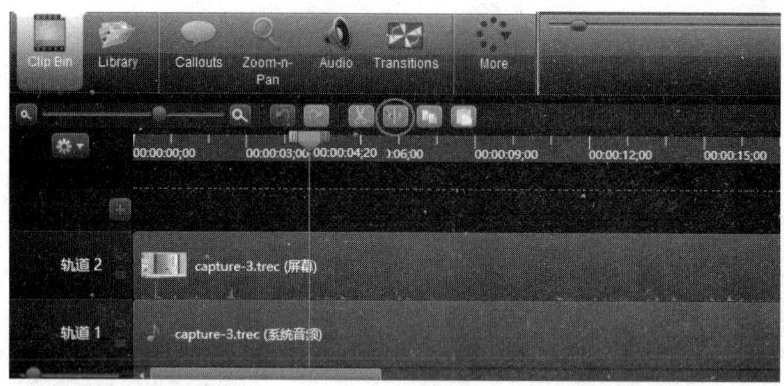

图 4-2-7　视频分割

（2）再将滑块拖动到 00:07:10 位置，同样分割。这样轨道 2 就分成了三部分。选中中间部分，右击选择“删除”菜单，就可以将区间内裁剪掉，对于删除空出的位置，可以拖到后面的视频前移，如图 4-2-8 所示。音频的裁剪同理即可。

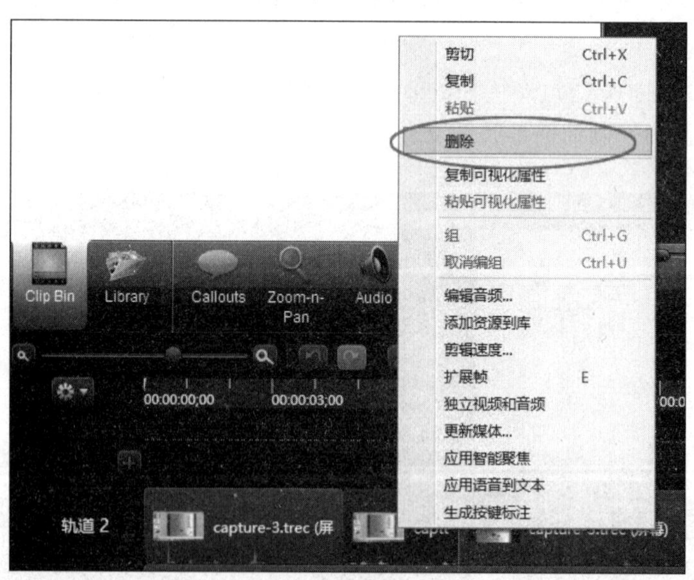

图 4-2-8　视频剪裁

注意：视频裁剪的方法二：可以移动滑块的开始位置（绿色部分）定位，然后拖动结束位置定位（红色部分），单击工具栏中的“剪切”即可。

3. 视频转场

为了视频的丰富效果，可以给视频之间添加一定的转场效果，使得过渡更加自然。制作过程如下：

(1) 单击 Transitions 按钮，即可看到系统内置的转场效果，如图 4-2-9 所示。

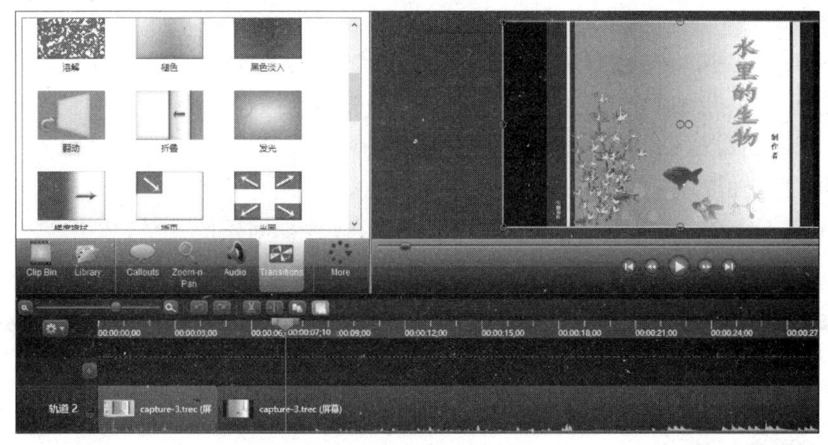

图 4-2-9 添加转场

(2) 单击选择转场效果“翻动”，拖动到轨道 2 中的两段视频之间，松开鼠标即可添加。如果是要给某一段视频添加转场效果，可以单击选中时间轴中的视频，选择一种转场效果，右击选择“添加到选定媒体”菜单即可。

4. 片头动画

为了教学视频的美观，可以在 Camtasia Studio 软件中添加内置或导入的一些片头或片尾的动画。制作过程如下：

(1) 单击时间轴轨道中的“+”，添加一个轨道。

(2) 单击选择 Library，选择一种动画，右击选择“添加到时间轴播放”。按空格键可以预览。

(3) 双击片头中的文字部分，进入文字编辑状态。输入“生物教学视频”文字，设置文字的大小、字体等属性，如图 4-2-10 所示。

图 4-2-10 编辑文字

（4）为了视频的连续性，可以将轨道 2 中的视频往后拖动，错开片头的时间。音频处理也是如此。

5. 添加测验

为了保证学生视频观看的专注程度，增加互动性，考查学生的学习水平，可以在视频的中间位置设置一定的测验题，做完了测验才可以观看后面的视频。本案例中，选择在时间为 00:03:12 的位置添加测验。制作过程如下：

（1）将时间轴滑块定位到 00:03:12 的时间点。

（2）单击 Quizzing 按钮，选择“添加测验”。可以根据问题的数量，单击“添加问题”按钮。如图 4-2-11 所示，本案例中设置一个选择题。

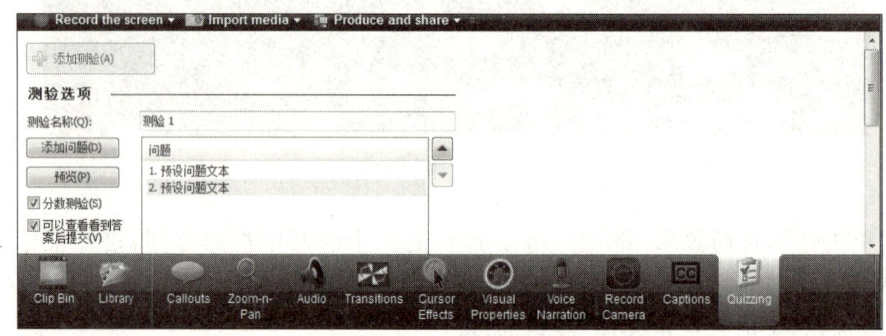

图 4-2-11　添加测验

（3）往下拖动图 4-2-11 所示右侧的滚动条，在问题设置中，可以设置问题的类型和选项。可以设置为选择题、填空题和真假判断题等。本案例中设置选择题“螃蟹属于水里的生物中哪一类型?”答案有“节肢动物、鱼类动物、腔肠动物”，如图 4-2-12 所示。

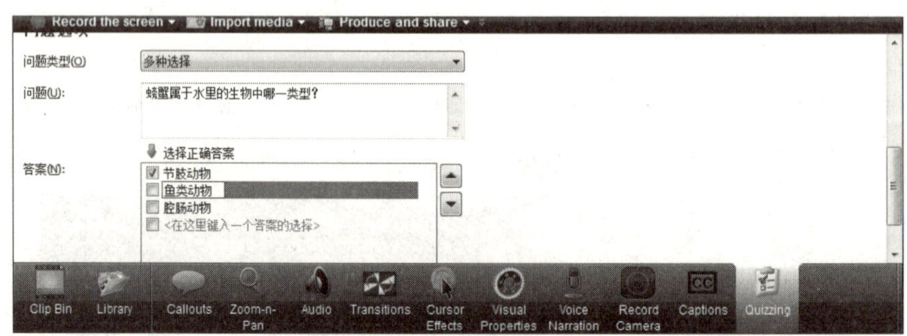

图 4-2-12　问题编辑

（4）设置完毕后，可以单击“预览”按钮查看，如图 4-2-13 所示。

6. 视频输出

录制的交互式教学片段视频编辑完毕后，就开始进行文件的保存，如何进行保存呢?制作过程如下：

（1）单击 Produce and share 按钮，进入保存界面。选择“自定义生成设置”，如图 4-2-14 所示。

图 4-2-13 问题预览

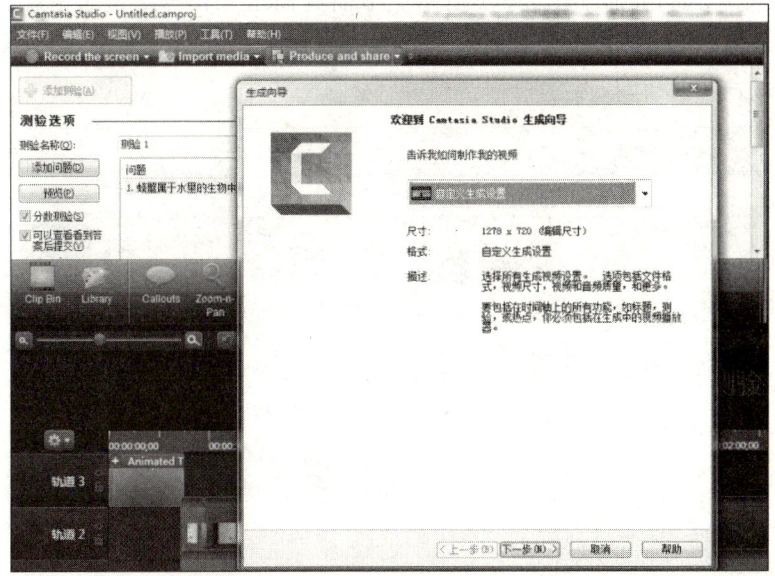

图 4-2-14 生成向导

(2) 单击“下一步”按钮,选择生成的格式。一般 MP4 格式手机和电脑基本都能播放,本案例中选择 MP4 格式,如图 4-2-15 所示。

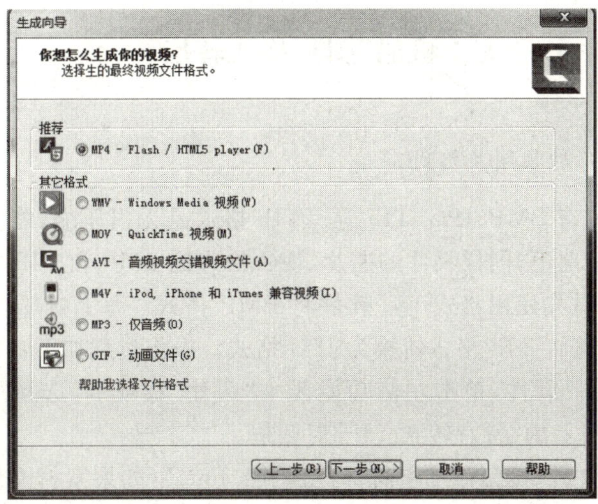

图 4-2-15 格式选择

(3) 后面根据向导一步步保存视频文件。因为视频一般偏大,渲染需要一定的时间。如图 4-2-1 所示设置导出的视频。

4.3 格式工厂

格式工厂软件是一款多功能的多媒体格式转换软件,可以实现大多数视频、音频以及图像不同格式之间的相互转换。转换可以具有设置文件输出配置,还可以提供视频、音频的剪裁和合并等功能,界面如图 4-3-1 所示。下面我们结合具体案例讲解格式工厂软件的两大主要功能:使用格式工厂对图片及音视频资源的格式进行转换,以及对音视频资源进行截取与合并的功能。

图 4-3-1 格式工厂软件界面

4.3.1 案例教学——"海上帆船"图片格式转换

主要知识点:

- 使用格式工厂转换图片格式。

常用的图片格式有 BMP、JPG、TIF 等。TIF 格式是无损压缩,能保留比较完整的图片信息;另外,一般情况下,同样尺寸的图片,JPG 格式比 BMP 和 TIF 格式占用更小的存储空间。本案例中,首先使用格式工厂软件将 BMP 格式"海上帆船. bmp"图片转换为 TIF 格式,然后再接着将 TIF 格式转换为 JPG 格式。操作过程如下:

(1) 打开格式工厂软件,单击左侧功能区中"图片"选项卡,选择"所有转到 TIF"选项,弹出如图 4-3-2 所示的"所有转到 TIF"对话框。

(2) 单击"添加文件"按钮添加素材"海上帆船. bmp",如果素材文件夹中有其他素材文件,可以单击"添加文件夹"按钮,将文件夹中的所有素材添加到列表中。

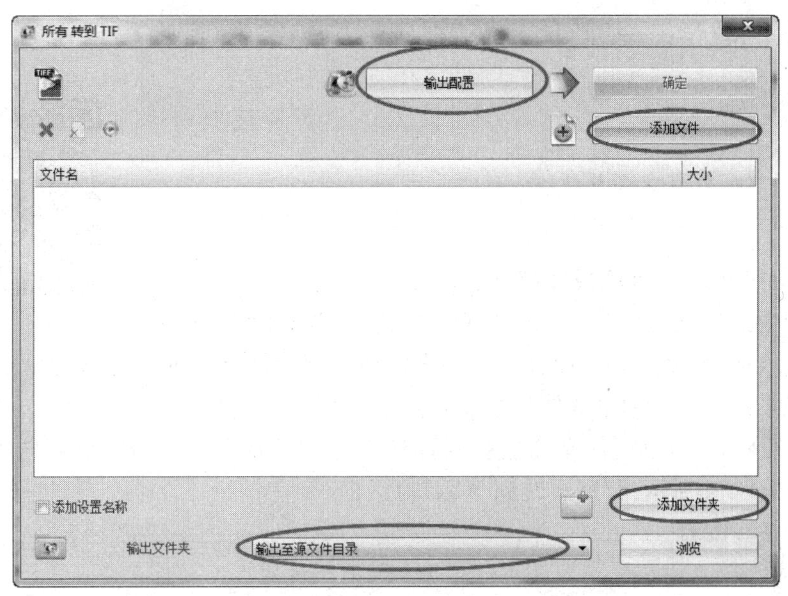

图 4-3-2 “所有转到 TIF”对话框

(3) 输出配置采用默认，单击“确定”按钮，回到格式工厂软件主界面，单击“开始”按钮进行转换，转换完成生成“海上帆船.tif”文件，如图 4-3-3 所示。

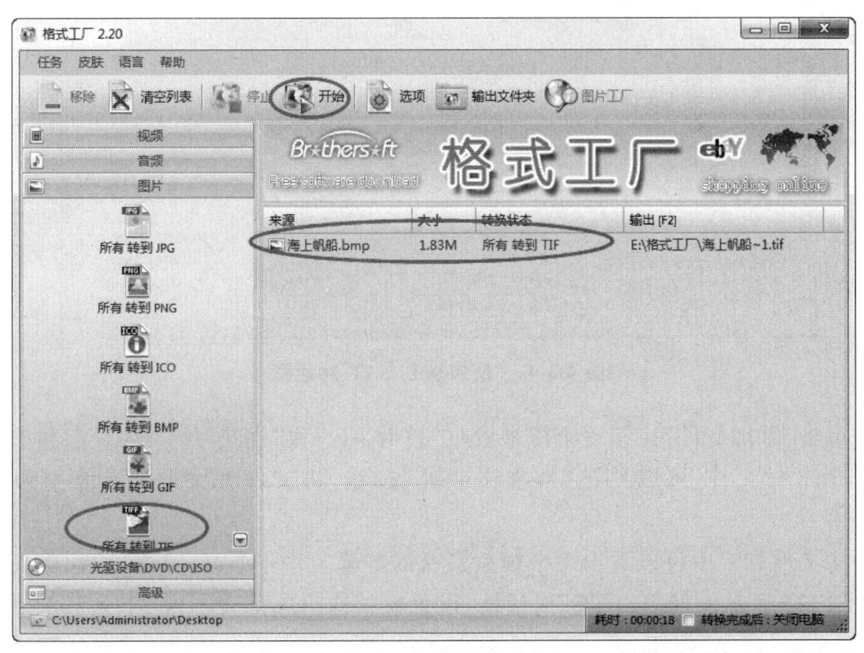

图 4-3-3 开始转换 TIF

(4) 单击左侧功能区“图片”选项卡，选择“所有转到 JPG”选项，添加文件“海上帆船.tif”，参数默认，然后单击“确定”按钮，在格式工厂软件主界面，单击“开始”按钮进行 TIF 转 JPG，完成后即生成“海上帆船.jpg”。

4.3.2 案例教学——“竹园桃花”视频转换与编辑(配有微课视频)

主要知识点:

- 格式工厂转换视频格式。
- 格式工厂截取视频片段。
- 格式工厂合并视频资源。

1. 使用格式工厂转换视频格式

本案例中的视频素材“竹叶.flv”和“桃花.flv”,这种视频格式不是大多数人所较为熟悉的,而且也无法直接插入到教学常用的PPT课件当中,我们可以使用格式工厂将它们的格式转换成avi格式。制作过程如下:

(1) 打开格式工厂软件,单击左侧功能区中“视频”选项卡,选择“所有转到AVI”选项,弹出如图4-3-4所示的“所有转到AVI”对话框。

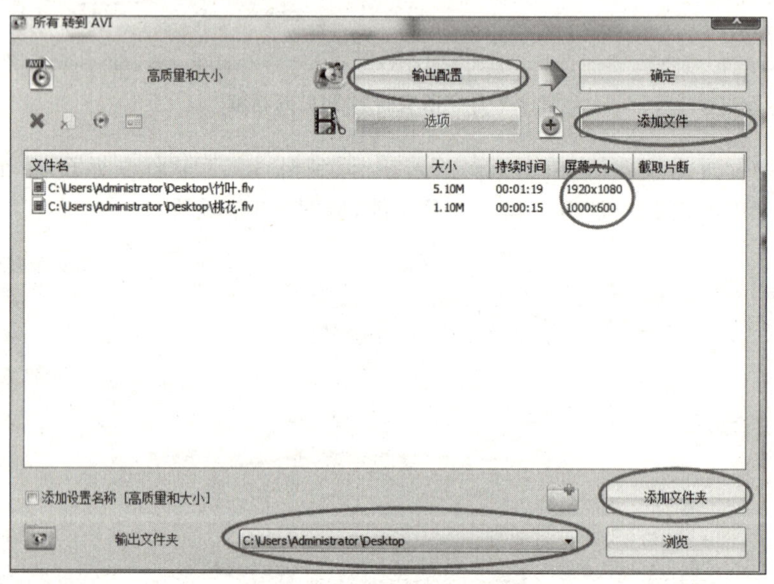

图4-3-4 “所有转到AVI”对话框

(2) 单击“添加文件”按钮逐个添加素材“竹叶.flv”和“桃花.flv”,如果素材文件夹中只有这两个素材文件,可以单击“添加文件夹”按钮,将文件夹中的所有素材添加到列表中。

(3) 从文件列表中可以看出两个视频素材的屏幕大小不一样,单击“输出配置”按钮,弹出如图4-3-5所示的“视频设置”对话框,设置视频输出屏幕大小为720×576,其他参数默认,然后单击“确定”按钮。

(4) 在“所有转到AVI”对话框中,根据需要单击“浏览”按钮设定合适的输出文件夹目录,单击“确定”按钮后,回到格式工厂主界面,单击工具栏中的“开始”按钮,开始转换视频格式。

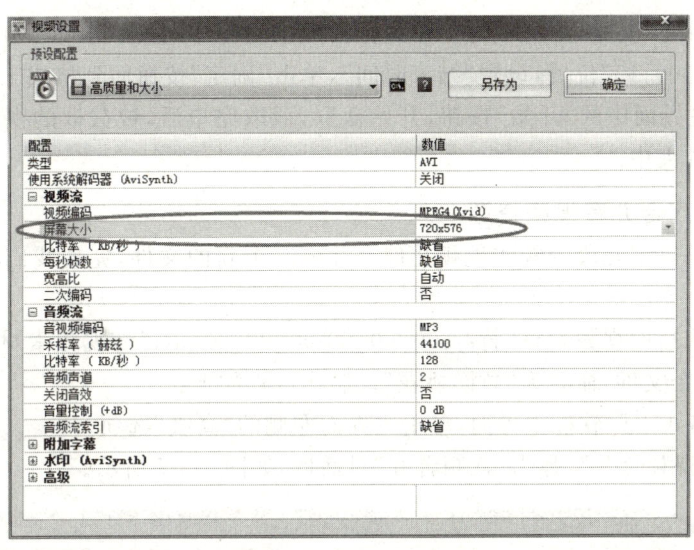

图 4-3-5 “视频设置”对话框

2. 格式工厂截取音视频资源片段

利用格式工厂还可以对音视频片段进行截取，使截取出来的片段生成一个新的文件。

转换后的视频素材“竹叶.avi”视频长度是“00:01:34”，此处我们只想保留该段视频的前15s的视频片段作为教学素材，可使用格式工厂软件的视频截取功能对原视频素材进行片段截取。制作过程如下：

(1) 打开格式工厂软件主界面，单击左侧功能区中的“所有转到AVI”选项，弹出如图4-3-4所示的“所有转到AVI”对话框。

(2) 单击“添加文件”按钮，选择素材“竹叶.avi”，单击“选项”按钮，弹出视频素材预览窗口，如图4-3-6所示。

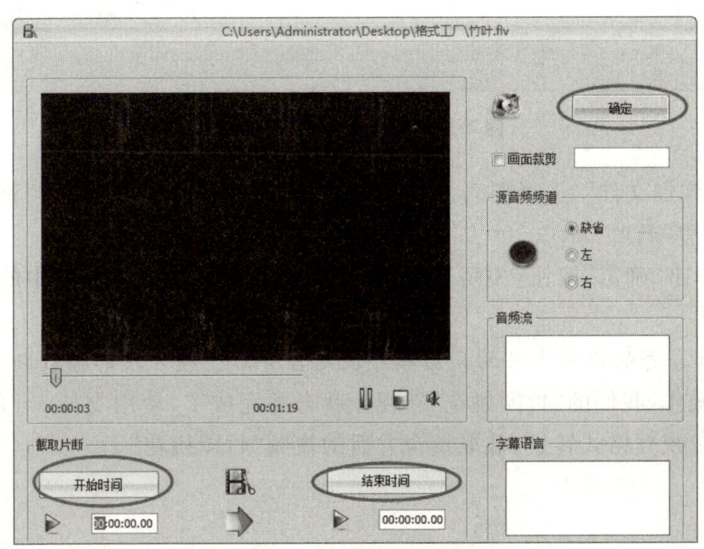

图 4-3-6 视频素材预览窗口

(3) 在开始处，设置“开始时间”，在预览播放的过程中，播放到“00:00:15”或者直接拖动游标到“00:00:15”位置，设置“结束时间”，单击“确定”按钮回到格式工厂主界面。

(4) 单击主界面中的“开始”按钮，开始截取，截取完毕后，被截取的视频片段被保存至指定路径文件夹中。

3. 格式工厂合并音视频资源

格式工厂可以把几段音频或视频文件合并成一个新的文件，完成我们在制作教学素材时的需要。

下面将截取后的视频素材“竹叶 00_00_00-00_00_15. avi”与视频素材“桃花. avi”进行合并，生成一个文件，命名为“竹园桃花”。制作过程如下：

(1) 打开格式工厂软件主界面，单击主界面左侧的“高级”选项。

(2) 单击“视频合并”，弹出“视频合并”对话框，如图 4-3-7 所示。

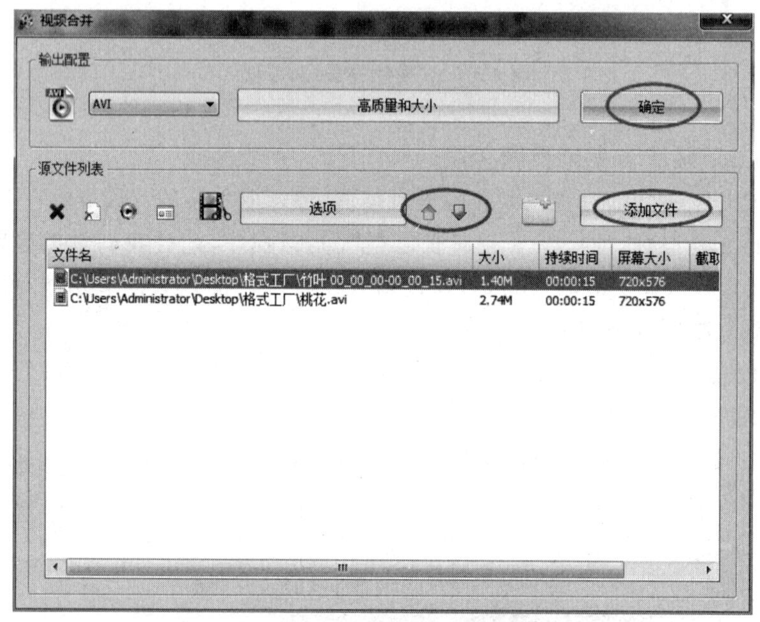

图 4-3-7 “视频合并”对话框

(3) 单击“添加文件”，选择要合并的视频素材，选择添加到列表中的素材名称，通过上下按钮键，调整“竹叶 00_00_00-00_00_15. avi”素材在前面。

(4) 最后单击“确定”按钮，关闭对话框，回到主界面。单击主界面中的“开始”按钮，即开始视频合并。

注意：添加合并的视频文件的先后顺序决定合并后视频片段的播放顺序。

经过如上操作，我们的“竹园桃花”新视频就合并完成了，使用支持 avi 的视频播放器就可以欣赏经过视频格式转换、截取及合并后的视频“竹园桃花”了。

思考与练习

1. 会声会影中，如何添加与删除视频转场效果？
2. 会声会影中，如何将视频中原有的音频删除，并重新添加背景音乐？
3. Camtasia Studio 软件中，如何在一段视频中添加字幕？
4. 格式工厂有哪些主要功能？
5. 如何使用格式工厂对多段音视频资源进行合并？

第 5 章

Flash 动画素材制作

Flash 软件是 Adobe 公司开发的一款基于矢量图形的流行专业动画制作软件，主要应用于网页设计、网络动画、多媒体教学软件、游戏设计、产品展示和电子相册等领域。用它制作的素材小作品可以广泛应用于课件、宣传用演示文稿、报告稿以及网络页面中，以创设情境或动感展示。对广大的非计算机专业毕业的教师，未学编程如何能学会制作较为精巧美丽的 Flash 动画呢？本章中，我们以案例教学的方式，结合例子讲解 Flash 软件的实用编辑技术技巧，并给读者提供一个 Flash 软件快速入门的学习台阶。

本章学习目标：

- 掌握 Flash 软件的常用操作和常用文件存储。
- 掌握选择工具、直线工具、颜料桶工具、文字工具等常用工具的使用方法。
- 了解元件的制作方法。
- 了解逐帧动画、传统补间动画的制作方法。
- 掌握 Flash 形状补间动画的基本制作方法。
- 掌握 Flash 运动引导层动画的基本制作方法。
- 掌握 Flash 遮罩动画的基本制作方法。

5.1 Flash 基础操作

5.1.1 案例教学——“太阳花”逐帧动画教学素材制作(配有微课视频)

主要知识点：

- 文件的新建、保存和发布。
- 舞台属性设置。
- 选择工具、直线工具、颜料桶工具。
- 任意变形工具和变形控制面板。
- 帧、关键帧。
- 逐帧动画。

本案例以制作“太阳花”动画效果(图 5-1-1)来介绍 Flash 动画的基础操作。

图 5-1-1 最终效果

1. 文件的新建和保存

(1) 启动 Flash 软件,单击“新建”,创建一个空白文档。

(2) 执行“文件”→“保存”命令,保存文档为“太阳花.fla”。Flash 中文件的保存格式常用的有两种:fla 和 swf。fla 文件通常称为源文件,可以用 Flash 软件打开、编辑和保存。swf 文件是导出的影片格式,可以用浏览器或 Flash 播放器直接打开浏览。swf 文件一般可以通过执行“文件”→“导出”→“导出影片”命令来保存。

2. 舞台属性设置

舞台是指创建 Flash 文档时放置图形内容的矩形区域。舞台属性的修改可以调整 Flash 文档的大小、背景颜色和帧频等。帧频是指每秒播放多少帧,单位为 fps。制作过程如下:

(1) 单击选择舞台,单击界面右侧的“属性”调出属性窗口。

(2) 单击“编辑”按钮,在弹出的属性对话框中设置舞台大小为 550 像素×400 像素,背景颜色为浅黄色,帧频为 1fps,如图 5-1-2 所示。

3. 常用工具绘制花瓣

(1) 线条工具

线条工具可以用来绘制直线形状。制作过程如下:选中时间轴中图层 1 的第 1 帧,单击工具箱中的“线条工具”,如图 5-1-3 所示。在舞台中,按住 Shift 键的同时,按住鼠标不放在舞台中绘制直线。

(2) 选择工具

选择工具有几种状态,双击表示选中对象,可以移动。鼠标变成“弧线”标志时,表示可以调整曲线。鼠标变成“折线”标志时,表示可以调整形状的角度。借助选择工具可以

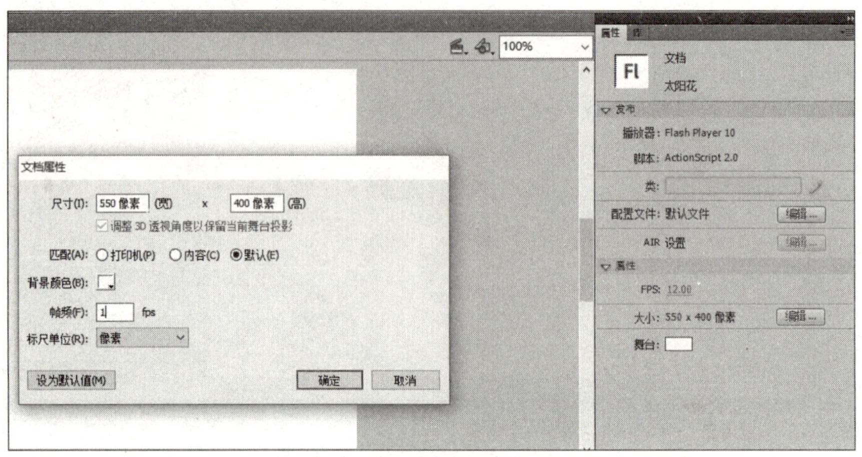

图 5-1-2 属性设置

完成花瓣形状的绘制。制作过程如下：

① 单击“选择工具”，如图 5-1-3 所示，按住 Ctrl 键拖动复制直线。

② 使用选择工具，鼠标放置在直线旁边，当鼠标变成“弧线”标志时，拖动鼠标调整曲线。调整两条线的位置，形成闭合的花瓣形状，如图 5-1-4 所示。

(3) 颜料桶工具

使用颜料桶工具可以对图形进行填充，可以填充纯色和渐变色。单击选择颜料桶工具之后，在工具箱下面的“空隙大小”选项可以设置填充的属性，如图 5-1-5 所示。一般默认的是“不封闭空隙”即只有闭合的图形才可以进行填充。如果绘制的图形有一些空隙，可以选择其他的选项。本例使用颜料桶工具对花瓣进行渐变色填充，制作过程如下：

图 5-1-3 常用工具

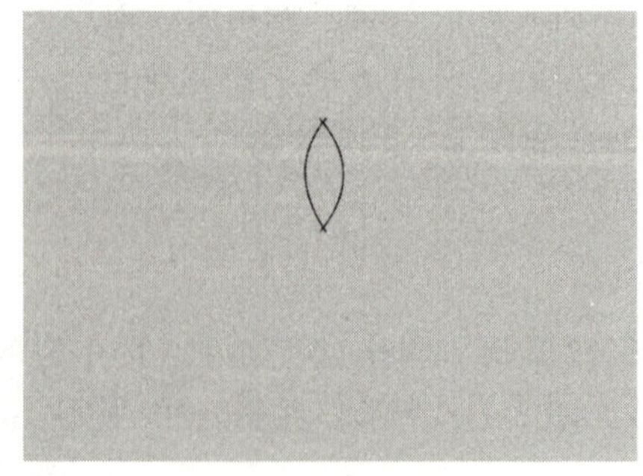

图 5-1-4 花瓣绘制

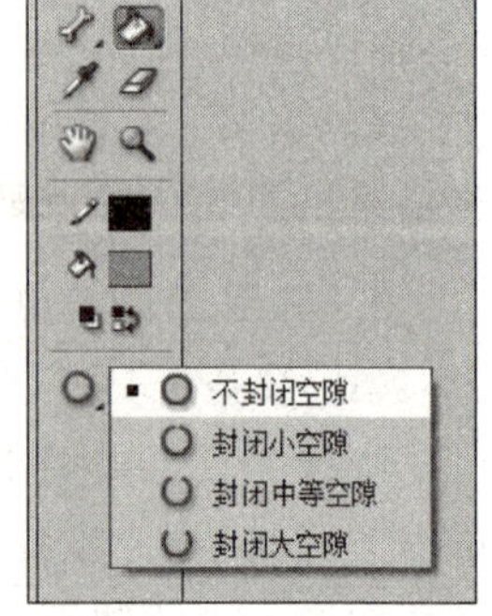

图 5-1-5 空隙大小

① 单击选择颜料桶工具，如图 5-1-3 所示，执行“窗口”→“颜色”命令，调出颜色面板。

② 颜色面板中设置类型为“放射状”渐变，双击渐变颜色的“色标块”，分别设置渐变

色为＃FFFFFF→＃FF00FF。在花瓣中单击鼠标进行填充，如图 5-1-6 所示。

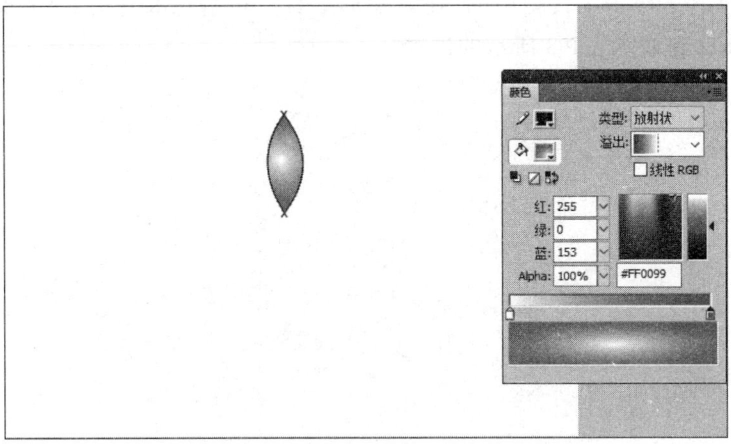

图 5-1-6　花瓣填充

③ 用选择工具双击外框线，按住 Delete 键删除框线。

4. 关键帧

Flash 中的关键帧是指有关键内容的帧。要制作花瓣展开的动画效果，需要定义关键帧。制作过程如下：在图层 1 的第 2 帧的位置单击右键，在弹出的菜单中选择“插入关键帧”选项。也可以直接使用 F6 键插入关键帧，如图 5-1-7 所示。

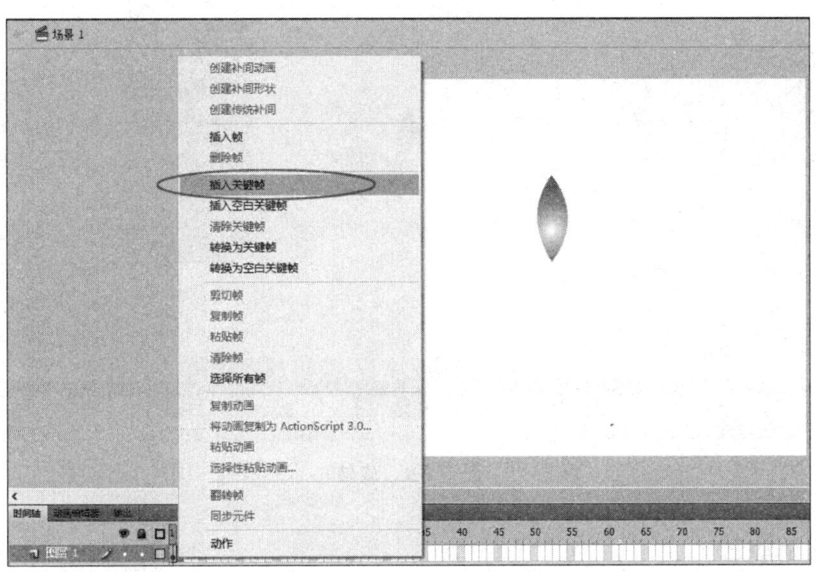

图 5-1-7　关键帧的插入

5. 任意变形工具和变形控制面板

(1) 任意变形工具

任意变形工具可以完成对象旋转、缩放等操作。单击选择任意变形工具之后，对象上会出现 8 个控制点，可以进行调整大小。本例中使用任意变形工具调整花瓣对象的中心点，制作过程如下：单击工具箱中的“任意变形工具”，单击选择花瓣，将花朵的中心点按住鼠标不放拖动到如图 5-1-8 所示的位置。

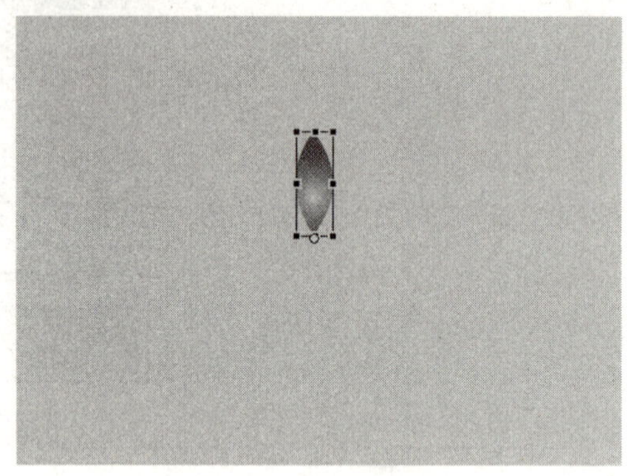

图 5-1-8 任意变形

(2) 变形控制面板

变形控制面板可以将对象缩放、旋转和倾斜。制作过程如下：

① 执行“窗口”→“变形”命令，将变形窗口调出。

② 单击变形面板中的“重置选区和变形”按钮，然后输入旋转角度“60”，按 Enter 键确定，即可复制并旋转一个花瓣，如图 5-1-9 所示。

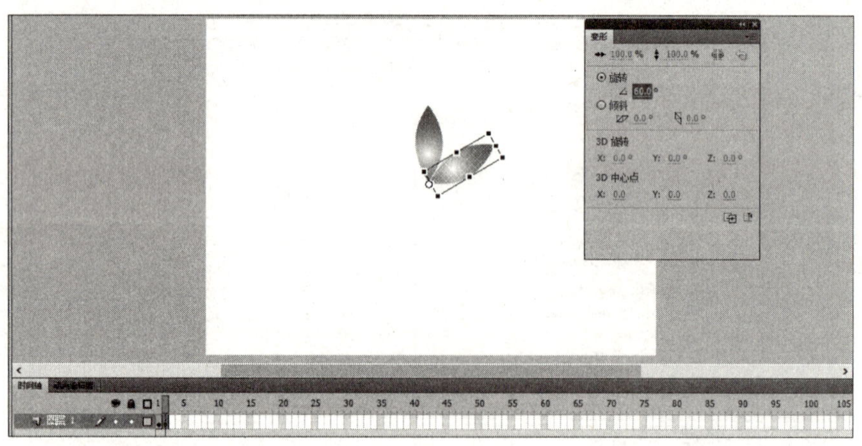

图 5-1-9 旋转

6. 逐帧动画

逐帧动画是指连续的关键帧组成的 Flash 动画。本案例中花开的效果可以使用逐帧动画来实现。制作过程如下：分别在第 3 帧、第 4 帧、第 5 帧、第 6 帧的位置插入关键帧，复制旋转花瓣 60°。需要注意的是，每次旋转选择的都是一片花瓣，如图 5-1-10 所示，最终效果如图 5-1-1 所示。

图 5-1-10 旋转变形

7. 动画的测试和发布

(1) 测试影片

执行“控制”→“测试影片”命令,或者使用快捷键 Ctrl+Enter 测试查看动画的效果。

(2) 发布设置

执行“文件”→“发布设置”命令,在打开的对话框中勾选要发布的格式和设置文件保存的路径位置,如图 5-1-11 所示。

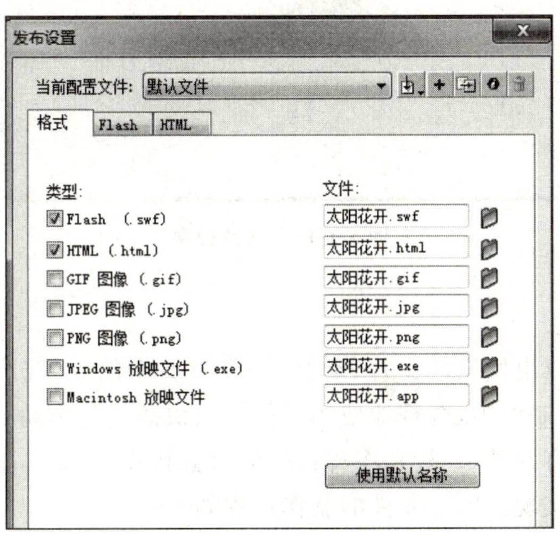

图 5-1-11 发布设置

(3) 保存影片

执行“文件”→“发布”命令。

5.1.2 案例教学——“旋转风车”动画制作(配有微课视频)

主要知识点：

- 矩形、椭圆、多边形工具。
- 图片的导入。
- 元件的制作。
- 图层的编辑。
- 传统补间动画。
- 文字工具。

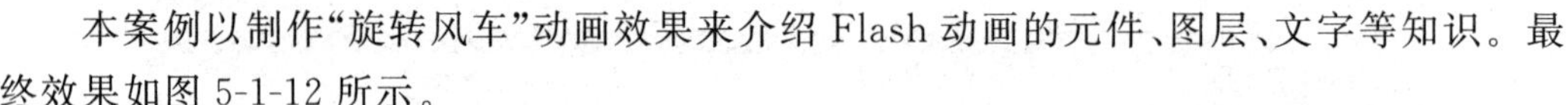
本案例以制作“旋转风车”动画效果来介绍 Flash 动画的元件、图层、文字等知识。最终效果如图 5-1-12 所示。

图 5-1-12 最终效果

1. 元件的绘制

元件是可以反复取出使用的图片、动画等。Flash 中的元件分为三种类型：图片、影片剪辑、按钮。在动画制作中，合理地使用元件可以快捷地制作动画。

元件的创建方法有两种，一种是将舞台中的对象转化为元件，一种是通过“插入”菜单中“新建元件”的命令实现。风车元件的制作过程如下：

① 启动 Flash 软件，单击新建，创建一个空白文档。单击“文件”菜单→“保存”选项，保存文档为“旋转风车. fla”。

② 单击“插入”菜单→“新建元件”，元件类型选择“图形”，命名为“风车页面”，如图 5-1-13 所示。

③ 选择“线条工具”，绘制风车页面。按住 Shift 键，绘制笔直的线。通过“窗口”→“属性”选项设置笔触和颜色如图 5-1-14 所示。

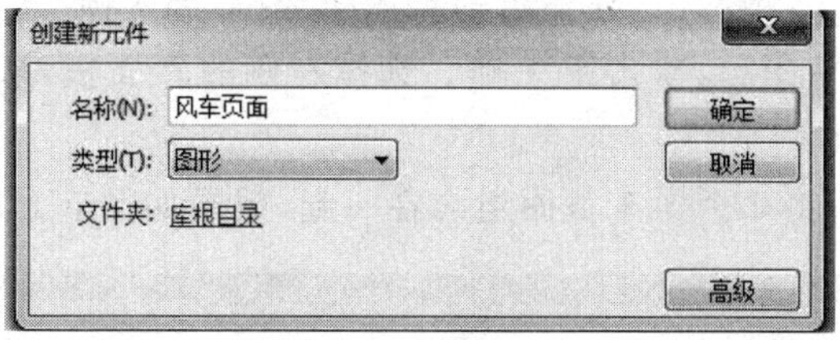

图 5-1-13 新建元件

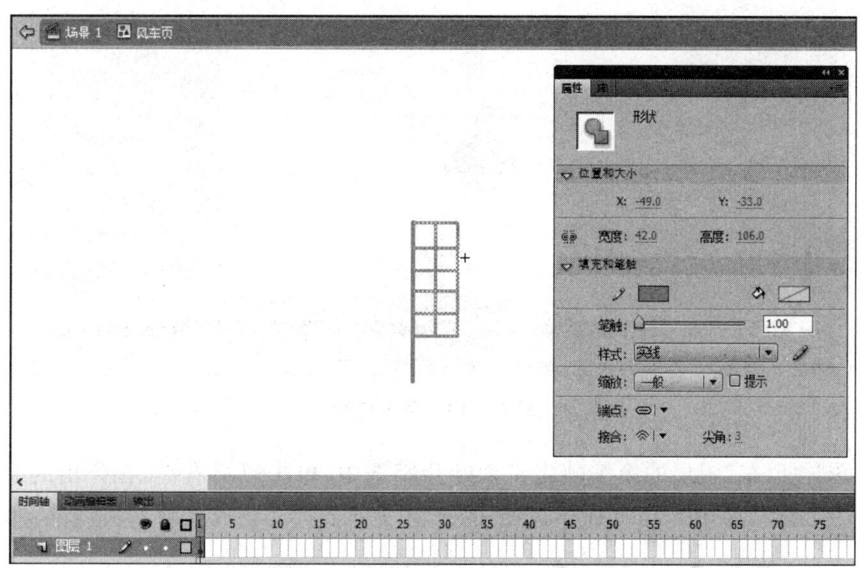

图 5-1-14 元件绘制

2. 图层的编辑

(1) 图层的重命名

单击“场景 1”回到文件编辑状态。双击图层 1，重命名图层为“背景”，如图 5-1-15 所示。

(2) 新建图层

① 单击时间轴面板中的“新建图层”按钮，新建一个图层，重命名为“风车底座”。

② 单击选中图层的第 1 帧，选中工具箱中的矩形工具绘制矩形。单击选中移动工具，拖动矩形角度调整成三角形。绘制两个矩形效果如图 5-1-16 和图 5-1-17 所示。

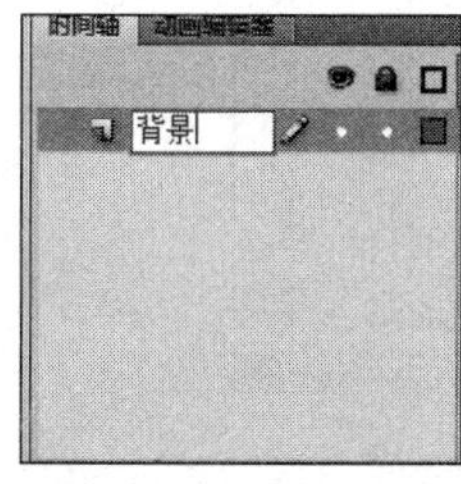

图 5-1-15 图层重命名

图 5-1-16 三角形绘制

图 5-1-17 矩形绘制

③ 在时间轴上第 35 帧右击，在弹出的菜单中选择“插入帧”选项。

④ 新建一个“风车”图层，单击第 1 帧。选择右侧的库面板，从库中拖出“风车页面”元件。

⑤ 使用变形面板，将 4 个风车页面组合在一起，效果如图 5-1-18 所示。

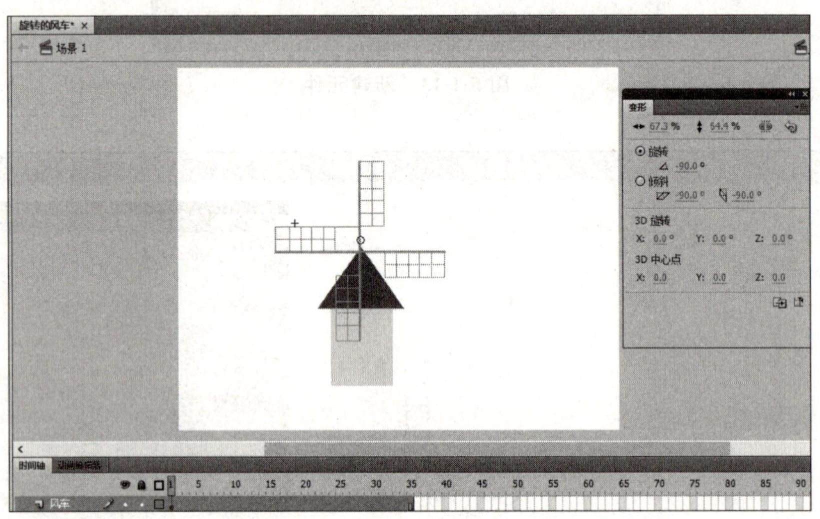

图 5-1-18　风车组合

⑥ 单击“风车”图层的第 1 帧将 4 个叶片都选中，单击鼠标右键，在弹出的菜单中选择“转换为元件”，如图 5-1-19 所示。使用“任意变形工具”，通过控制点调整风车的大小。

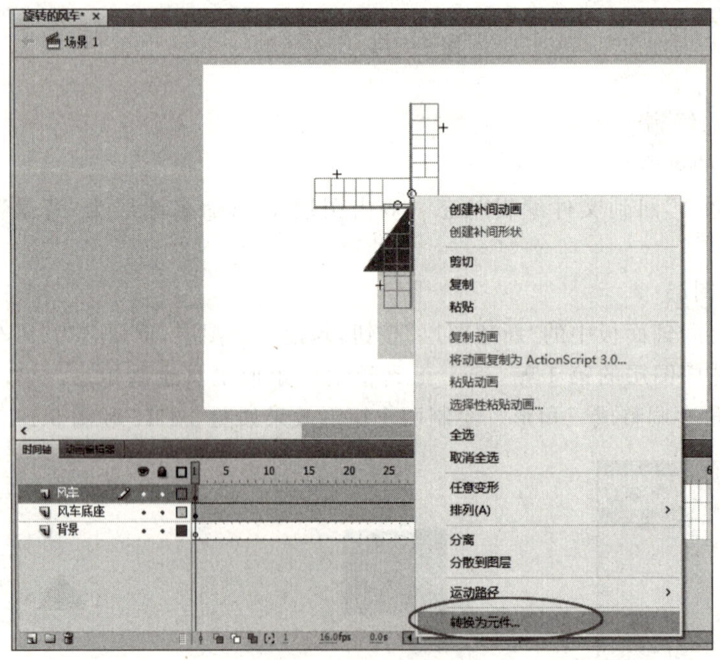

图 5-1-19　元件

3. 图片的导入

① 单击选中“背景”层的第1帧。

② 执行“文件”→“导入”→“导入到舞台”命令，在弹出的菜单中选择背景图片素材导入。

③ 执行“窗口”→“对齐”命令，调出对齐面板，单击“相对于舞台”按钮，对齐、分布和匹配大小属性选择如图5-1-20所示。

图 5-1-20　图片大小调整

4. 传统补间

Flash CS4 中时间轴上的动画有三种类型，分别为补间动画、补间形状、传统补间。“创建补间形状”一般用来定义形状的变化，多用于制作形变动画。“创建传统补间”主要用来制作对象的位置、旋转、大小、透明度等变化的动画。“创建补间动画”是在 Flash CS4 版本才出现，它不仅可以完成传统的补间动画效果，还能完成3D补间动画。本案例中主要涉及旋转变化，所以使用传统补间。制作过程如下：

① 单击选中“风车”层的第35帧，右击选择“插入关键帧”。

② 在中间任一帧，右击选择“创建传统补间”选项，如图5-1-21所示。

③ 打开属性面板，设置旋转属性为“顺时针”，如图5-1-22所示。

5. 文字工具

(1) 文字的输入

① 新建一个“文字”图层，单击第1帧。单击选择工具箱中的“文字工具”。

② 在舞台中单击，输入文字“旋转风车”，单击移动工具确定输入。

(2) 文字的编辑

① 设置文字属性。通过“窗口”→“属性”选项调出文字的属性面板，设置其字体、大小、颜色。设置字体为华文行楷、55点、绿色，如图5-1-23所示。

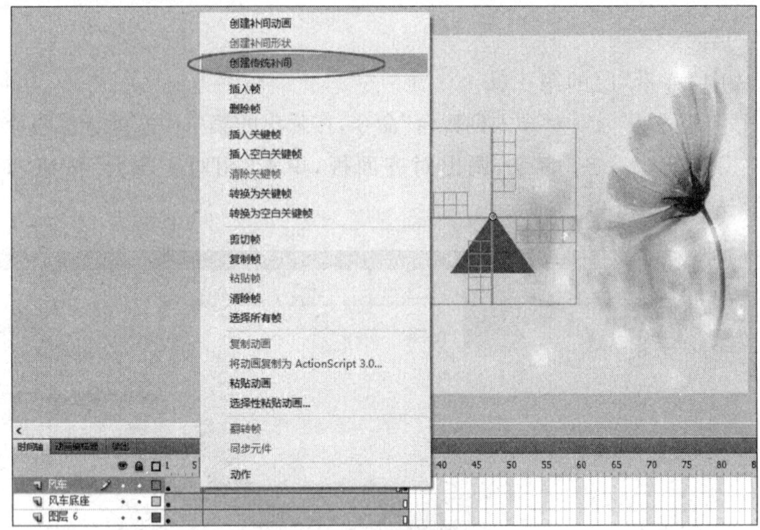

图 5-1-21 创建传统补间

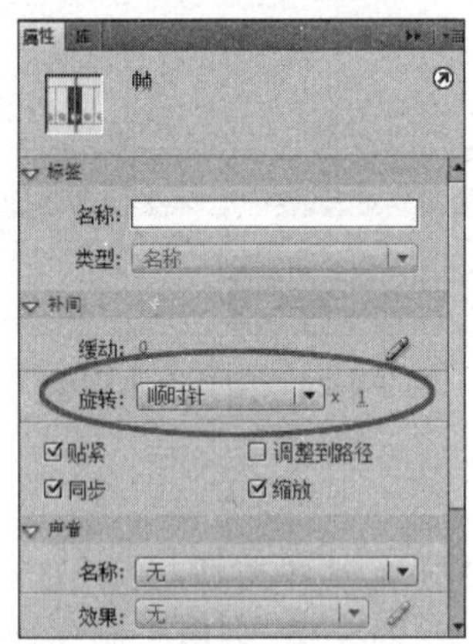

图 5-1-22 旋转属性

图 5-1-23 文字编辑

② 文字的选框内，可以通过拖动周边的4个控制点调整大小，来设置横排和竖排的文字效果。

③ 为了风车的美观，可以新建一个图层给风车绘制一个圆形的中心，如图5-1-23所示。

6. 测试和保存文件

5.2 Flash形状补间动画

形状补间动画主要是改变对象的形状，即两个关键帧具有不同的图形形状或色彩，由程序自动创建中间的逐渐变化过程，即电脑进行补间，从而达到形状和色彩发生变化的动画类型。

5.2.1 案例教学——“变化的形状”形状补间动画制作

主要知识点：

- 形变动画快速入门
- 制作关键帧
- 设置形状补间

本案例制作一个由蓝色矩形变为红色正圆，再变化为黄色三角形的名为“变化的形状”的动画，如图5-2-1所示。以此例作为形变动画的入门例子讲解Flash形状补间动画的核心设置要领。

图5-2-1 图形变化

1. 新建文档

① 启动Flash，新建一个空白文档。

② 使用前面学过的知识，执行“文件”→“保存”命令，将文档保存为“变化的形状.fla”。

2. 制作关键帧

① 每个图层第1帧软件默认为关键帧，单击选中，单击工具面板中的矩形工具，线条色选择透明，填充色选择蓝色，绘制一个蓝色的矩形。

② 单击图层1第30帧，右击选择“插入空白关键帧”。单击工具面板中的矩形工具，并在下拉工具组中选择椭圆工具，可按下Shift键绘制正圆。绘制一个红色椭圆。

技巧：执行“插入关键帧”命令，电脑默认继承前一关键帧画面。所以这里我们“插入空白关键帧”，从而可省去删去蓝色矩形这一步骤。

③ 单击图层 1 第 60 帧，右击选择“插入空白关键帧”，利用多边形工具绘制一个黄色三角形。

3. 创建动画

选择第 1 帧至第 30 帧中的任意一帧，右击选择“创建补间形状”，即可实现从蓝色矩形变化为红色正圆的形状补间动画。同理，选择第 30 帧至第 60 帧中的任意一帧，右击选择“创建补间形状”，即可实现从红色正圆变化为黄色三角形的形状补间动画，如图 5-2-2 所示。

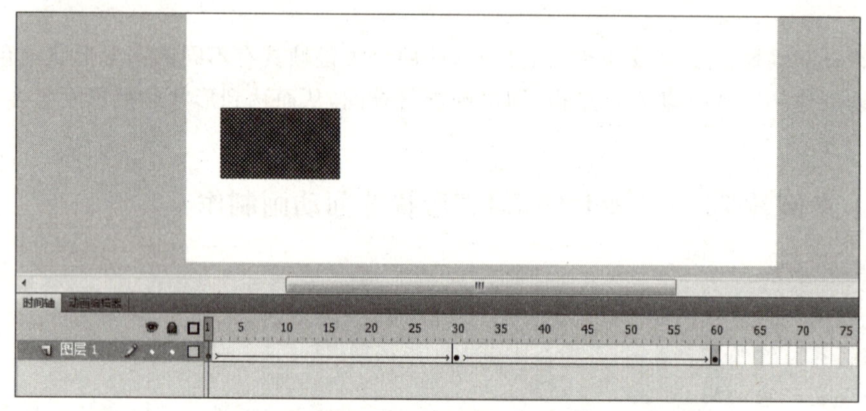

图 5-2-2 “变化的图形”形状补间动画的设置

这是一个多段动画的例子。通过这个例子我们认识到只要有两个关键帧就可通过补间创造出形变动画，复杂动画可以设置多个关键帧，让其多段变化。

注意：图形是矢量图，可以很方便地形变。但若是要对组、实例或位图图像应用形状补间，必须先进行“分离”，即操作“修改”→“分离”，或按下 Ctrl+B 快捷键。

5.2.2 案例教学——“烛火摇曳”形状补间动画制作(配有微课视频)

主要知识点：

- 设置新建文件属性。
- 背景透明的图片。
- 制作动态对象。
- 巧用任意变形工具。
- 图层的运用。

本案例制作一个烛火随风摇曳、时大时小的蜡烛效果。

本案例的核心设置要领：粘贴入一张蜡烛的图片放在图层 1(烛身)上作为不动的对象，粘贴入一张烛火的图片放在图层 2(烛火)上作为运动的对象。

注意：也可在图层 2 用绘图工具画一个黄色椭圆代表卡通火焰，利用任意变形工具改变火焰的大小和倒向；或者，用线型工具精工绘制弧线画出烛火轮廓，再用渐变色填充。本例为美观起见，用 Photoshop(PS)软件加工编辑出一个烛火的图片，采用粘贴一张烛火的图片在图层 2 上，如图 5-2-3 所示。

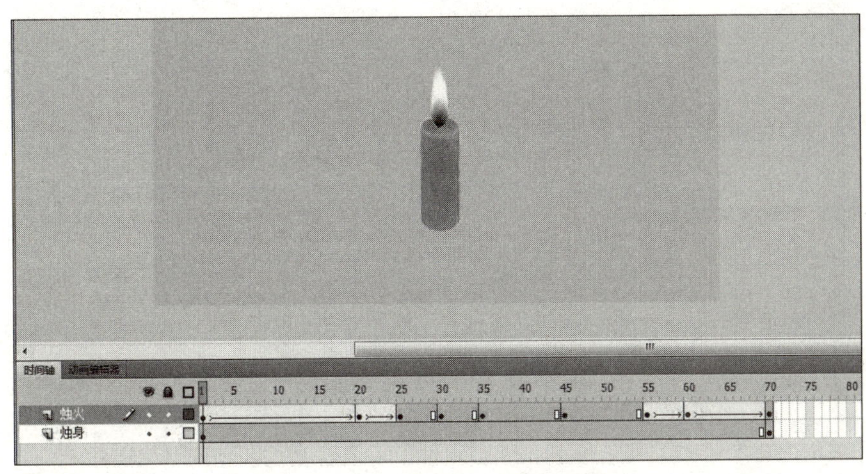

图 5-2-3 “烛火摇曳”形状补间动画

1. 新建文档

启动 Flash，新建一个空白文档，文档属性设置为窗口尺寸 550×400，舞台背景色为淡灰色。用“文件”→“保存”菜单保存文档为“烛火摇曳.fla”。

2. 绘制“烛身”

在“烛身”图层第 1 帧粘贴烛身图片，在 70 帧插入关键帧。

技巧：对蜡烛照片用 Photoshop 软件进行抠像获得烛身，复制到 PowerPoint 2010 幻灯片中，利用颜色工具转为透明背景，再利用 Windows 剪贴板过渡粘贴到 Flash 舞台上。

3. 绘制“烛火”

① 同理，在“烛火”图层第 1 帧粘贴烛火图片，执行“修改”→“分离”命令，以使烛火图像打散；在 20 帧插入关键帧绘制烛火略微减小。

注意：图像如果要用来制作形变动画必须进行一次“分离”，以便适合软件制作形状补间。

② 在“烛火”图层第 25 关键帧，利用任意变形工具，将烛火旋转使其略有倾斜感；在 30 帧插入关键帧默认前一关键帧效果，使倾斜效果保存稍许时间以便看清，如图 5-2-4 所示。

同理，在第 30 关键帧绘制烛火向右倾斜；第 45 关键帧绘制烛火的回正。其他关键帧是绘制烛火的关键变化画面。

4. 创建补间形状

在“烛火”图层需做渐变的关键帧之间，右击选快捷菜单中的“创建补间形状”，实现渐变过渡。见图 5-2-4 时间轴窗口设置。

技巧：注意在左右摇摆的大幅跳跃关键帧画面之间，不可加载“创建补间形状”，否则会有拖尾等不美观画面。

5. 保存文件

用“文件”→“保存”菜单将作品保存为“烛火摇曳.jpg”文档；用“文件”→“导出”→“导

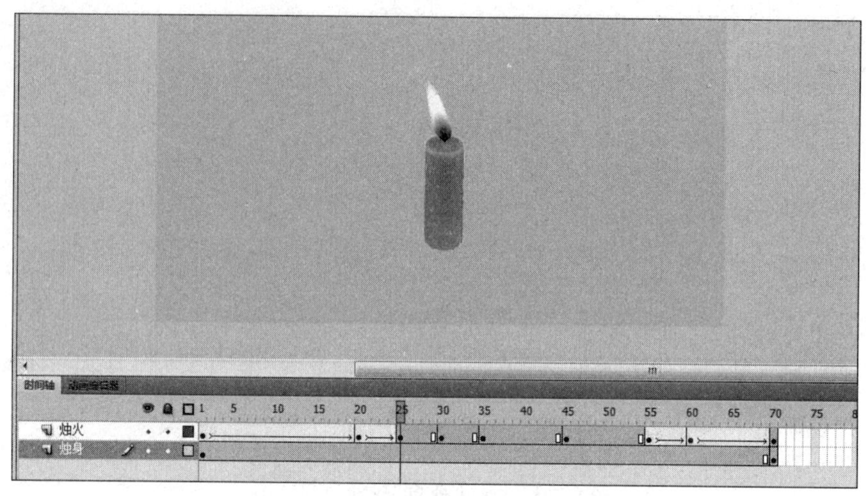

图 5-2-4 “烛火摇曳”第 25 帧烛火绘制

出影片”菜单将作品保存为“烛火摇曳.swf”文档。

注意：.fla 格式文档是可继续编辑的文档；.swf 格式的文档是视频格式文档，可直接插入 PowerPoint 2010 以上版本的 PPT 课件中使用的。

5.2.3 案例教学——“玫瑰”形状补间动画制作

主要知识点：

- Photoshop、PPT 处理图片素材。
- 图片分离。
- 图片制作形变动画。
- 文字分离。
- 文字制作形变动画。

本案例制作一个图片、文字都有强烈动感的形变动画作为宣传品片头。

1. 新建文档

启动 Flash，新建一个空白文档，文档属性暂且用默认值。用“文件”→“保存”菜单保存文档为“玫瑰.fla”。

2. 制作“玫瑰”图片图层

用 Photoshop 处理“玫瑰”图片，复制图片到 Windows 剪贴板；在“玫瑰”图层第 1 帧，执行“编辑”→“粘贴到中心位置”命令，将“玫瑰”图片粘贴到“玫瑰.fla”舞台上。

选择图片，执行“修改”→“分离”命令，使图片打散成点阵图以便制作形变。

在时间轴若干位置，插入关键帧，分别调整图片的姿态，以便做出形变动画。

3. 制作“玫瑰”文字图层

单击文字工具，色彩选择枚红色，字号设置为 60，字体为华文行楷。在文字图层第 1 帧，一次“修改”→“分离”操作，使文字打散成单个字，二次“修改”→“分离”操作，使文字打散成点阵图以便制作形变，如图5-2-6所示。

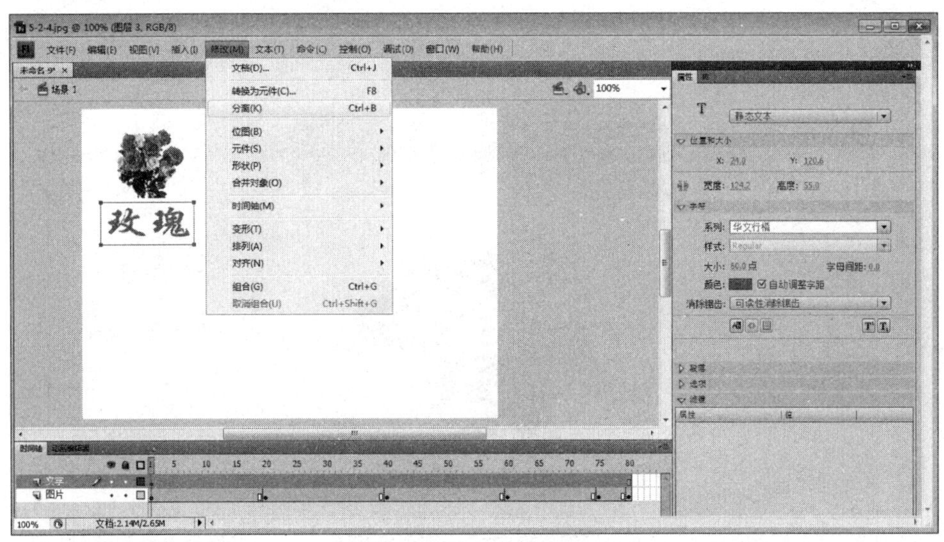

图5-2-5 “玫瑰”片头动画

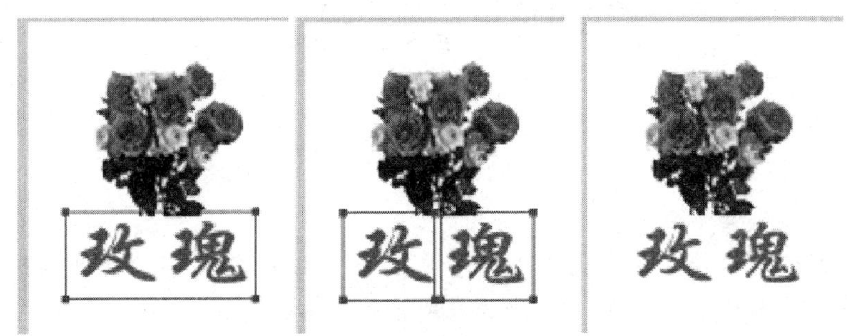

图5-2-6 文字的二次分离作用

在时间轴若干位置插入关键帧，分别调整文字的姿态，以便做出形变动画，如图5-2-7所示。

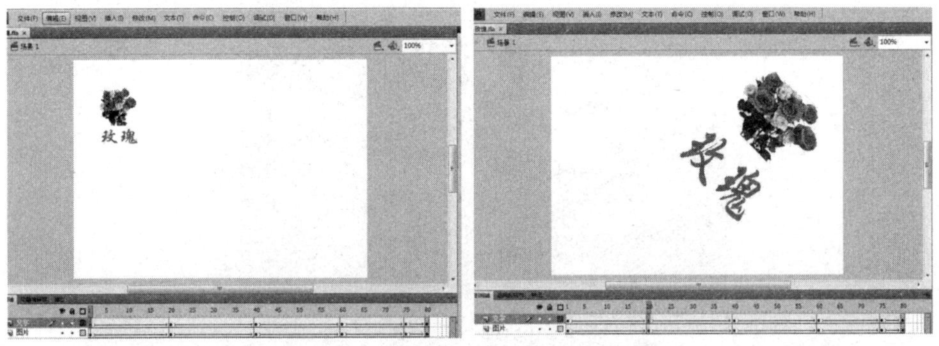

图5-2-7 “玫瑰”关键帧及其形变动画制作

4. 制作“玫瑰”形变动画

在时间轴两两关键帧之间，在右击快捷菜单中选择“创建补间形状”，制作形变动画如图 5-2-8 所示。

图 5-2-8 “玫瑰”片头动画

5. 保存并导出影片

特别注意：若是制作形状补间动画，对图片，要先进行一次分离；对文本块，要先进行两次分离。否则，制作不会成功。

另外，我们还可以导入一张图片作为背景，在图层 2 制作文字形变动画作字幕，从而获得一个报告稿、宣传稿的片头，如图 5-2-9 所示。

图 5-2-9 制作片头

5.3 Flash 运动补间引导层动画

运动补间引导层动画(又称路径动画)是制作若干个关键帧画面,让运动对象沿着指定的路径运动,由电脑计算制作出两关键帧之间的补间画面。连续播放则成连贯运动的画面。

5.3.1 案例教学——"平抛运动路径"引导层动画制作

主要知识点:

- 运动对象图层。
- 引导层。
- 运动路径的起始与结束位置。
- 加载动画效果。

本例是运动补间引导层动画的入门案例。物理课中的平抛运动的轨迹是向前和向下两个方向合成运动的一个弧线轨迹。

1. 新建文档

启动 Flash,新建一个空白文档,文档属性暂且用默认值。用"文件"→"保存"菜单保存文档为"平抛运动.fla"。

2. 绘制"小球"

在 Flash 工具栏中,单击"笔触颜色"工具选择"无颜色",单击"填充颜色"工具选择"蓝色过渡色",单击"椭圆"工具在舞台上画一蓝色小球。单击"颜料桶"工具在小球近边缘处单击一下,可使小球具有立体美感。双击时间轴左侧"图层 1"名字,将其更改为"小球"。

3. 添加引导层

右击"小球"所在图层,在快捷菜单中选择"添加传统运动引导层",使得"小球"图层上方出现"引导层"图层。

单击"直线"工具,单击"笔触颜色"工具选择"红色";在舞台上先画出一条斜线,再如前所述利用选择工具将其拖曳成如图 5-3-1 所示的弧线代表平抛运动的轨迹。

单击引导层的第 60 帧将其设置成第二关键帧。

4. 设置路径的起始与结束位置

路径动画关键是设置运动对象对上路径的起始和结束位置,单击"小球"图层的第 1 帧(关键帧),单击工具栏中的"选择工具",单击舞台上的小球将其拖动到路径的起始位置;再单击"小球"图层的第 60 帧(第二关键帧),单击舞台上的小球将其拖动到路径的结束位置,如图 5-3-2 和图 5-3-3 所示。

注意: 设置小球的结束位置时不需沿着路径拖曳,电脑只记忆结束点位置,运动时自动沿着所绘制的路径从起始位置运动到结束位置。但要注意始、末位置对准。

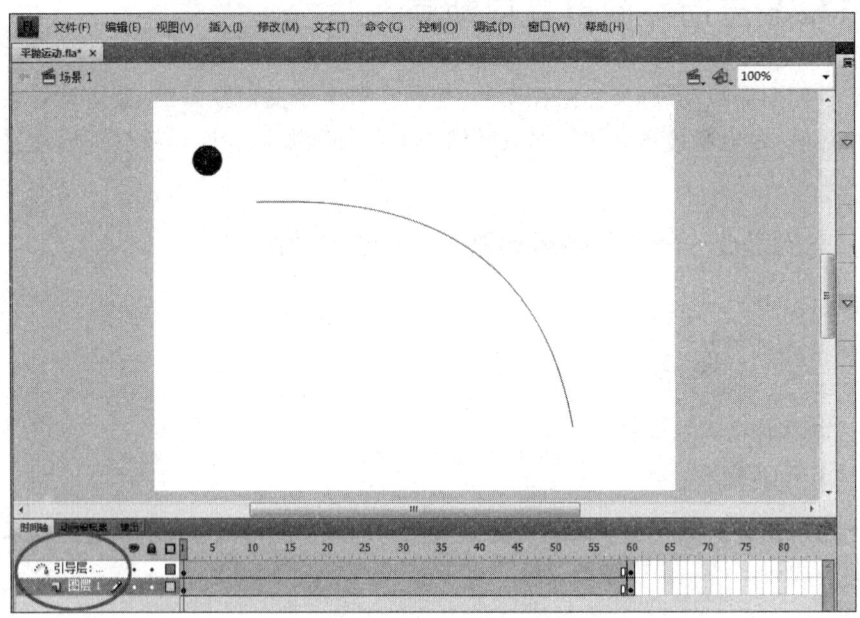

图 5-3-1 小球和引导层的制作

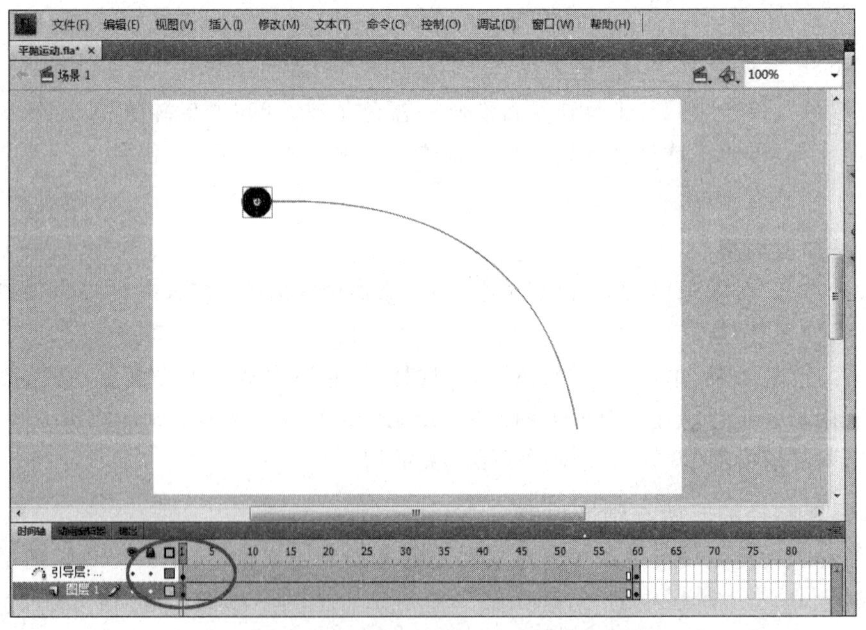

图 5-3-2 小球拖到路径的起始位置

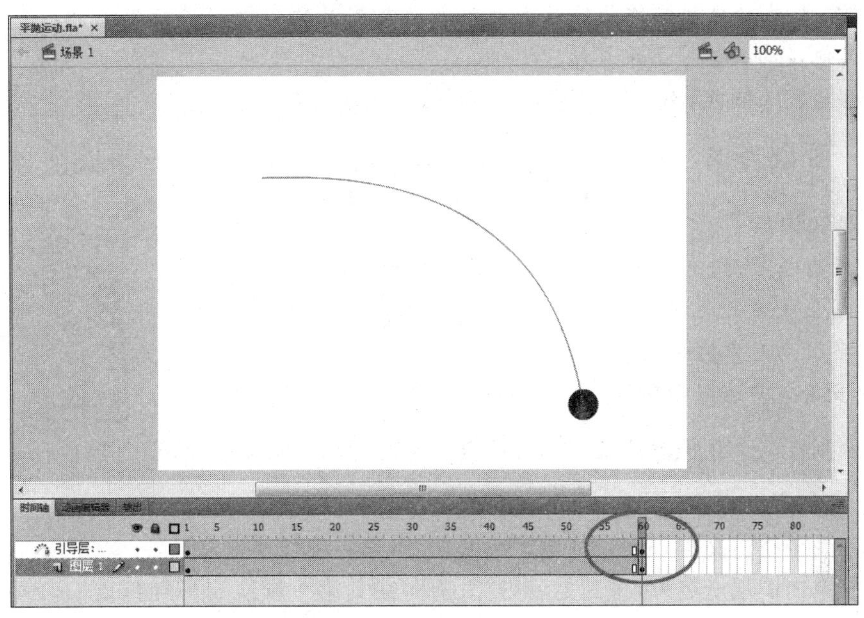

图 5-3-3　小球拖到路径的结束位置

5. 创建动画

右击“小球”图层的第 1 帧(关键帧),在出现的快捷菜单中选择“创建补间动画”。则在起始与结束这对关键帧之间出现紫色背景的带箭头的黑色实线,表示制作成功,如图 5-3-4 所示。

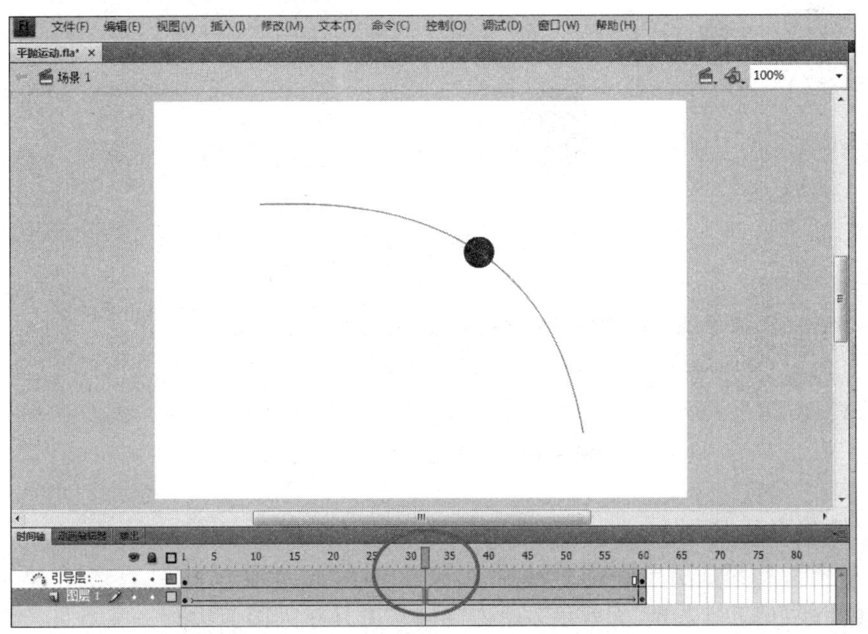

图 5-3-4　补间帧中小球沿着路径运动

注意：加载动画的操作是针对运动对象所在图层的关键帧进行设置的，而不是在引导层或其他层的关键帧上设置的。

保存与发布同前，不重复叙述了。

5.3.2 案例教学——"地球绕太阳"引导层动画制作(配有微课视频)

主要知识点：

- 没有明确始、末点位置的运动路径的处理。
- 图层关系的运用。
- 多运动对象运动的处理。
- 多角或多边图形的绘制。

本例制作一个让地球从太阳的背后绕出来的运动补间动画。

1. 绘制运动对象

新建一个空白文档，命名为"地球绕太阳.fla"。

首先单击图层 1 名称，将其更名为"太阳"，在其第 1 帧绘制一红色太阳，若使用渐变红色工具绘制则具有较好的立体感。新建图层 2，命名为"地球"，在其第 1 帧绘制一个蓝色的小地球，若使用渐变蓝色工具绘制则具有较好的立体感。对应图层 1、图层 2，分别在 70 帧设置第二关键帧，如图 5-3-5 所示。

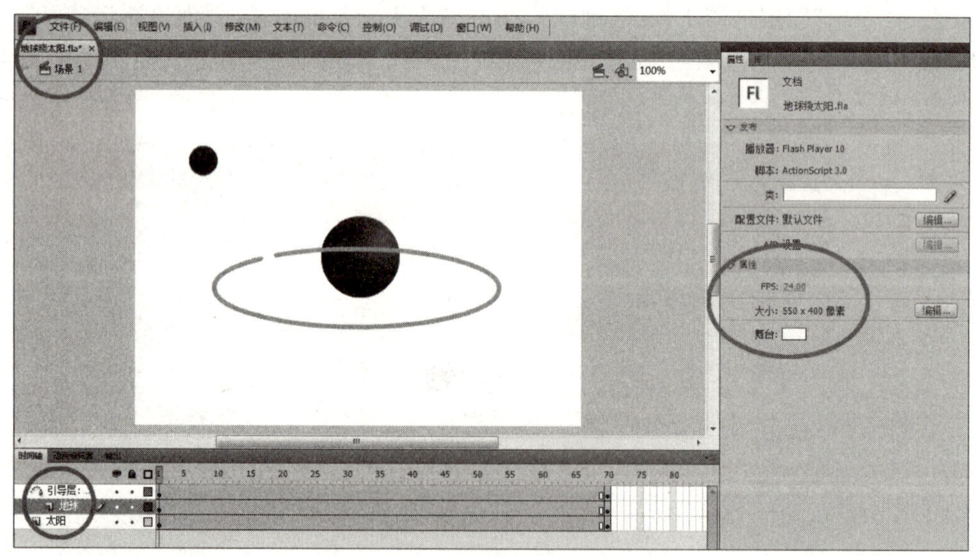

图 5-3-5 引导层封闭路径的改造

2. 添加引导层

右击图层 2，添加引导层。在 Flash 工具栏中，单击"笔触颜色"工具选择"橘黄颜色"，单击"填充颜色"工具选择"无颜色"，单击"椭圆"工具在太阳旁边画一椭圆路径作为地球运行的轨迹。对应引导图层，在 70 帧设置第二关键帧。如图 5-3-5 所示。

单击舞台，弹出文件属性窗口，更改舞台背景色为"浅灰色"，使其更像夜空。

注意技巧：文件属性窗口中的 FPS 是用来调整帧频，即动画的播放速度的，默认值是 24 帧/秒；大小是用来调整舞台面积大小的，默认值是 550×400 像素。这些属性值可根据需要调整。

单击“橡皮擦”工具，然后单击 Flash 工具条最下方出现的“橡皮擦形状”工具选择一个合适大小的橡皮擦头。将引导层上地球的椭圆路径轨迹擦开一个小口子，以使路径有始末位置，如图 5-3-5 所示。然后对应引导层的第 70 帧设置关键帧。

3. 设置起始与结束位置

单击“地球”图层的第 1 帧(关键帧)，单击工具栏中的“选择工具”，单击舞台上的小球将其拖动到路径的起始位置(缺口一侧)，如图 5-3-6 所示；单击“地球”图层的第 70 帧(关键帧)，单击舞台上的地球将其拖动到路径的结束位置(缺口另一侧)。

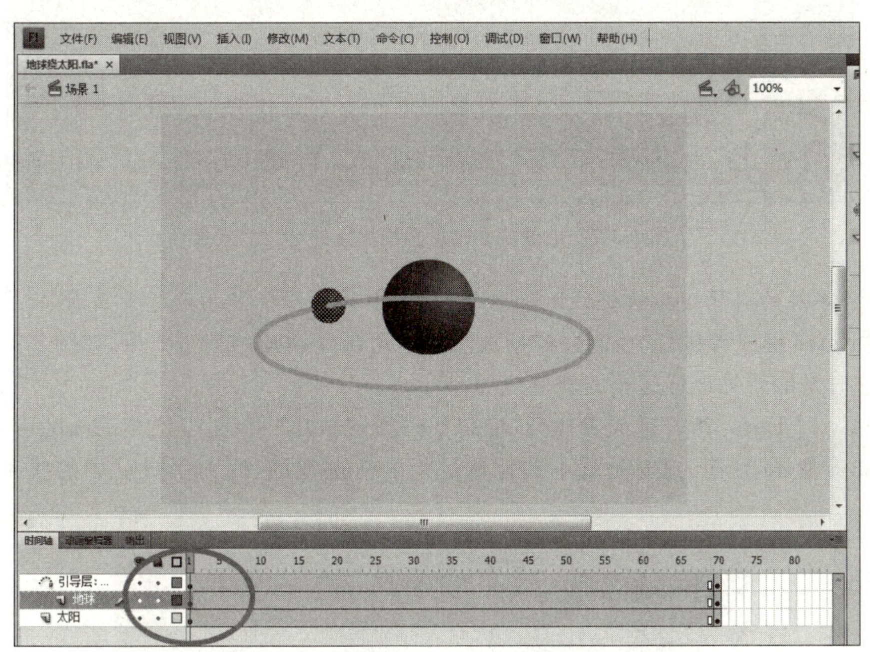

图 5-3-6 运动对象“小球”置于路径起始位置

注意：至于定缺口哪一侧为起始点，是根据地球的绕行走向来定的。

4. 让地球从太阳的背后出来

单击“太阳”图层名，拖动该图层到地球的引导层上方，这样地球绕行的轨迹线就从太阳后方经过了，使得该动画的画面立体效果增强。如图 5-3-7 时间轴左侧图层位置关系所示。

5. 创建动画

右击“地球”图层的第 1 帧(关键帧)，在出现的快捷菜单中选择“创建补间动画”。则在起始与结束这对关键帧之间出现紫色背景的带箭头的黑色实线，表示制作成功，如图 5-3-7 所示。

注意：运动补间动画运动对象要在引导层的路径引导下运动。此例中，是地球在其

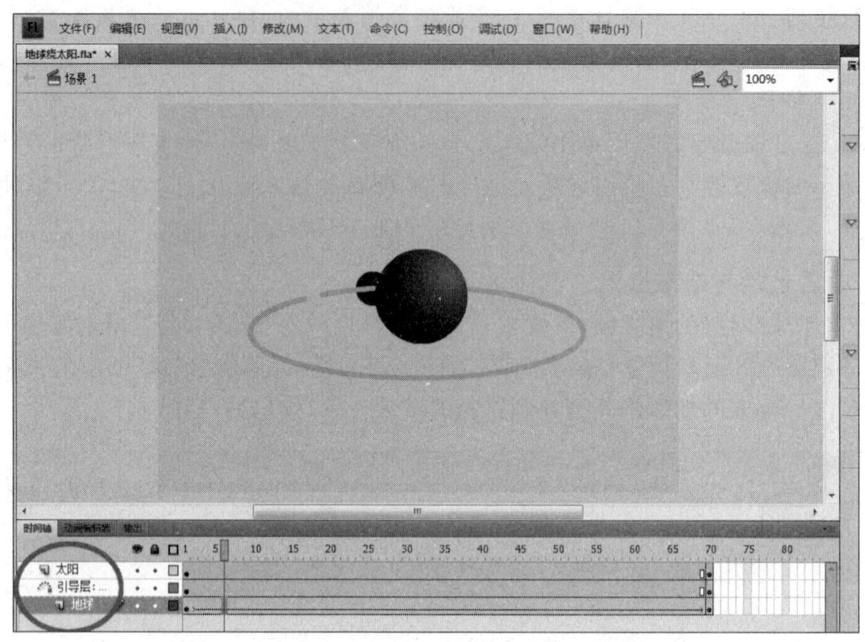

图 5-3-7 地球从太阳后方绕出来的“播放”效果

上方的引导层的引导下按轨迹线路径运动;此例中的太阳相当于是背景画面。

按 Enter 键或者执行“控制”→“播放”命令,可预览动画的编辑效果,如图 5-3-7 所示,注意,这时是能看见地球运行的轨迹线的。

按 Ctrl+Enter 组合键或者执行“控制”→“测试影片”命令,可预览动画的影片效果,如图 5-3-8 所示,注意,这时是看不到地球运行的轨迹线的,因为引导层中的线条只是参考路径。

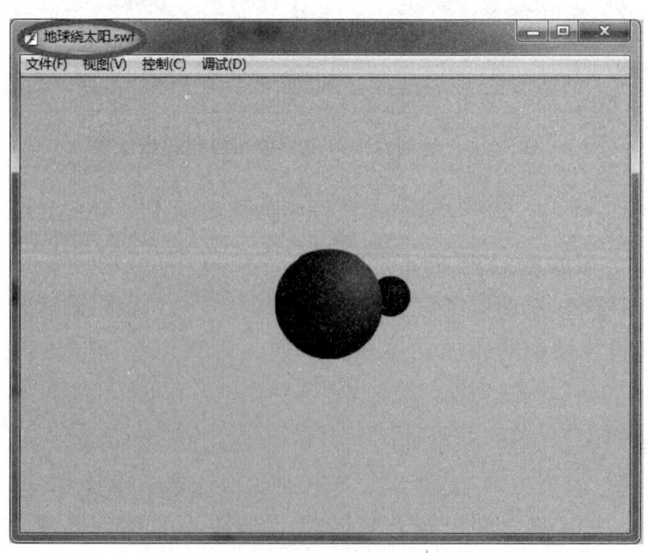

图 5-3-8 “地球绕太阳”动画“测试影片”效果

6. 播放影片时显示运动轨迹

下面我们再进一步深入思考制作技巧。

(1) 后画"轨道"图层

如果我们在课件中需要表达运动的轨迹,让学生看见,那么我们可以多制作一个"轨道"图层。

注意:Flash 中,当擦除引导线时会把它下方的轨道线同时擦去。所以,我们是在制作完上面的内容后,后画轨道层。可以新建一"轨道"图层,然后画一与引导层轨迹线相同的椭圆,画的过程中可借助任意变形工具调整"轨道"图层的轨迹线;为减小干扰,还可关闭太阳和地球图层的显示,如图 5-3-9 所示。

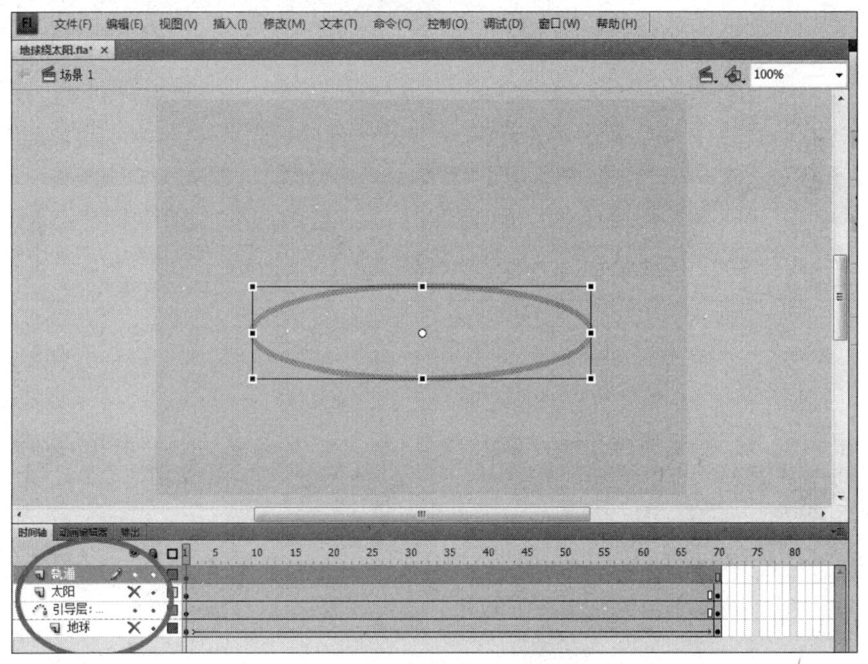

图 5-3-9 后画"轨道"图层轨迹线

技巧:使用 Flash 工具栏上的"任意变形工具"时,可以借助键盘上的 4 个方向键进行对象位置的微调。

画好"轨道"图层后,将"轨道"图层拉至最下方即可。我们还可以关闭此时的"轨道"图层,以观看引导层状态,如图 5-3-10 所示。

(2) 引导层缺口放太阳后面

如果担心自己后画的"轨道"层路径与"引导层"的路径不易对准的话,也可先画轨道,然后将轨道复制到引导层中,为避免轨道被擦出缺口,可将缺口放置在太阳后面,以便被遮挡看不出来,如图 5-3-11 所示。

图 5-3-12 是缺口放太阳后面制作法的"引导层"图层关闭观看效果图;图 5-3-13 是缺口放太阳后面制作法的仅剩"轨道"图层未关闭观看效果。

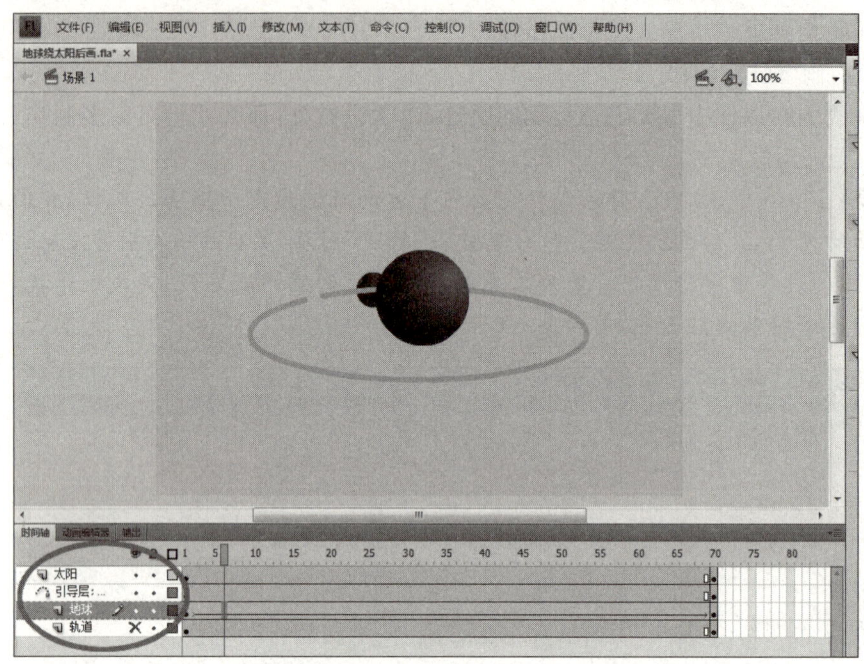

图 5-3-10　关闭“轨道”图层(后画“轨道”图层)效果

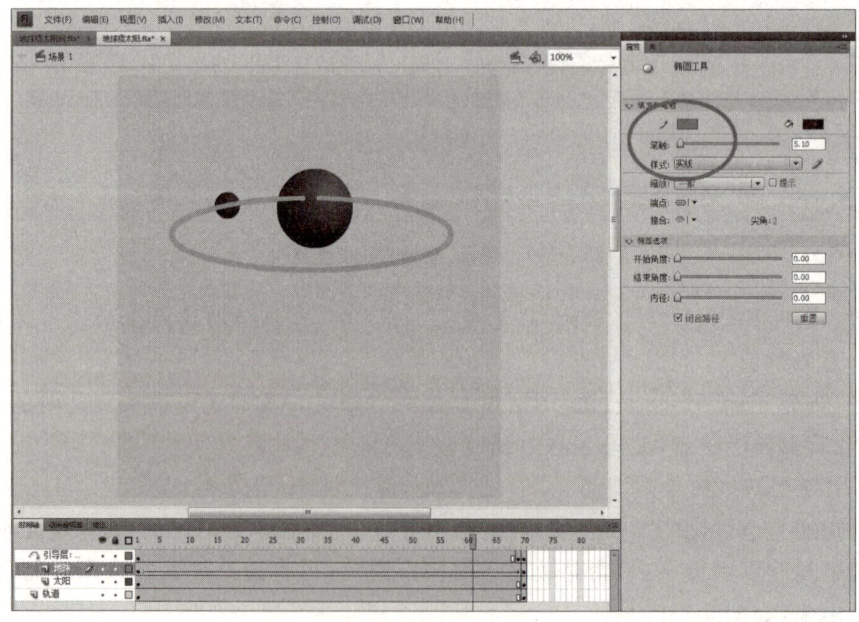

图 5-3-11　缺口放太阳后

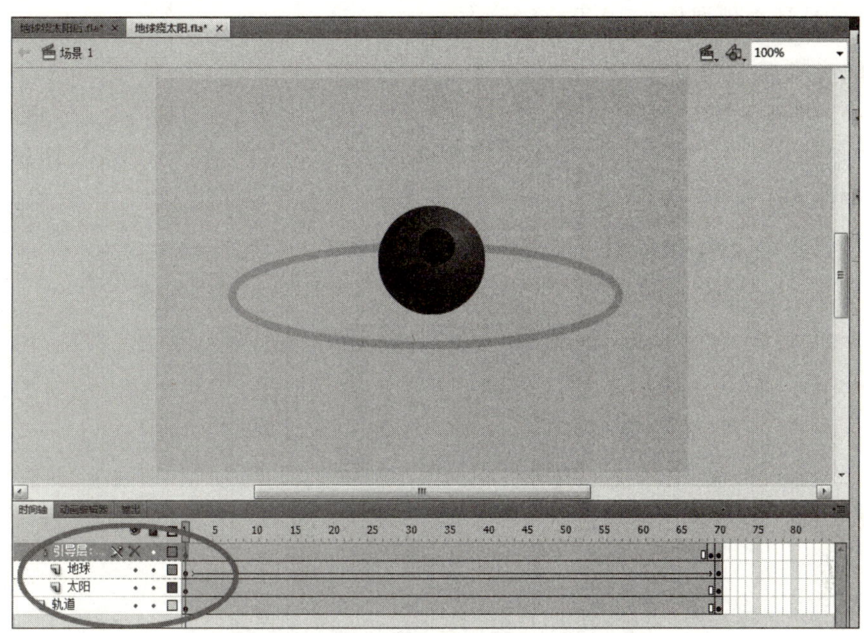

图 5-3-12 “引导层”图层关闭观看效果图

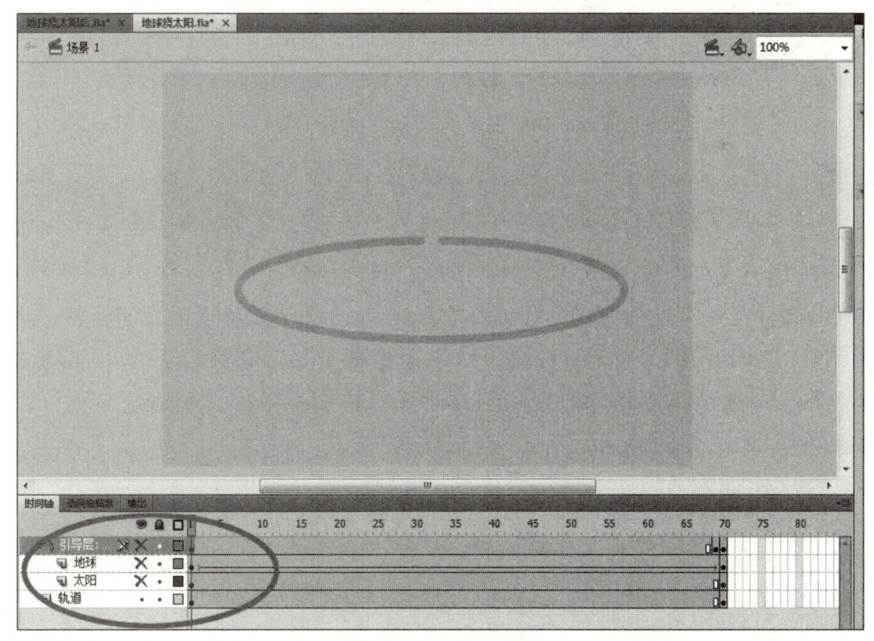

图 5-3-13 仅剩“轨道”图层未关闭观看效果

注意：还可在椭圆绘图工具对应的属性窗口中，调整“笔触”的值可改变线条的粗细，如图 5-3-11 中所示。本例是加大笔触的宽度从而使成品显示的椭圆轨道看得清楚些。

在“文件”菜单中选择“导出”→“导出到影片”，可将该动画导出成.swf 格式的文件，可以很方便地插入到课件或 PPT 宣传稿中。

7. 触类旁通

(1)“二星绕太阳”

制作地球和火星两大行星围绕太阳旋转,则需增加一对图层——即火星图层与火星引导层,如图 5-3-14 所示。

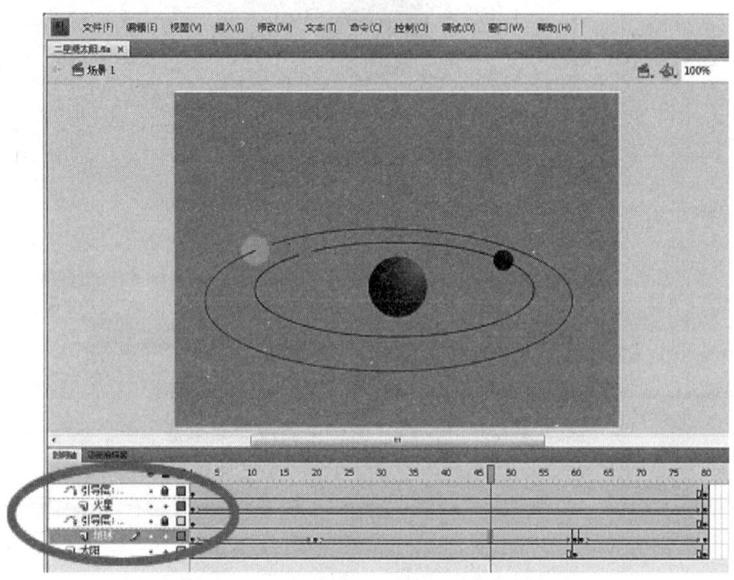

图 5-3-14 图层与运动对象及位置

注意:多对象沿着不同路径运动,则每一对象需要有一个引导层引导;多对象沿着同一路径运动,则只需一个引导层引导。

(2)“飞舞的五角星和六边形”

在图层 1 单击“文件”菜单选择“导入”选项,导入一幅风景图片作背景。

单击 Flash 工具栏上的绘图工具,选择“多角星形工具”,在舞台下方出现的该工具的属性窗口中,单击“选项”,在随之出现的工具设置窗口中选择样式和边数。则可以绘制出五角星和六边形,如图 5-3-15 和图 5-3-16 所示。

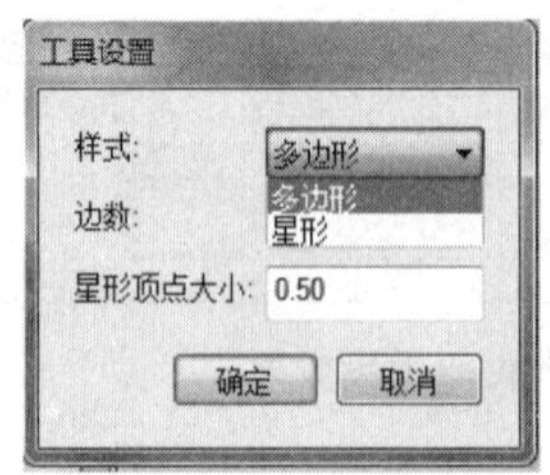

图 5-3-15 多角星形工具属性窗口

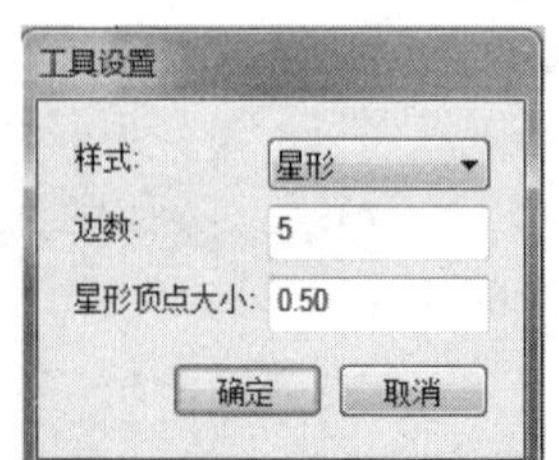

图 5-3-16 五角星形工具设置

用铅笔工具绘制自由路径,运用前面所学路径动画制作方法即可制作出如图 5-3-17 所示的“五角星”和“六边形”自由地在空中飞舞的景象(引导线是看不见的)。

图 5-3-17 飞舞的五角星和六边形

5.3.3 案例教学——综合制作 Flash 动画"蝴蝶飞舞"

主要知识点：

- 影片剪辑元件的制作。
- 动作补间动画的添加。
- 文字的添加。

如果是制作飞机的运动，只要制作路径动画（动作补间动画），但是制作蝴蝶飞舞则必须既要考虑蝴蝶按路径运动，又要考虑蝴蝶翅膀的扇动，否则就是风筝飞的效果了。结合前面学的知识，我们就会想到应先制作一个扇动翅膀的蝴蝶的视频元件，再让这个元件按路径运动。这是一个较为复杂些的综合性制作。

任何一个元件都可以在舞台或其他元件里多次调用，元件相当于库中的一个样板，元件被复制到舞台称为建立了一个实例。而且一个元件可以创建多个实例，每个实例可以有不同的属性，这样就可以大幅度减小动画文件的存储量，便于在网络中浏览和传播。

1. 创建扇动翅膀的"蝴蝶"元件

① 启动 Flash，新建一个空白文档，将文档属性设置为大小 550 像素×400 像素，背景颜色不变。

② 执行"文件"→"保存"命令，在打开的对话框中将文档保存为"蝴蝶飞舞.fla"。

③ 执行"插入"→"新建元件"命令，元件名称为"蝴蝶"，选择元件类型为"视频剪辑"，单击"确定"按钮，如图 5-3-18 所示。

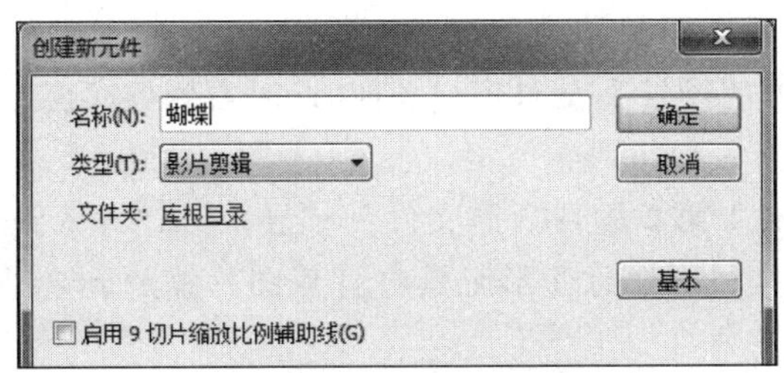

图 5-3-18 创建新元件

④ 此时自动打开元件编辑窗口，元件名称出现在舞台左上角，窗口中心出现一个十字，代表该元件的中心位置。

⑤ 用 Photoshop 加工处理一张蝴蝶图片，单击元件的图层 1 第 1 帧，执行"文件"→"导入"→"导入到舞台"命令，导入到元件窗口中。

⑥ 利用任意变形工具将蝴蝶图片缩放到合适大小，并将图片的中心点对准到元件的中心位置。

⑦ 如图 5-3-19 所示，在元件的图层 1 第 1 帧选中蝴蝶图片，执行"修改"→"分离"命令，以使蝴蝶图像打散；在 20 帧插入关键帧，利用任意变形工具将蝴蝶图片左右方向尺寸压缩，这样视觉上感到蝴蝶的翅膀上抬了；在 25 帧插入关键帧，蝴蝶图形不变；在 50 帧插入关键帧，利用任意变形工具将蝴蝶图片左右方向尺寸拉大，这样视觉上感到蝴蝶的翅膀放平了。

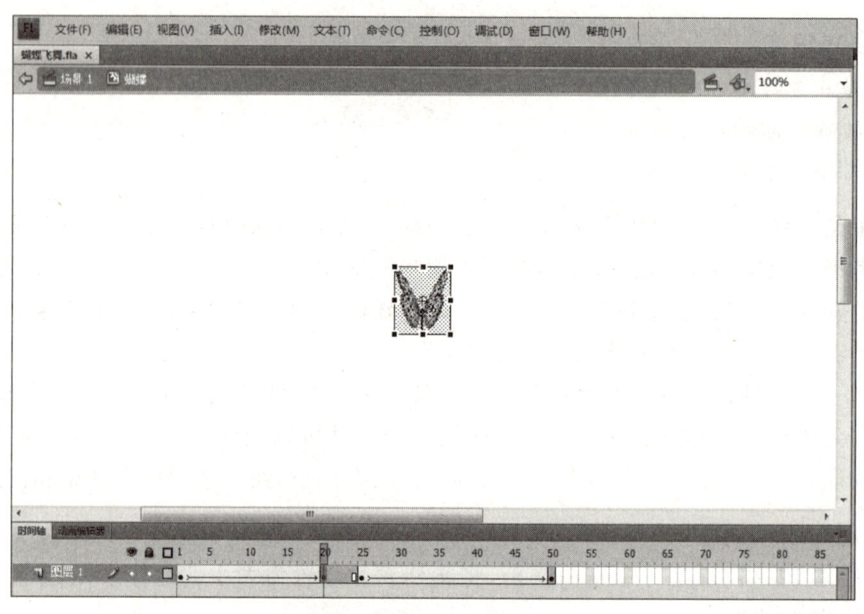

图 5-3-19 元件"蝴蝶"视频剪辑制作

⑧ 在图形发生变化的关键帧之间右击选择快捷菜单中的"创建补间形状"，从而用形变动画制作出翅膀的扇动。

2. 用"蝴蝶"元件制作路径动画

① 单击舞台左上方的场景 1，元件窗口关闭，此时右侧的库窗口中可见名为"蝴蝶"的影片剪辑元件。

② 单击元件的图层 1 第 1 帧，执行"文件"→"导入"→"导入到舞台"命令，选择一张背景图片导入到舞台中，利用任意变形工具将背景图片缩放到合适大小，正好覆盖整个舞台。

③ 新建一图层，命名为"蝴蝶"，单击该图层第 1 帧，将库中的"蝴蝶"元件拖到舞台上；单击该图层第 50 帧，右击插入关键帧。

④ 右击蝴蝶图层，选择快捷菜单中的"添加传统运动引导层"；单击该图层第 1 帧，用铅笔工具绘制路径；单击该图层第 50 帧，右击插入关键帧。

⑤ 分别对应蝴蝶图层的第 1 关键帧和第 50 关键帧，如前方法设置蝴蝶对应路径的起始和结束位置；在该两帧间右击，在快捷菜单中选"创建补间动画"，如图 5-3-20 所示。

图 5-3-20 "蝴蝶飞舞"场景制作

图 5-3-21 和图 5-3-22 是"蝴蝶飞舞"动画播放的瞬间(看不见引导线)。

图 5-3-21 "蝴蝶飞舞"动画瞬间 1

如果再配以合适布局的文字，则可使课件所插入的. swf 格式的动画素材更有意境和美感，如图 5-3-23 所示。

另外要注意的技巧：遇到影片剪辑元件中运动对象动作幅度大、动作复杂的情况，可避开元件制作，利用 GIF 动画素材直接制作，执行"插入"→"新建元件"→"影片剪辑"命令，再执行"导入"→"导入到库"作为影片剪辑型元件，进而进一步制作路径动画。如

图 5-3-24 所示先导入"豹子.gif"文件作为影片剪辑元件，进而制作"奔跑的豹子"动画。

图 5-3-22 "蝴蝶飞舞"动画瞬间 2

图 5-3-23 "蝴蝶飞舞"动画瞬间 3

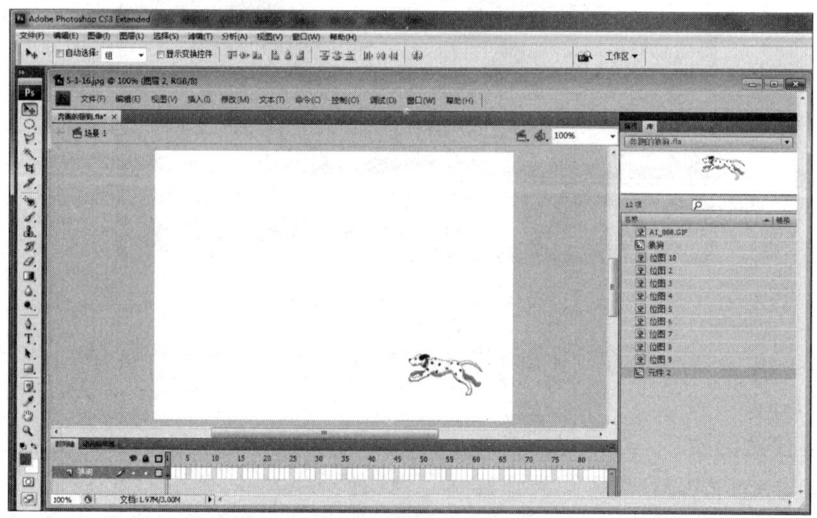

图 5-3-24 "奔跑的豹子"动画制作

*5.4 Flash 遮罩动画

遮罩动画是运用遮罩的原理来实现的动画。遮罩动画需要两个图层，上下位置分别是遮罩层和被遮罩层。遮罩层决定遮罩动画的形状，被遮罩层决定遮罩动画的内容。

遮罩动画可以理解为在遮罩层上建立一个实心的形状窗口，被遮罩层中的内容可以通过形状窗口显示，在窗口形状之外的则不显示，即重合部分为显示的内容。可以通俗地总结为“被遮罩才被看见”。

我们以案例教学的方式，结合例子讲解 Flash 中遮罩动画的制作技巧，以及有一定难度的非基础性知识。

5.4.1 案例教学——课件片头“探照灯”遮罩动画制作

主要知识点：

- 遮罩层。
- 被遮罩层。
- 遮罩动画制作。

本案例以制作“探照灯”效果来介绍遮罩动画制作的基本方法，最终效果如图 5-4-1 和图 5-4-2 所示。

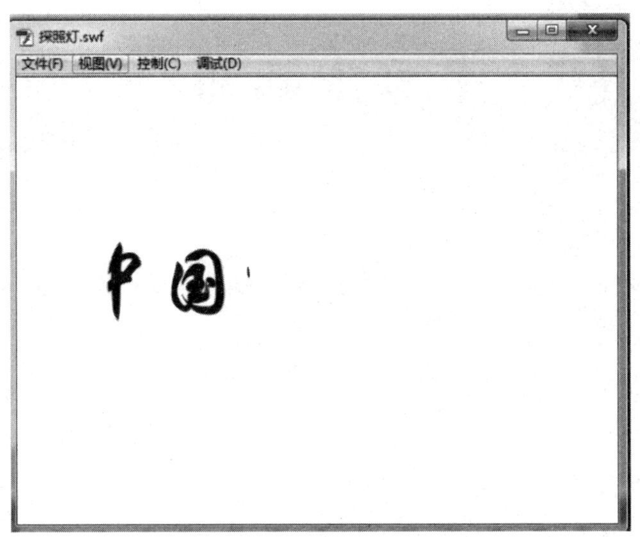

图 5-4-1 最终效果 1

1. 设置被遮罩层

① 启动 Flash 软件，新建一个空白文档，执行“文件”→“保存”命令，保存文档为“探照灯.fla”。

② 单击图层 1 的第 1 帧。选择工具箱中的文字工具，在舞台中输入文字“中国绘画

简介”，设置字体格式为华文行楷、77 点、紫色，效果如图 5-4-3 所示。

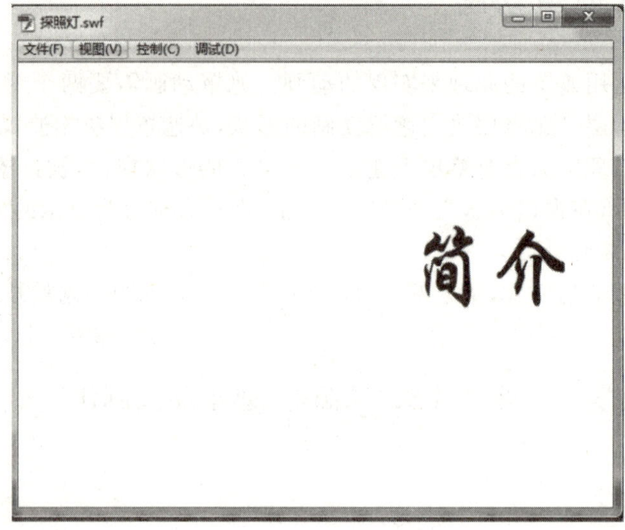

图 5-4-2 最终效果 2

图 5-4-3 设置被遮罩层

③ 选中图层 1 时间轴上的第 35 帧，单击右键，选择“插入帧”选项，如图 5-4-3 所示。

2. 设置遮罩层

① 新建图层 2，单击图层 2 中的第 1 帧。

② 长按单击工具箱中的矩形工具，选中“椭圆工具”，属性设置笔触颜色为“无颜色”，设置填充颜色为“黑色”。

③ 按住 Shift 键在舞台中绘制一个圆形。右击圆形选择“转换为元件”选项，将圆形转换为“图形”元件，如图 5-4-4 所示。

④ 单击图层 2 中的第 35 帧，右击选择“插入关键帧”选项，然后将圆形的位置移动到右侧，如图 5-4-5 所示。

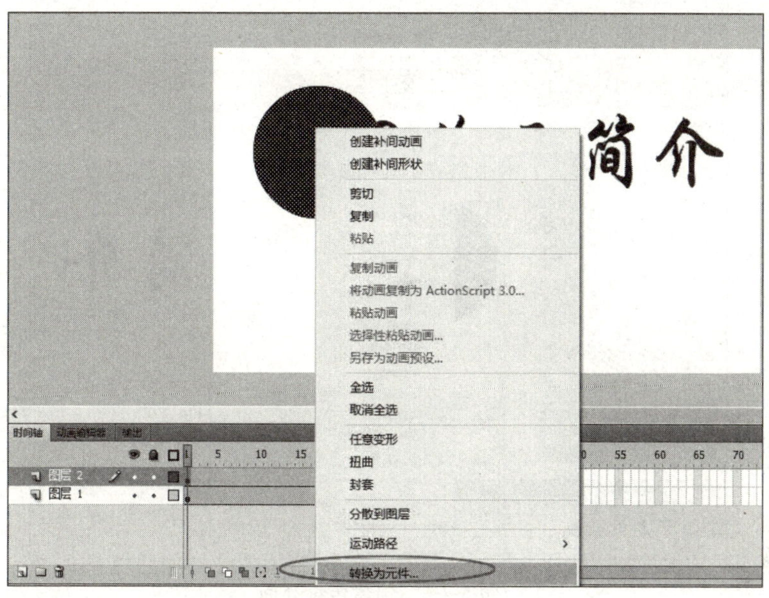

图 5-4-4 转化元件

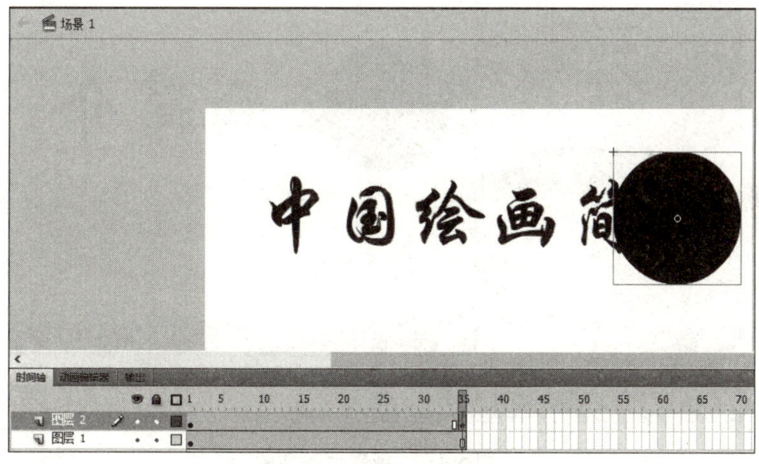

图 5-4-5 插入关键帧

⑤ 右击图层 2 中间的任一帧，在弹出的菜单中选择“创建传统补间”，如图 5-4-6 所示。这样在第 1 帧和第 35 帧之间出现带箭头的黑色实线。

3. 创建遮罩动画

① 单击选择图层 2，右击在弹出的菜单中选择“遮罩层”即可创建遮罩动画，如图 5-4-7 和图 5-4-8 所示。从图 5-4-8 中可以看出，创建遮罩动画之后，遮罩层和被遮罩层都是锁定的状态。如果要对图层内容进行编辑修改，需要单击锁定图标进行先解锁。

② 执行“控制”→“测试影片”命令，或者使用 Ctrl+Enter 快捷键测试效果，出现从左到右显示的探照灯效果，然后保存和发布文档。

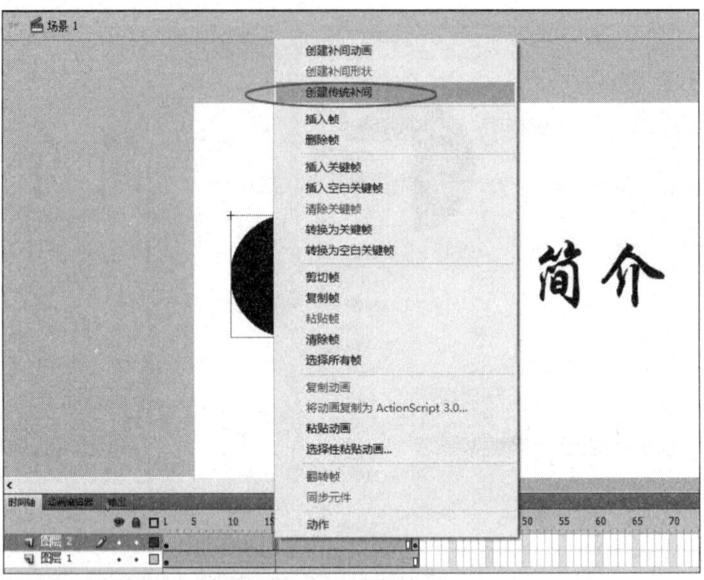

图 5-4-6 创建传统补间

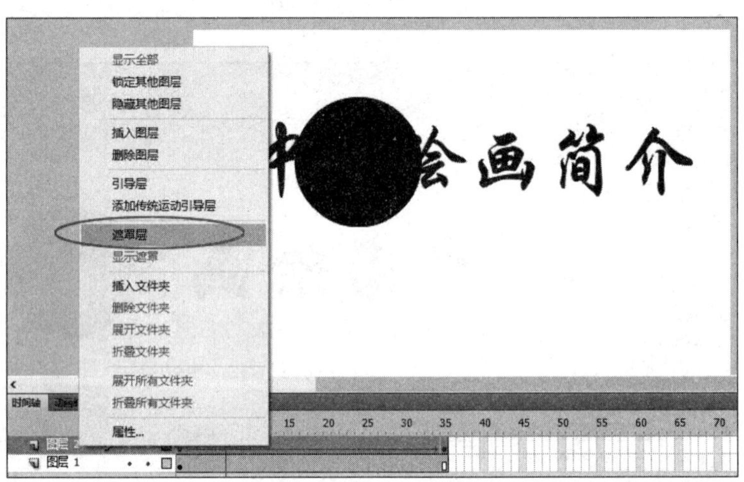

图 5-4-7 创建遮罩动画

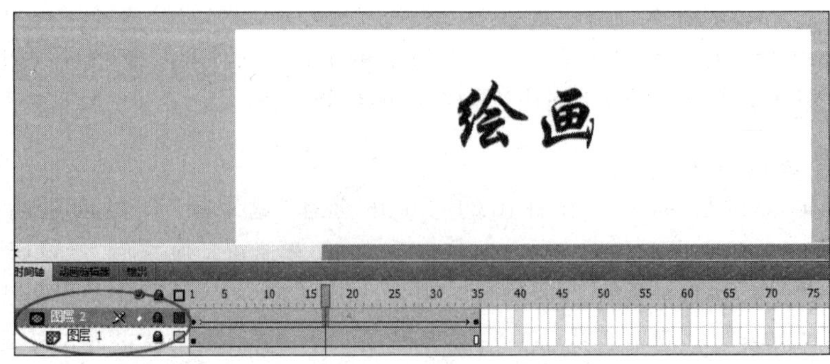

图 5-4-8 遮罩动画

注意：从案例效果可以看出被遮罩层内容在测试时是不显示的，所以被遮罩层中的形状的填充颜色对于动画效果没有影响。

5.4.2 案例教学——课件素材“棋盘效果图片轮换”遮罩动画制作

主要知识点：

- 形状补间与遮罩动画。
- Flash 声音素材的添加。

本案例以制作“棋盘图片轮换”的效果来讲解多对象的遮罩动画的制作，结合前面所学的形状补间动画来创建多样的动画效果。最终效果如图 5-4-9 所示。

图 5-4-9 最终效果

1. 形状补间在遮罩动画中的运用

(1) 形状补间元件制作

① 执行“插入”→“新建元件”命令，元件类型选择“影片剪辑”，命名为“棋盘”。在元件编辑状态中，单击图层第 1 帧，使用矩形工具绘制一个有填充色无边框的矩形，宽度设置为“110”，高度为“100”，如图 5-4-10 和图 5-4-11 所示。

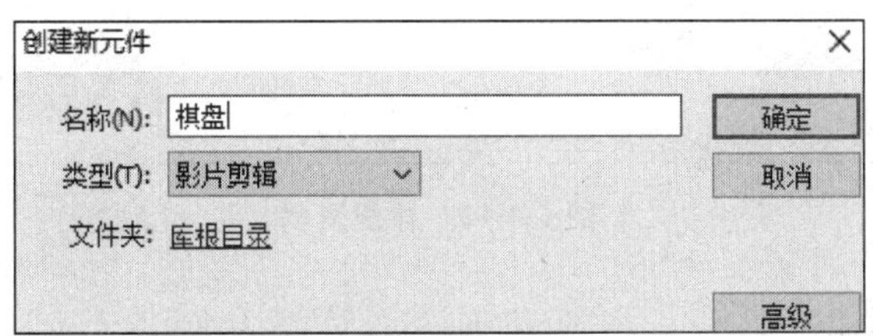

图 5-4-10 元件创建

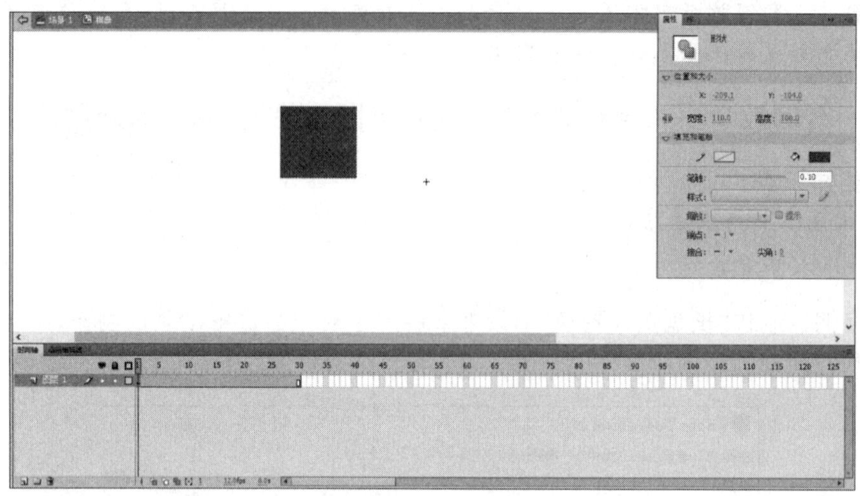

图 5-4-11 元件编辑

② 单击图层 1 中的第 20 帧，右击选择“插入关键帧”。使用任意变形工具，同时按住“Alt＋Shift 键”等比例等中心调整矩形大小。在第 1 帧到第 20 帧中间创建补间形状，如图 5-4-12 所示。

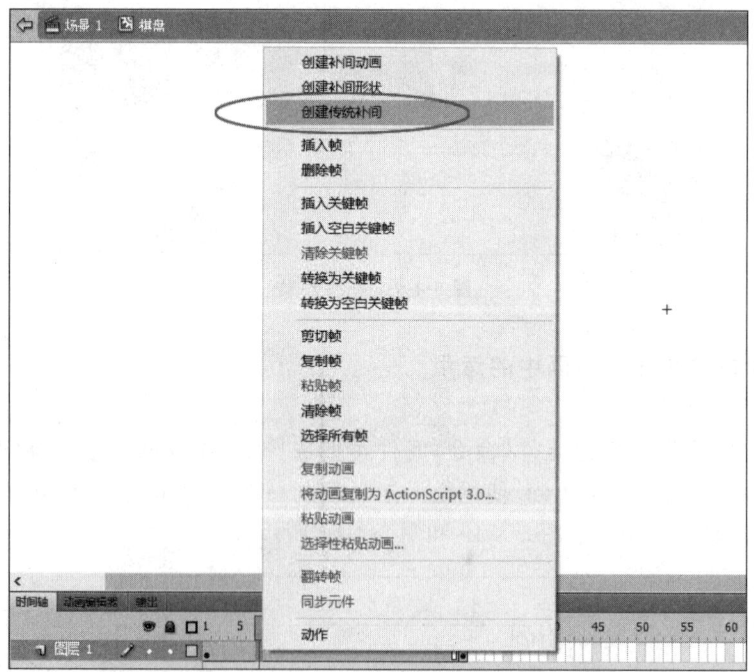

图 5-4-12 补间形状

(2) 遮罩动画制作

① 返回场景 1，设置舞台大小为 550×400。创建两个图层分别为“图 1”和“图 2”。

② 在图层“图 1”中导入图片素材 1，调整图片大小与舞台匹配，然后在第 20 帧插入

帧。在图层“图 2”中导入素材 2,与“图 1”图层同样操作。

③ 新建图层 3,从库中拖出“棋盘”元件,按住 Ctrl 键往下拖动复制元件,多复制几个占满舞台,排列可以借助对齐面板设置平均分布,如图 5-4-13 所示。

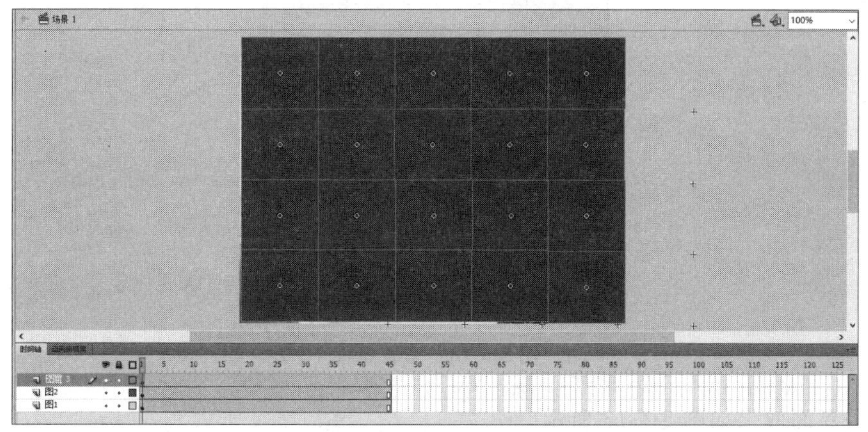

图 5-4-13 元件使用

④ 单击图层 3 的第一帧,将所有的元件选中,右击选择“转换为元件”,类型选择“影片剪辑”,命名为“棋盘 2”,如图 5-4-14 所示。

⑤ 右击图层 3,在弹出的快捷菜单中选择“遮罩层”。遮罩动画制作完成。

⑥ 运行测试影片,可以看到效果如图 5-4-9 所示。

2. 声音的添加

① 执行“文件”→“导入”→“导入到库”命令,选择声音文件“声音.mp3”导入。

② 创建一个新图层,重命名为“声音”,单击第 1 帧。在属性面板中,选择声音,如图 5-4-15 所示。

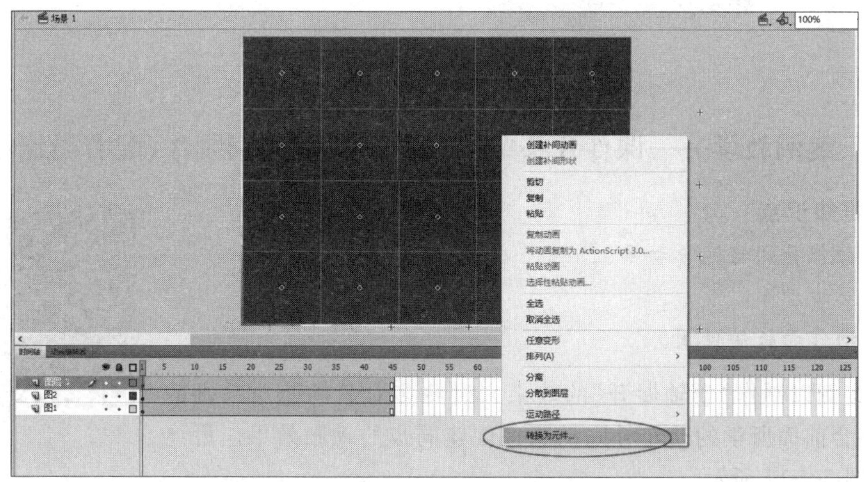

图 5-4-14 影片剪辑元件

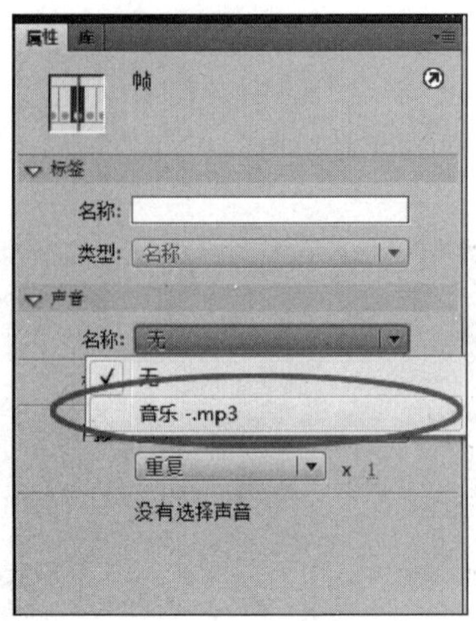

图 5-4-15 声音属性

图层界面效果如图 5-4-16 所示。

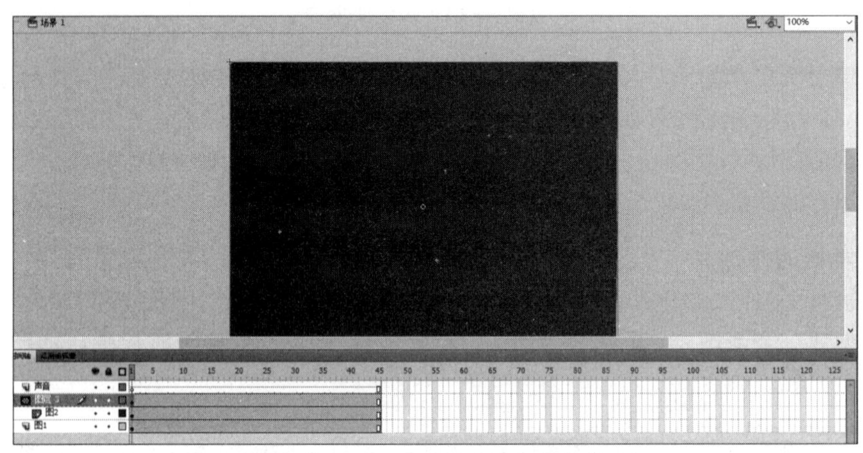

图 5-4-16 图层效果

5.4.3 案例教学——课件片头“卷轴展开”遮罩动画制作(配有微课视频)

主要知识点:

- 动作补间与遮罩动画。
- 同步动画。
- 动作面板的使用。

本案例以制作“卷轴展开”的效果来讲解多对象的遮罩动画的制作,结合前面所学的动作补间动画来创建同步的动画效果。最终效果如图 5-4-17 所示。

1. 卷轴元件的制作

① 新建空白文件,执行“插入”→“新建元件”命令,创建卷轴的图形元件,如图 5-4-18

所示。

图 5-4-17 最终效果

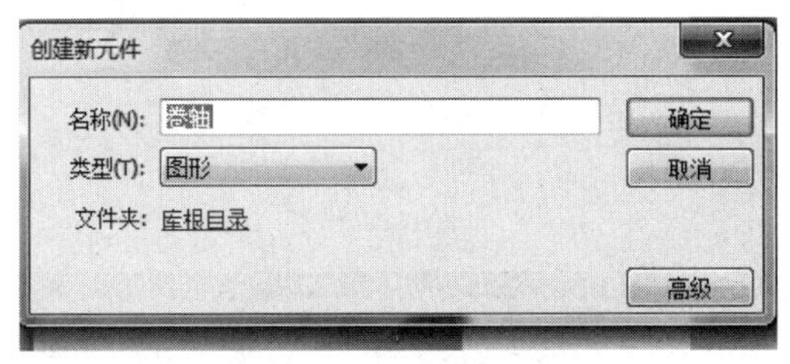

图 5-4-18 创建元件

② 在图层 1 中，选择矩形工具绘制矩形，填充颜色为#666666，笔触颜色为“无颜色”。新建一个图层 2，同样绘制一个矩形，填充颜色为线性#666666→#FFFFFF→#666666 的渐变，效果如图 5-4-19 所示。

2. 图画的遮罩动画制作

① 返回场景 1，单击图层 1 的第 1 帧，导入图片素材，在第 55 帧的位置插入帧。

② 新建图层 2，在其第 1 帧绘制一个跟图片素材大小一致的矩形。右击将矩形转换为图形元件，如图 5-4-20 所示。

③ 单击第 1 帧，调整矩形的位置在图片之外，如图 5-4-20 所示。在 55 帧的位置插入关键帧，调整矩形的位置使其盖住图片。在中间任意帧，创建传统补间。

④ 右击图层 2，选择“遮罩层”。

3. 卷轴同步动画制作

① 为了方便后面的编辑，可以将图层 2 选择不显示。新建图层，命名为“卷轴 1”。单击第 1 帧，从库中移动卷轴元件到如图 5-4-21 所示位置，在 55 帧位置插入帧。

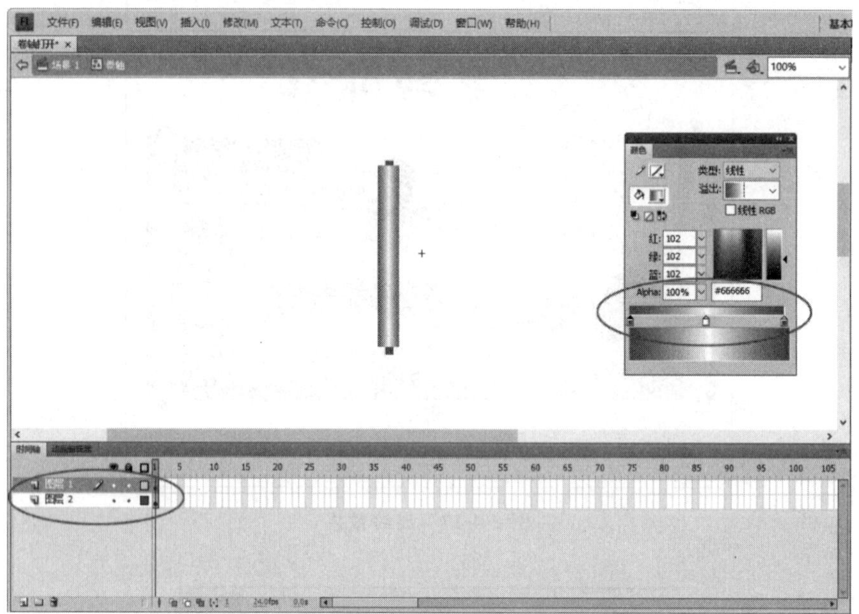

图 5-4-19 元件绘制

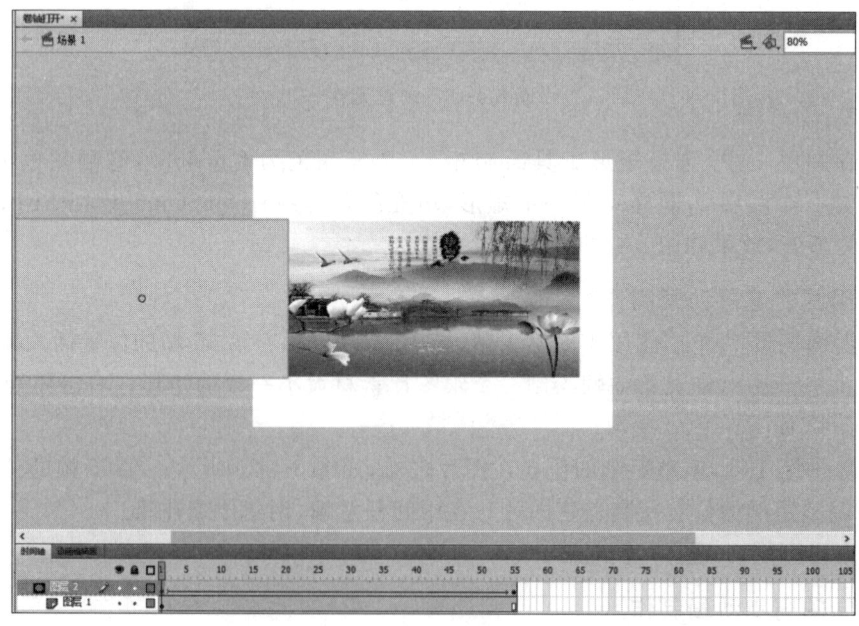

图 5-4-20 图画的遮罩动画

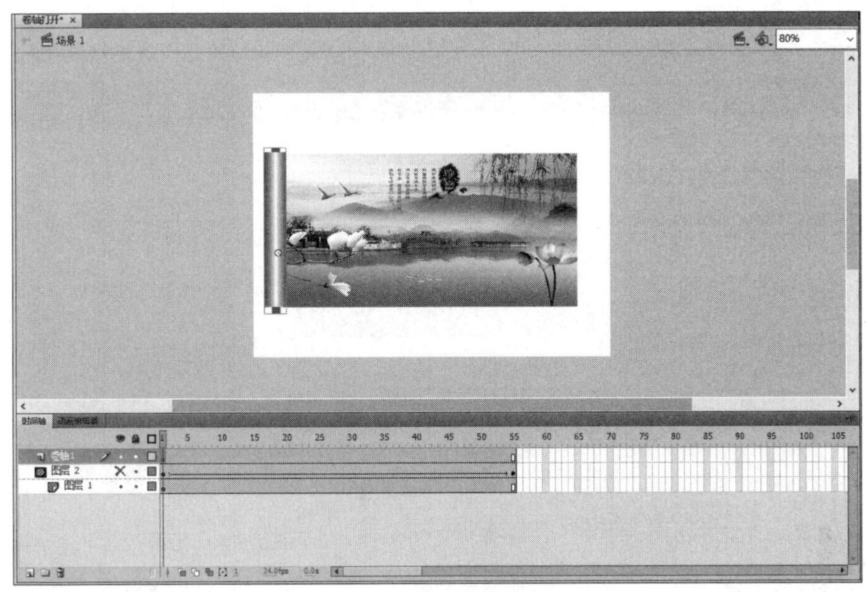

图 5-4-21　元件使用

② 新建图层命名为“卷轴 2”。单击第 1 帧，再次从库中移动卷轴元件到如图 5-4-22 所示的位置。

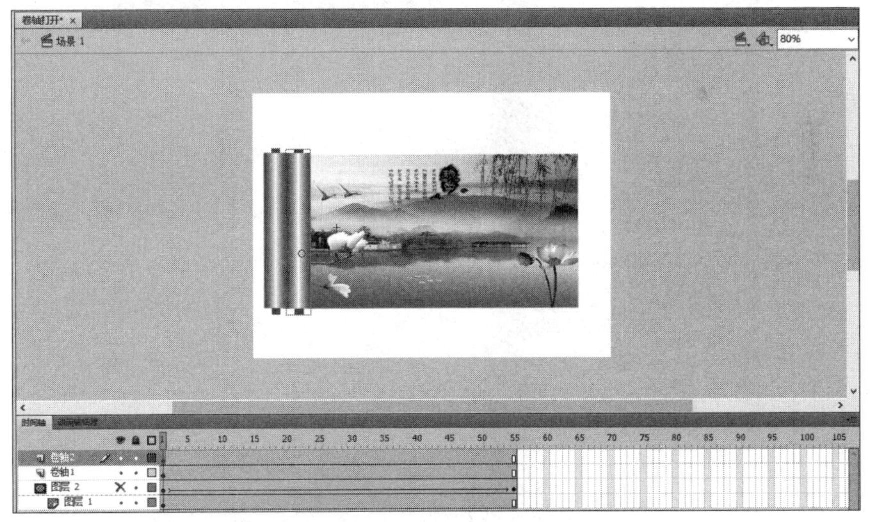

图 5-4-22　元件属性设置

③ 在 55 帧位置插入关键帧，移动卷轴的位置如图 5-4-23 所示。在第 1 帧和第 55 帧中间任意帧右击，创建传统补间。

4. 动作面板的使用

为了更自然地播放效果，在“卷轴 2”图层的第 55 帧右击选择“动作”，单击左侧时间轴函数，在下拉的列表中双击选择 stop，添加时间轴控制函数“stop();”。

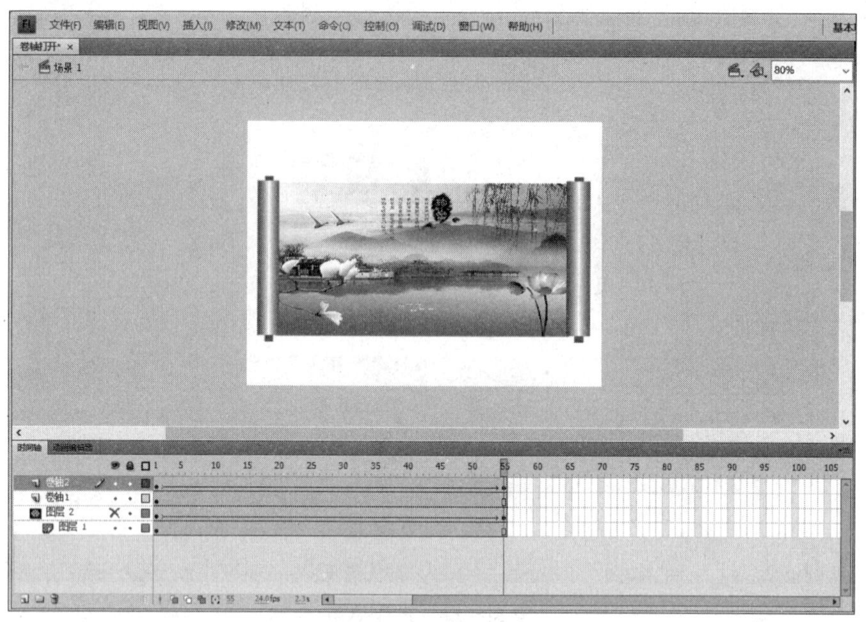

图 5-4-23　元件动画

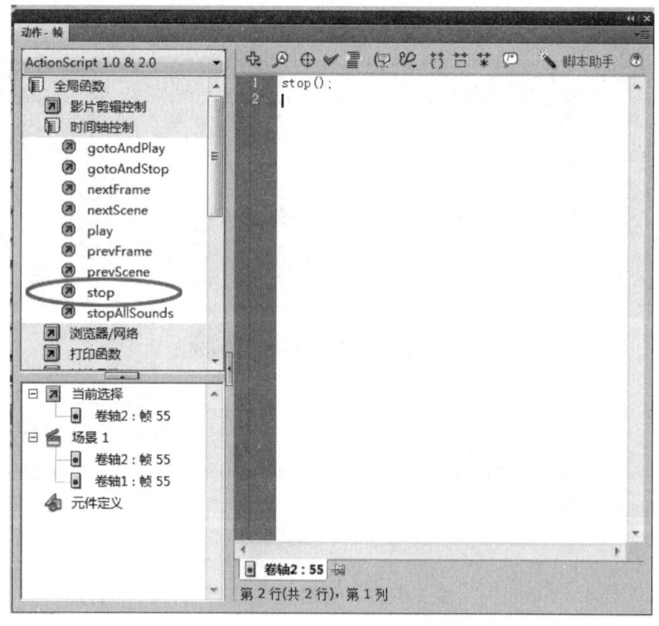

图 5-4-24　动作面板

5. 彩色文字遮罩效果

① 新建两个图层，分别命名为“彩色底”、“文字”。单击“彩色底”图层的第 1 帧，使用矩形工具绘制矩形，矩形填充颜色设置为“彩色渐变”。右击矩形选择转化为元件，元件类型为“图片”，如图 5-4-25 所示。

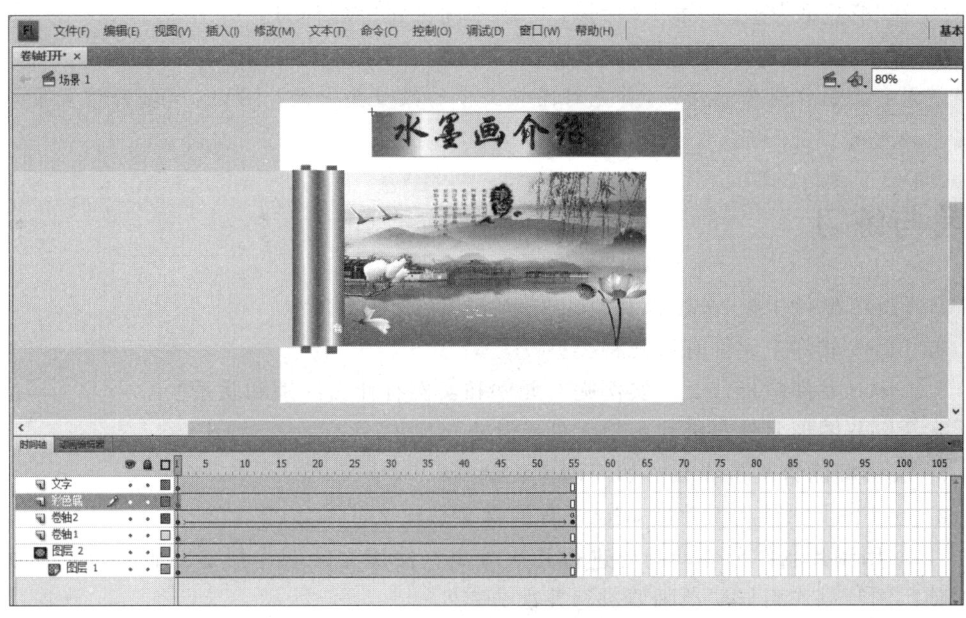

图 5-4-25　元件位置调整

② 单击“文字”图层的第 1 帧，使用文字工具输入文字“水墨画介绍”。右击“文字”图层的第 55 帧插入帧，如图 5-4-25 所示。

③ 在“彩色底”图层的第 35 帧，右击插入“关键帧”。调整矩形的位置如图 5-4-26 所示。

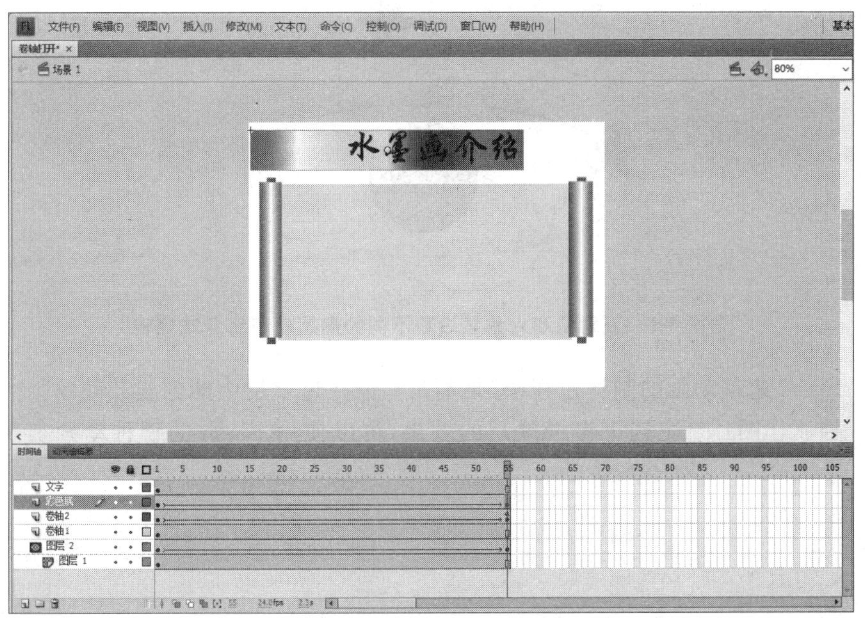

图 5-4-26　元件位置调整

④ 在“彩色底”图层的第 1 帧到第 35 帧中间创建传统补间。

⑤ 右击“文字”图层设置为“遮罩层”。测试保存文件,效果如图 5-4-17 所示。

注意:要制作同步的动画,首先时间轴上帧的数量要一致。另外,卷轴的位置要与遮罩层中矩形的位置一致。

思考与练习

1. Flash 软件中帧、关键帧和空白关键帧的区别是什么?

2. Flash 软件中元件有哪几种类型?

3. Flash 元件是指什么?实例呢?元件和实例有什么区别和联系?

4. Flash 图形元件与影片剪辑元件有什么区别?

5. 关键帧的含义是什么?如何创建关键帧?

6. 在 Flash 中使用文字时,Ctrl+B 的含义是什么?

7. 使用图片制作形变动画要进行几次分离?使用文字制作形变动画要进行几次分离?使用图片制作引导层动画要进行几次分离?

8. 如何在 Flash 软件中导入图片作背景?

9. 如何将 Flash 软件制作的作品保存为.fla 格式、.swf 格式?

10. 用 Flash 软件制作一个红色五角星和一个玫红色六角星沿着不同的椭圆轨道绕着一个固定不动的蓝色的球旋转的动画,如题图 5-1 所示。应设计哪些图层?共几层?五角星和六角星用 Flash 软件工具箱中的何种工具可制作?

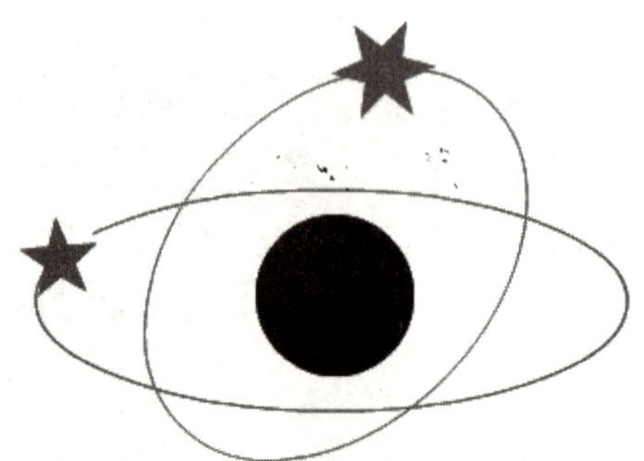

题图 5-1 五角星和六角星沿着不同的椭圆轨道绕着球旋转

11. Flash 遮罩动画的制作过程中,是不是只能在遮罩层中能创建补间动画?

12. 要制作图片从上到下慢慢展现的效果,可以使用 Flash 的哪种动画实现?简述其步骤。

第 6 章 PowerPoint 课件高级技巧

Microsoft Office PowerPoint 是微软公司开发制作的演示文稿软件，以幻灯片的形式提供了一种演讲手段，利用它可以制作集声音、文字、图形、影像（包括视频、动画、电影、特技等）于一体的演示文稿。PowerPoint 已成为人们工作生活的重要组成部分，在工作汇报、企业宣传、产品推介、项目竞标、管理咨询、教育培训等领域占有举足轻重的地位。在信息化教学中，教师可以利用 PowerPoint 软件制作集多种媒体于一身的个性化课件，从而更加直观、方便地进行教学，给教学起到很好的辅助作用。本章主要介绍 PowerPoint 2010 中课件制作的实用技术技巧，以及有一定难度的流行性功能与插件，使师范生在了解课件制作的基础上，利用 PowerPoint 2010 制作出高水平的教学课件。

本章学习目标：

- 了解多媒体课件的定义、类型、制作流程和评价原则。
- 掌握 PowerPoint 课件中图片和音视频文件的插入及属性设置。
- 了解幻灯片版式的设置。
- 了解 Smart Art 图形的插入与属性设置。
- 掌握 PowerPoint 课件背景、主题的应用。
- 掌握幻灯片母版的编辑技巧。
- 掌握 PowerPoint 中 4 种类型自定义动画的添加与编辑。
- 掌握自定义动画不同开始方式的设置。
- 了解动画声音效果的设置、动画中高级日程表的使用。
- 掌握 PowerPoint 触发器制作技巧。
- 掌握美化大师插件基本应用。
- 了解 Insrping Suit 插件应用。

6.1 课件制作的重要常识

随着现代教育信息技术的发展，利用课件开展课堂教学活动已经成为中小学等各类学校常用的教学手段之一。多媒体 CAI 课件的正确应用可以极大地提升教与学的效率，为现代化教育注入了新的生机与活力。作为一名课件的设计与制作者，有必要首先了解一些关于多媒体 CAI 课件的基础知识。

主要知识点：

- 多媒体 CAI 课件的概念。
- 多媒体 CAI 课件的类型。
- 多媒体课件的制作流程。
- 多媒体课件的评价原则。

1. 多媒体 CAI 课件的概念

在多媒体计算机辅助教学应用中，以现代教育与学习理论为基础，根据课程教学大纲及具体学习对象的教学需求，由教学目标而确定教学内容及教学活动结构等环节设计，并以多媒体计算机系统处理和控制的多种媒体的表现形式与超文本结构制作而成的课程软件称为多媒体 CAI 课件。作为多媒体计算机辅助教学的典型应用范例，课件一方面利用数字化的文字、图形、图片、声音及视频、动画等多种媒体形式，生动形象地将学科知识可视化，有效地提高了学生的学习兴趣与学习效率；另一方面通过互动性为学习者提供了自学的机会，通过实时操练、自动识别答案等方式帮助学习者在实践中学习，在当前的教育界得到了广泛的应用，是现代教育教学发展的重要方向。

2. 多媒体 CAI 课件的类型

由于教学活动的多样性特征，多媒体 CAI 课件有多种分类方法，如图 6-1-1 所示。大致可从以下两个角度进行分类，一种是从课件的制作与控制者角度分类，可分为演示型、交互型、智能型和综合型课件。

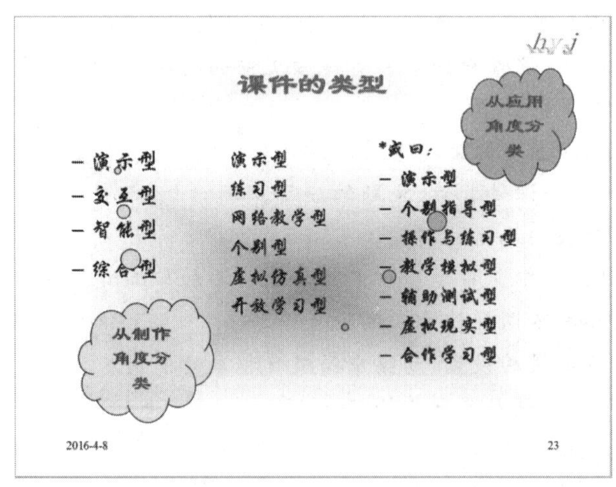

图 6-1-1　课件的类型

(1) 从制作与控制者角度分类

① 演示型

演示型课件的控制结构属于教师控制，以 PowerPoint 为代表软件，如图 6-1-2 所示，通过鼠标单击触发知识点与练习题答案的出现，可方便地应用于课堂教学。此类课件一般用于辅助教师的讲授活动，将课堂教学中难以用语言表达清楚的知识点采用多媒体计算机生动有效地呈现，从而变抽象为形象，通过对学生的启发与提示创设教学情境，进行示范教学。

图 6-1-2　演示型课件

② 交互型

交互型课件的控制结构属于学生控制，可以让使用者自己选择想看的内容，并且信息之间可以相互跳转，具有较好的人机交互功能，主要用于自主学习，以 Authorware 为代表应用软件，如图 6-1-3 所示。

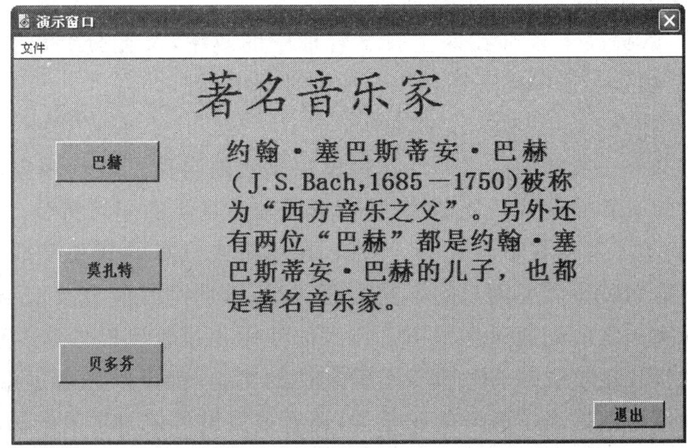

图 6-1-3　交互型课件

③ 智能型

智能型课件的特色是具有模拟的人工智能，一般以大公司制作的具备高级功能的课件为代表。

④ 综合型

综合型课件综合了前三种类型的特征，其控制结构是混交控制结构。

除此以外，另一种课件常用分类方式是从应用性质角度分类的，根据不同应用类型可分为多种体系。

(2) 从应用性质角度分类

① 练习型

练习型课件旨在满足学生的个性化需求，一般通过大量反复的练习来训练、强化学生某一方面的知识技能，其基本过程如图 6-1-4 所示。由计算机向学生逐个呈现编排好的问题序列并等待学生回应；计算机根据学生回应做出相应反馈；如回答正确则给予肯定和赞扬，并移向下一题；如回答错误则提示并给予帮助，让学生再次回答或直接显示正确答案。在此过程中，学生可以根据个人基础与接受情况，通过回答一定量难度渐增的问题逐步积累所需掌握的知识与技能。

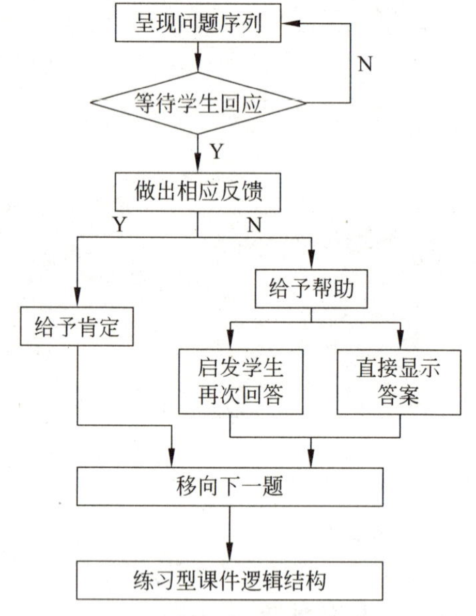

图 6-1-4 练习型课件逻辑结构

② 开放学习型

网络时代，学习已不仅仅局限于面对面的教学，在计算机网络通信工具的帮助下，学习者最大限度地突破了教育的时空限制，借助于因特网传播信息量大、传播速度快、涵盖范围广泛等特质，查询与获取相关信息，开阔视野。同时，教师和学习者之间还可以通过小组讨论、课题引导等合作学习方式，开展人机双向的交互式开放学习模式，既提高了教师在课堂教学管理中的效率，又充分突出了学生的主体作用，真正实现了一切学习资源向一切学生开放的理想境界。

③ 虚拟仿真型

虚拟仿真型课件一般利用多媒体计算机模拟真实的自然或社会现象，用以展示现实条件下难以实现的实验操作或技能训练，从而形成较为真实的学习情境，方便学习者更加投入参与，提高其学习兴趣与学习效率。例如，在飞机或汽车的驾驶模拟训练中，虚拟仿真型课件可以模拟驾驶员需要面对的不同交通状况，以训练其应急反应；再如，医学院的学生可以在诊断病人之前先通过虚拟仿真技术的使用积累临床经验，甚至模拟手术操作流程；以及其他物理、化学中带有危险与不确定性的实验，都可以先通过虚拟仿真技术进行操练。这种课件不仅提高了教学的安全性，还通过提供可控与重复的场景，有效地增强学生学习动机，有利于学习能力的迁移与培养。

④ 娱乐学习型

不同于普通类型的游戏，娱乐学习型课件主要通过为学习活动创设相关游戏情境，以寓教于乐的方式帮助学生在轻松有趣的氛围中掌握学科知识技能。在娱乐学习型课件中，学习活动的安排一般根据教学目标精心设定而成，并在一定的游戏规则引导下通过同伴竞争等方式为学习者带来挑战性与娱乐性。但由于娱乐学习型课件比较浪费时间和精力，且容易偏离原来的学习目标，对自制力不强的学生可能会带来一定的负面影响，建议在课程教学中谨慎使用。

3. 多媒体课件的制作流程

类同于其他软件产品的开发规范，多媒体课件有着环环相扣的制作流程，需要先进行充分的准备，才能制作出优秀的作品，具体步骤如图 6-1-5 所示。

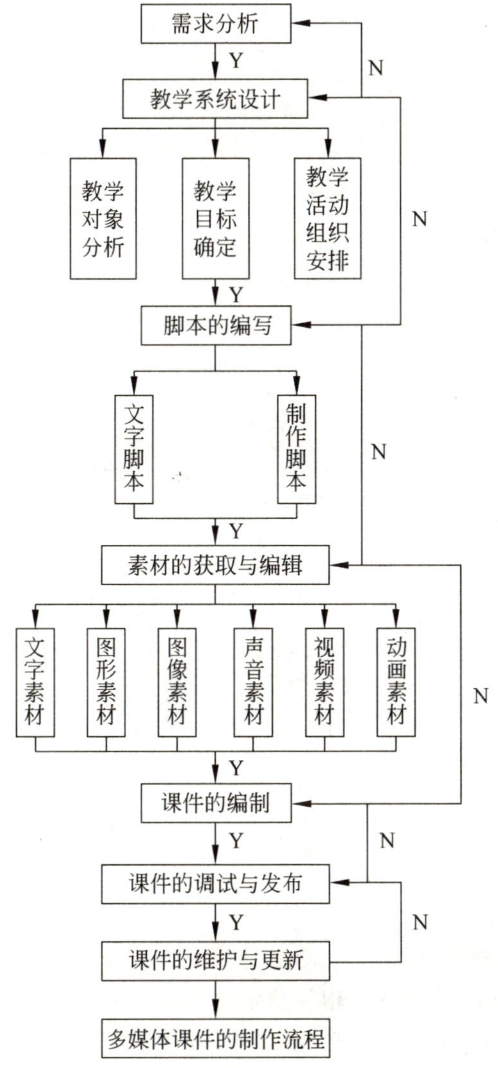

图 6-1-5 多媒体课件的制作流程

(1) 需求分析

在课件制作过程中，首先进行的是需求分析，即根据教学内容、教学对象及现实条件等因素确定课件的选题，并进行必要性与可行性分析，从中选择最优化的方案。其中，教学内容是课件制作首先要明确的因素，包括教学重难点的体现方式，最优化效果的实现路径等。多媒体CAI课件虽然可以极大地提高教学效率，但并不是所有的教学内容都适合使用课件来表现，必须根据其特质来决定，从而扬长避短，克服传统教学的不足。如需要反复操练或带有一定危险性的物理化学实验，或者一些需要创设情境以增强代入感的语文或英语课程内容，都适合用来制作多媒体CAI课件。

(2) 教学系统设计

教学系统设计是课件制作中的重要环节，在此过程中形成的总体设计思路，影响着课件开发的后续环节，直接决定了课件质量的高低，主要包括教学对象分析、教学目标确定及教学活动组织安排等方面。

(3) 脚本的编写

经过需求分析与教学系统设计两个步骤以后，制作者可通过编写脚本将课件开发细节具体形象化，规范的脚本对保证课件制作方向与提高制作效率能够起到积极的作用。多媒体CAI课件的脚本可分为文字脚本、制作脚本两种类型。其中，制作脚本遵循课件系统设计的要求进行描述，一般由课件制作者在文字脚本的基础上改编而成，主要涉及课件界面布局、结构安排、素材的组织及色彩搭配等，如图6-1-6所示。制作脚本以文本或表格的形式体现课件的制作方向，相当于电视节目制作中的分镜头稿本，也从一定形式上方便了课件的后期整理与维护，对设计一个优秀的多媒体CAI课件是非常有必要的。

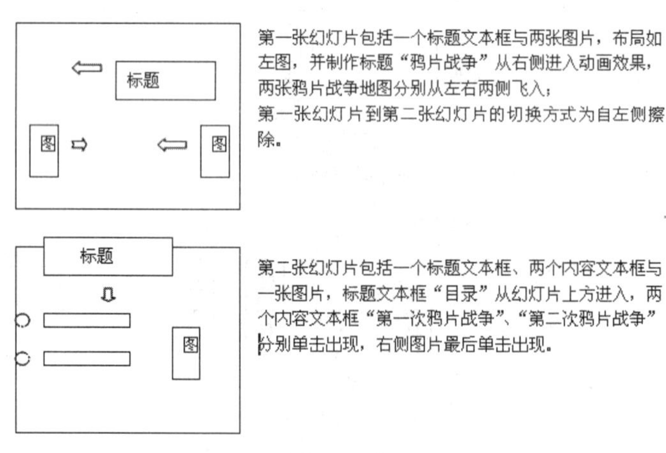

图 6-1-6　多媒体课件的制作脚本范例

(4) 素材的获取与编辑

对于制作脚本中可能涉及的文字、图形、图片、声音、视频及动画等不同类型的多媒体素材，制作者需借助专业硬件设备及相关编辑软件从多个渠道进行搜集与整理。其中，硬件设备包括数码相机、摄像机、扫描仪、话筒等，软件如声音处理软件GoldWave、视频编辑软件会声会影、图片编辑软件Photoshop、动画编辑软件Flash等，已在之前的章节中有所阐述。

(5) 课件的编制

在完成所有的前期准备工作以后,可以选择合适的课件开发工具将多媒体素材进行整合,并设置合理的课件交互方式。本书中介绍的是PowerPoint 2010,该软件非常适合制作演示型课件,其清晰的使用界面、灵活的素材使用方法、丰富的人机交互方式深受广大课件制作者喜爱,本书会在后续章节中详细介绍其使用技巧。

(6) 课件的调试与发布

在课件制作过程中,由于学科教师与课件制作者之间可能存在一定理解上的偏差,以及其他一些不可控因素,反复的调试与修改工作是必不可少的。制作者可根据课件使用的反馈信息排查可能存在的误差与缺陷,直到符合使用要求,才能开始课件的打包发布工作。

(7) 课件的维护与更新

为满足多媒体课件使用者的多方面需求,制作者可根据情况对课件进行定期的维护与更新,以提高课件质量与使用效率。

4. 多媒体课件的评价原则

多媒体CAI课件有其自身的评价原则与规律,只有遵循这些原则,才能制作出符合使用要求的优秀课件,切实地将现代信息技术应用于教学服务。目前学术界流行的评价基本原则是从如下4个方面考虑。

(1) 教育性

教育性是多媒体CAI课件最基本也是最终极的评价原则,它要求课件必须严格遵照教学大纲,从一定的教学目标出发,遵循学习者的认知规律与学习心理学规律,利用不同种类媒体素材的巧妙组织安排来增强教学效果与趣味性,从而有效地解决教学重难点,在方式方法上能够满足教与学的需求。

(2) 科学性

多媒体CAI课件是用来为教学服务的,因此其涉及的内容必须以科学理论作为指导,能够正确无误地反映客观规律,且具备严密的逻辑结构。即使对学术上有争议的问题,也应对争议方客观阐述,做到公平公正、不偏不倚。科学性是课件制作的基本要求,只有确保了课件的科学性,教育性才能得到保证。

(3) 技术性

技术性评价原则是指课件的编辑与制作达到一定的技术标准,如交互设计是否合理,链接能否顺利跳转,图文声像素材能否顺利播放等。技术性原则是否达标直接影响到课件的制作水平,从而影响教学效果。

(4) 艺术性

艺术性原则是指在不违背教育性和科学性的前提下,课件应尽量保证画面、声音等要素符合大众审美标准,具有艺术表现力与感染力。教学本身就是一门艺术,布局合理的版面、精心搭配的色彩、统一整齐的风格会为多媒体CAI课件加分不少。

6.2 PowerPoint 课件基本操作

作为一款功能强大的课件制作工具,PowerPoint 课件中可添加文字、图形、图像、音视频等多种媒体素材,并为添加了素材的幻灯片设置录制幻灯片演示的方法以及切换方式等。本节中,我们将以案例教学的方式,结合例子讲解 PowerPoint 课件制作的基本操作,以及有一定难度的非基础性知识。

案例教学——初中化学课件《人类重要的营养物质》制作

主要知识点:

- PowerPoint 课件中文字、图片的插入及属性设置。
- PowerPoint 中音视频的插入及属性设置。
- PowerPoint 中录制幻灯片演示的方法。
- PowerPoint 中超链接的设置。
- PowerPoint 中切换的添加。

下面以制作《人类重要的营养物质》课件为例,讲解 PowerPoint 中文字、图片及音视频等不同类型媒体素材的插入与属性编辑技巧,包括录制旁白、超链接以及切换的设置方法,案例最终效果如图 6-2-1 所示。

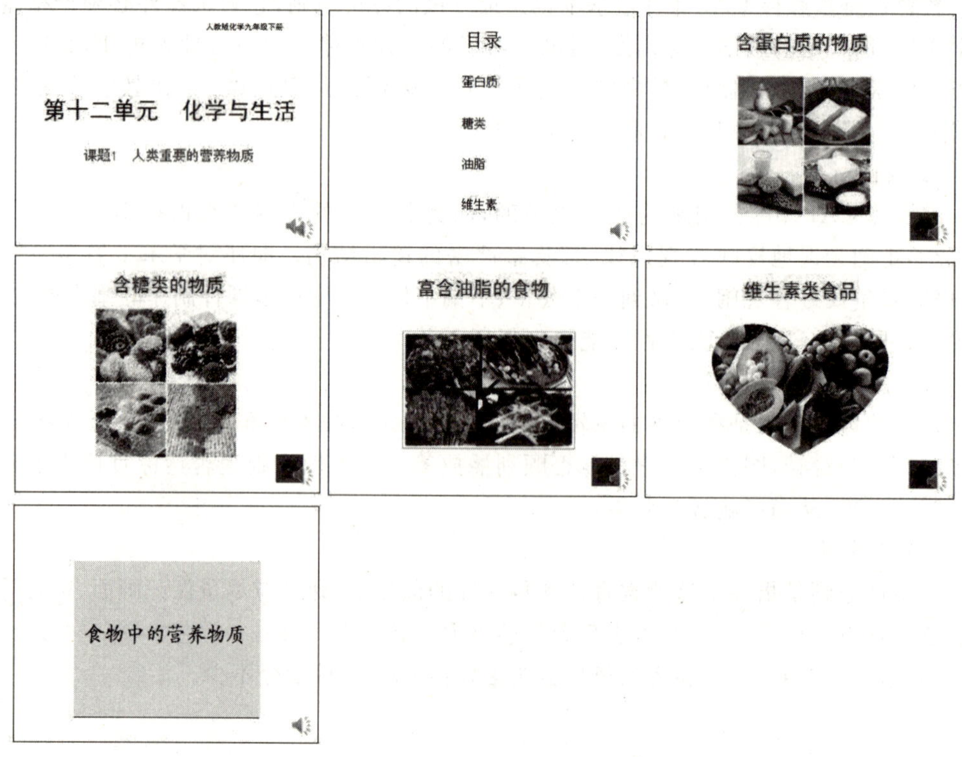

图 6-2-1　案例最终效果图

1. PowerPoint 中文字与图片的插入

(1) 文字的插入与属性编辑

新建演示文稿,在幻灯片中添加文字素材,制作过程如下:

① 执行“开始”→“新建幻灯片”命令添加 6 张幻灯片,在第一张幻灯片中单击“标题占位符”,在其中输入“第十二单元 化学与生活”。

② 选中“第十二单元 化学与生活”占位符,执行“开始”→“字体”命令,设置字体为“黑体”,字号为“54”。

③ 同理,在第一张幻灯片中单击“副标题占位符”,在其中输入“课题 1 人类重要的营养物质”,并设置字体为“黑体”,字号为“32”。

④ 执行“插入”→“文本框”→“横排文本框”命令,在第一张幻灯片右上角插入“人教版化学九年级下册”文本,设置字体为“黑体”,字号为“18”。

⑤ 同理,在第二张幻灯片中分别使用标题占位符和横排文本框输入“目录”以及“蛋白质”、“糖类”、“油脂”、“维生素”等文字并设置格式,效果如图 6-2-2 所示。

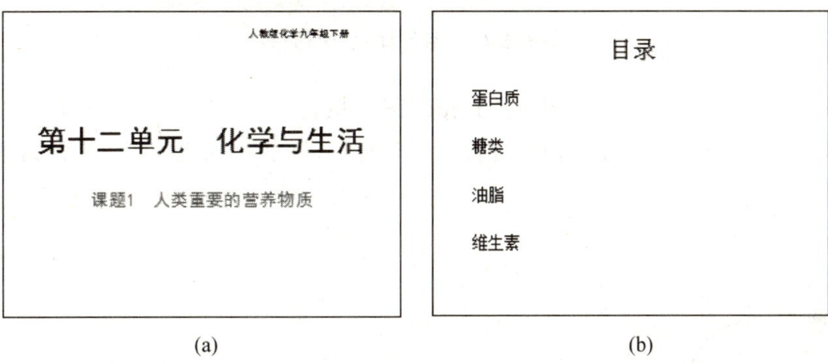

(a) (b)

图 6-2-2 效果图

(2) 图片的插入与属性编辑

在课件中还可添加图片等多媒体素材,使课件更加生动、具体和形象,制作过程如下:

① 在第三张幻灯片中使用“插入”→“图片”命令,打开如图 6-2-3 所示的“插入图片”对话框,选择“1.jpg”图片文件,再单击“打开”按钮即可将选中的图片插入到幻灯片中。同理,分别在第四、五、六张幻灯片中插入“2.jpg”、“3.jpg”以及“4.jpg”图片文件。

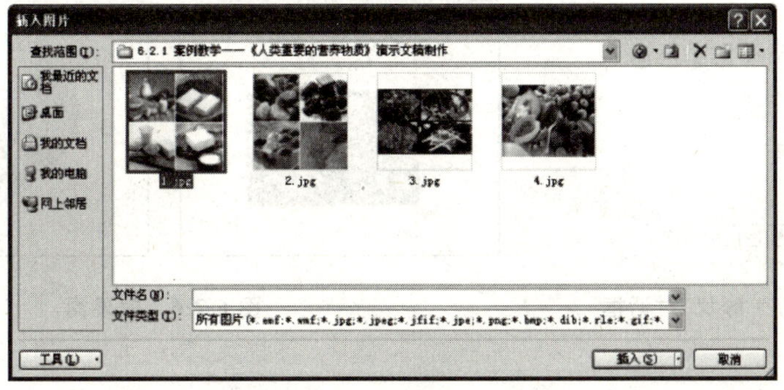

图 6-2-3 “插入图片”对话框

② 使用鼠标选中第三张幻灯片中的“1.jpg”图片，单击“图片工具”选项卡→“调整”选项组中的“颜色”→“颜色饱和度”，可将图片调整为饱和度400%的效果。

③ 选中第四张幻灯片中的“2.jpg”图片后单击“图片工具”选项卡→“调整”选项组中的“艺术效果”→“线条图”，可增强图片的艺术效果。

④ 选择第五张幻灯片中的“3.jpg”图片后执行“图片工具”→“图片样式”选项组中的“简单框架，白色”，给该图添加白色边框作为装饰，如图6-2-4所示。

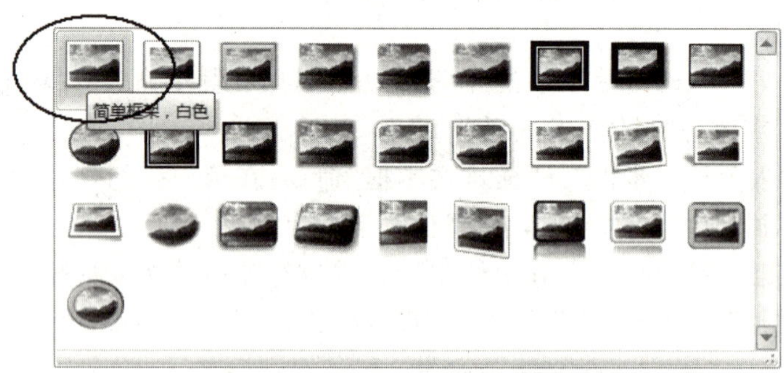

图 6-2-4 “图片样式”对话框

⑤ 最后，选择第六张幻灯片中的“4.jpg”图片执行“图片工具”→“裁剪”→“裁剪为形状”命令，将图片裁剪为预定的形状，如图6-2-5所示，添加相应文字后，形成如图6-2-6所示的效果。

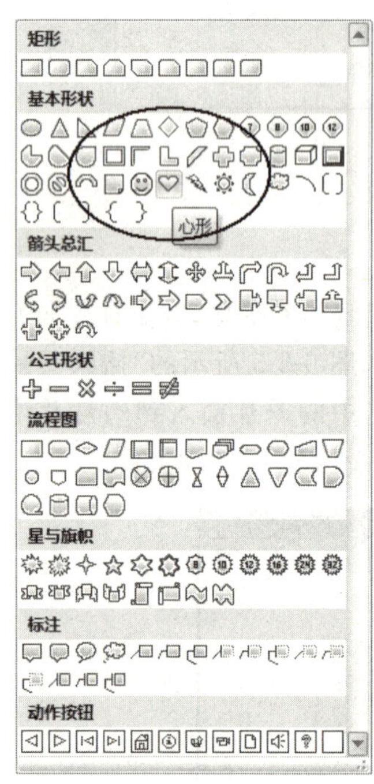

图 6-2-5 “裁剪为形状”对话框

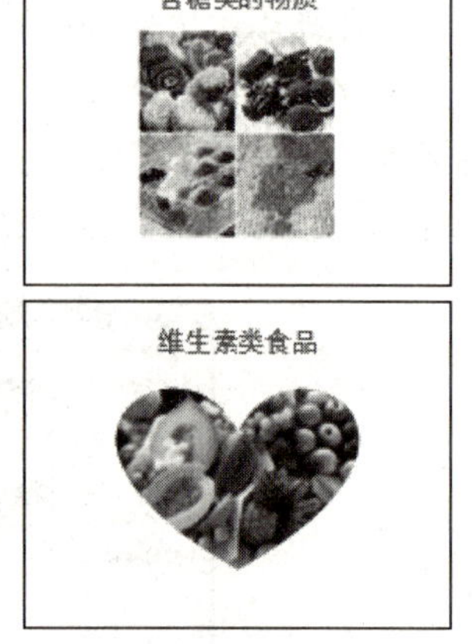

图 6-2-6 效果图

2. PowerPoint 中音频与视频的插入

(1) 音频的插入与属性编辑

作为一个优秀的多媒体 CAI 课件制作工具,PowerPoint 允许用户插入声音等多媒体对象,从而令课件有声有色,生动活泼,其具体设置过程如下:

① 选择《人类重要的营养物质》课件中的第一张幻灯片,使用"插入"→"音频"→"文件中的音频"命令,打开"插入声音"对话框,选择要添加的"伴奏音乐. mp3"声音文件,单击"插入"按钮完成。

② 选中声音图标后,在如图 6-2-7 所示的"音频工具"→"播放"→"音频选项"选项组中选择"放映时隐藏"复选框,可设置音频图标在放映时不可见。

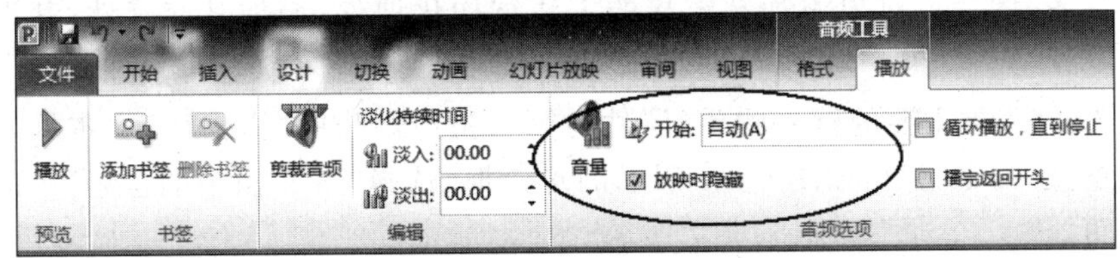

图 6-2-7 "播放"选项卡

注意:此时音频需设置为"自动"播放,如选择"在单击时"会由于声音图标"放映时隐藏",导致课件播放时无法成功放映声音文件。

③ 选中声音图标,修改"音频工具"→"播放"→"音频选项"组中的"开始"方式,选择为"跨幻灯片播放",可设置插入的音频文件自始至终持续播放。

(2) 视频的插入与属性编辑

动态的影像比静态的图片更具有吸引力,给学生带来视觉冲击的同时也成功地提高了教学效率与质量,在 PowerPoint 课件中插入视频并进行属性编辑的过程如下:

① 选择《人类重要的营养物质》课件中的第七张幻灯片,使用"插入"→"视频"→"文件中的视频"选项,打开"插入视频文件"对话框,选择要添加的"食物中的营养物质. wmv"视频文件,单击"插入"按钮完成。

② 和音频类似,视频文件也可通过"视频工具"选项卡→"播放"选项组对开始方式、播放模式等属性进行设置。如选择"循环播放,直到停止"复选框可设置视频的循环播放模式。

注意:PowerPoint 2010 中可以插入的音频格式为 wav、mid、mp3 等,可以插入的视频格式为 wmv、mpeg、avi 等。

3. PowerPoint 中幻灯片演示的录制

在 PowerPoint 课件中,除了可以插入文字、图片、音频、视频等多媒体素材,还可以实现幻灯片演示的录制功能,其操作过程如下:

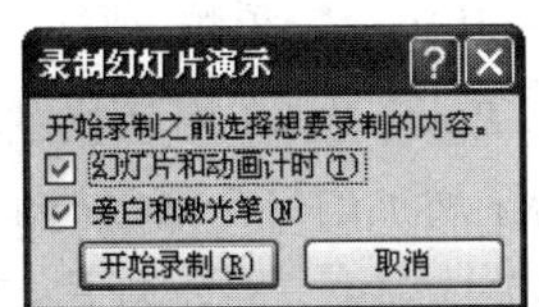

图 6-2-8 "录制幻灯片演示"对话框

(1) 在《人类重要的营养物质》课件中,使用"幻灯片放映"→"设置"→"录制幻灯片演示"→"从头开始录制"选项,打开如图 6-2-8 所示的"录制幻灯片演示"对话框,选择"幻灯片和动画计时"以及"旁白和激光笔"选项,单击"开始录制"按钮进行幻灯片演示的录制。

(2) 如电脑已连接麦克风硬件,即可开始说话录制讲解,使用课件界面左上角工具栏中的"下一项"按钮即可进入下一张幻灯片的旁白录制。

(3) 录制完成后,PowerPoint 会自动退出放映界面进入幻灯片浏览视图,此时每张幻灯片的左下角会出现方才录制幻灯片演示时所使用的时间;再次放映课件时,幻灯片会按照排练时间进行播放。

4. PowerPoint 中超链接的设置

未经设置之前,课件的放映顺序是从第一张幻灯片按顺序放映到最后一张,制作者可以通过给文本、图片等对象添加超链接的方法结构化课件,增加其交互性,其设置过程如下:

(1) 选择《人类重要的营养物质》课件的第二张幻灯片中"蛋白质"文本框,执行"插入"→"超链接"命令,弹出如图 6-2-9 所示的对话框,选择"本文档中的位置"中的第三张幻灯片即可。

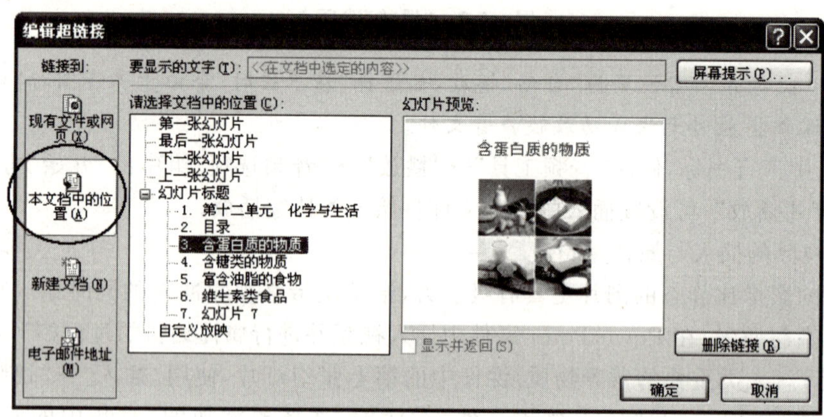

图 6-2-9 "编辑超链接"对话框

(2) 同理,分别选择课件的第二张幻灯片中的"糖类"、"油脂"、"维生素"文本框,分别链接到第四、五、六张幻灯片。

(3) 选择第三张幻灯片,执行"插入"→"形状"命令,选择其中的"动作按钮:第一张"选项,当光标变为十字形时,在页面右下端绘制一个动作按钮;绘制完毕会弹出如图 6-2-10 所示的"动作设置"对话框,将"超链接到"选项选择为第二张目录幻灯片即可。

(4) 选中刚刚制作好的动作按钮,执行"开始"→"复制"命令,在第四、五、六张幻灯片中使用"开始"→"粘贴"命令,将动作按钮粘贴到以上各张幻灯片。

5. PowerPoint 中切换的添加

为了增加幻灯片播放时的动态效果,可以为幻灯片添加切换,其设置过程如下:

(1) 选中第一张幻灯片,单击"切换"→"切换到此幻灯片"→"擦除"选项,为幻灯片添加擦除的切换效果,并可单击"切换"→"切换到此幻灯片"→"效果选项"选项设置为"自左侧”,如图 6-2-11 所示。

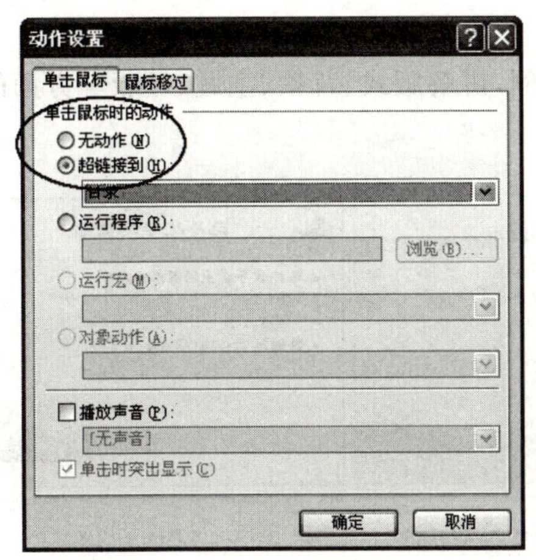

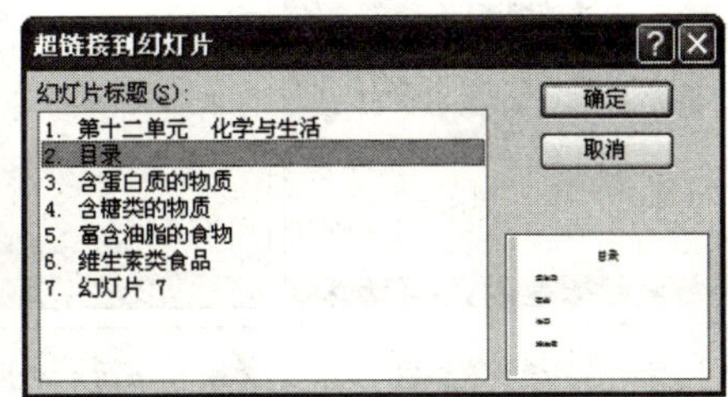

图 6-2-10 “动作设置”对话框

图 6-2-11 “切换”选项卡

(2) 执行“切换”→“计时”→“全部应用”命令,可将课件中的所有幻灯片均设置为“自左侧擦除”的切换效果。

注意:也可选择单张幻灯片,使用“切换”→“切换到此幻灯片”选项组,为其添加各自不同的切换效果。

(3) 使用“文件”→“保存”选项,在打开的“另存为”对话框中设置 PowerPoint 课件名称为“人类重要的营养物质. pptx”,完成案例的制作。

6.3 PowerPoint 课件高级技巧

作为一款功能强大的课件制作工具,PowerPoint 除了可以添加文字、图形、图像、音视频等多媒体素材以外,还能通过调整幻灯片版式、背景、主题、母版等因素进行美化,并对插入的对象添加自定义动画以增加动态效果,或设置触发器以改变动画播放顺序。本节我们将以案例教学的方式,结合例子讲解 PowerPoint 课件制作的高级技巧,以及有一定难度的非基础性知识。

6.3.1 案例教学——高中历史课件《鸦片战争》制作

主要知识点:

- 幻灯片版式。
- 背景设置。

- 主题应用。
- 幻灯片母版的创建和使用。

下面以制作高中历史课件《鸦片战争》为例，讲解版式、背景、主题、母版等方面的设置以美化课件，案例最终效果如图 6-3-1 所示。

图 6-3-1 案例最终效果图

1. 调整幻灯片版式

幻灯片版式是指 PowerPoint 课件中对象的种类和排列方式，通过幻灯片版式的应用可对文字、图片等多媒体对象进行更加合理简洁的布局，其设置过程如下：

(1) 新建演示文稿并添加 9 张幻灯片，在第一张幻灯片中单击“开始”→“幻灯片”→“版式”选项，将课件中第一张幻灯片的版式设置为“仅标题”。

(2) 借助 Shift 快捷键连续选择课件中第二至第九张幻灯片，使用“开始”→“幻灯片”→“版式”选项，将课件中选定的幻灯片的版式设置为默认的“标题和内容”。

(3) 选择课件中的第十张幻灯片，执行“开始”→“幻灯片”→“版式”选项，将该张幻灯片的版式设置为“两栏内容”。分别单击两个内容占位符中的“插入来自文件的图片”按钮，可分别插入“1.jpg”与“2.jpg”图片。

(4) 分别在课件各幻灯片中输入相应文字，上节案例中已详细介绍，在此就不再赘述了。

注意：第一张幻灯片中可在标题下方使用“插入”→“文本”→“艺术字”选项，将标题

“第 10 课 鸦片战争”设置为艺术字插入，详见教材配套实验教程。

2. 背景设置

对课件背景颜色、纹理、图案的合理设计可为课件带来良好的视觉效果，增强艺术欣赏价值，其中，背景的常用设置方式又分为图片填充和渐变填充等若干种。

(1) 设置图片填充背景

选择《鸦片战争》课件中第一张幻灯片，执行“设计”→“背景”→“背景样式”→“设置背景格式”命令，打开如图 6-3-2 所示的“设置背景格式”对话框，设置幻灯片背景为“图片或纹理填充”，单击“文件”按钮为该张幻灯片选择“背景.jpg”图片，单击“关闭”按钮完成设置，效果如图 6-3-3 所示。

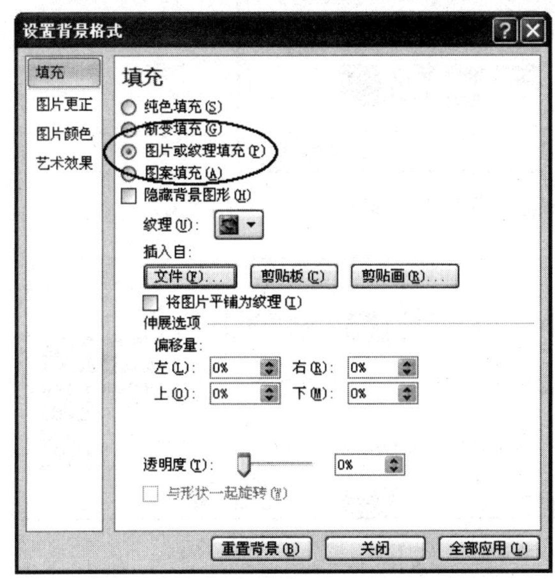

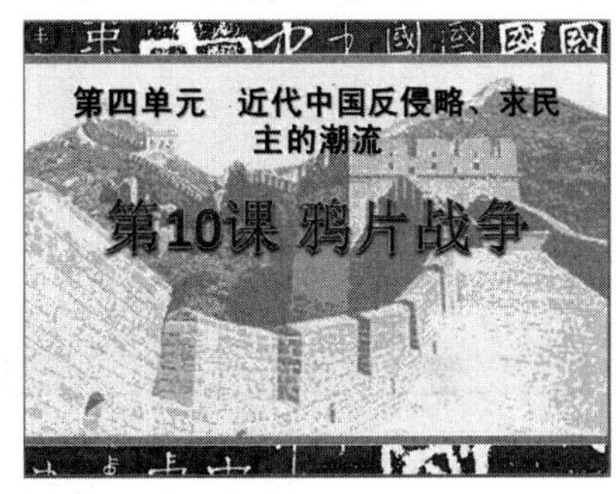

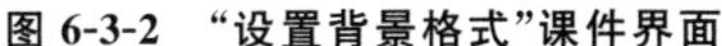
图 6-3-2 “设置背景格式”课件界面

图 6-3-3 效果图

注意：单击“重置背景”按钮，课件背景还原为未设置前的状态；单击“全部应用”按钮，课件中所有幻灯片均设置为该背景。

(2) 设置渐变填充背景

选择《鸦片战争》课件中的第二张幻灯片，使用“设计”→“背景”→“背景样式”→“设置背景格式”选项，打开如图 6-3-4 所示的“设置背景格式”对话框，设置幻灯片背景为“渐变填充”，并选择预设颜色为“羊皮纸”，单击“关闭”按钮完成设置。

(3) 直接设置背景样式

选择“数学家相册”案例第十张幻灯片，执行“设计”→“背景样式”命令，选择其中的“样式 5”，单击执行右键快捷菜单“应用于所选幻灯片”，如图 6-3-5 所示。

注意：如果需要为个别幻灯片设置某种背景样式，则需选择右键快捷菜单“应用于所选幻灯片”。

3. 用主题调整课件外观

在 PowerPoint 课件制作过程中，可以用主题快速设置课件背景、字体等界面效果。

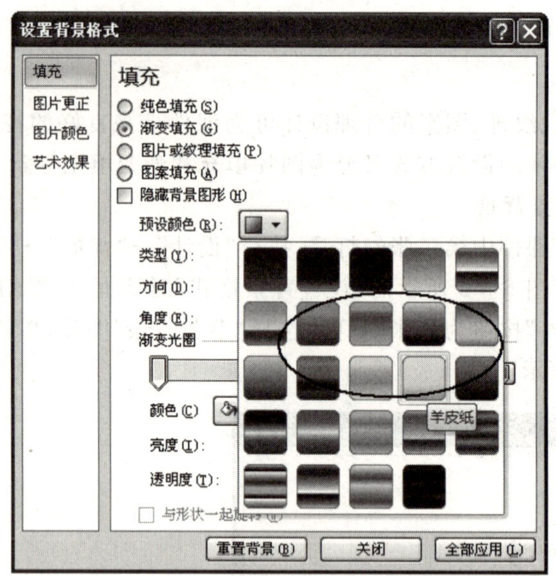

图 6-3-4 “设置背景格式”对话框

图 6-3-5 “背景样式”选项组

操作过程如下：

按住 Shift 键在《鸦片战争》课件的幻灯片窗格中选择第三至九张幻灯片，使用“设计”→“主题”选项组，选择其中的“暗香扑面”主题，给选定的幻灯片添加一个统一的主题，如图 6-3-6 所示。

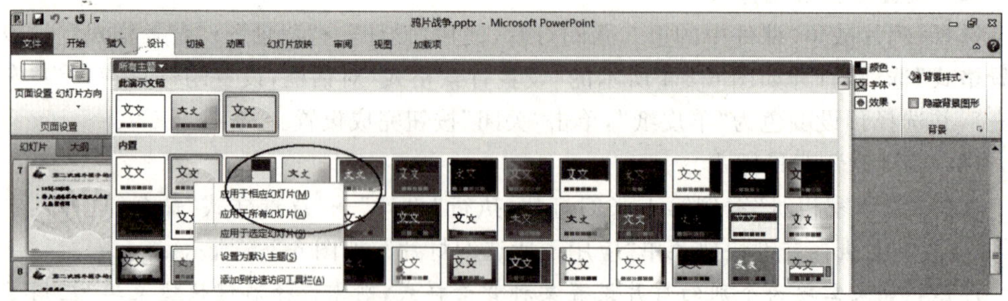

图 6-3-6 “主题”选项组

注意：如果需要为个别幻灯片设置主题，需先在幻灯片窗格中选定幻灯片，然后再选择主题，或执行右键快捷菜单“应用于所选幻灯片”。

4. 利用母版统一幻灯片格式

(1) 利用母版统一幻灯片字体格式

为保证课件风格统一,可使用幻灯片母版对整个课件的文字格式进行快速统一的设置,过程如下:

① 选择《鸦片战争》课件中的第三至九张任意一张幻灯片,执行"视图"→"母版视图"→"幻灯片母版"命令,课件界面如图 6-3-7 所示。

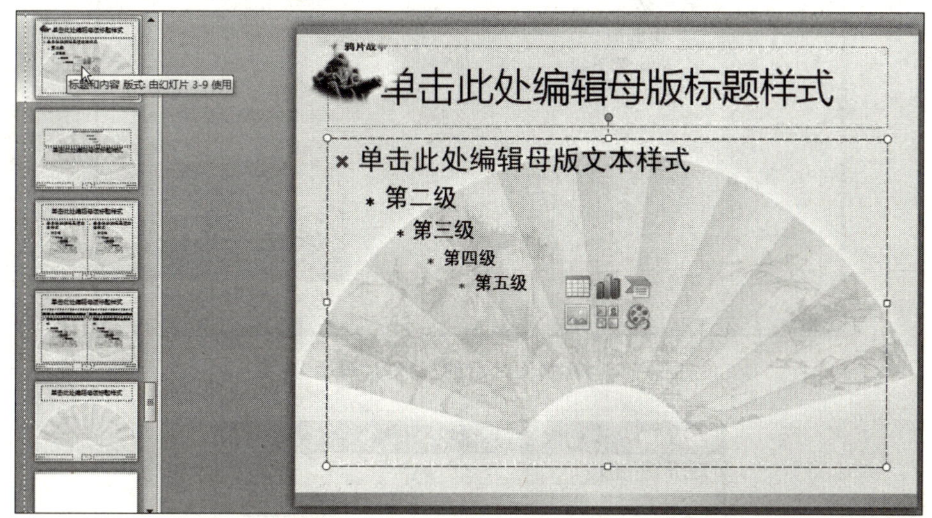

图 6-3-7 未设置的"幻灯片母版"界面

② 在幻灯片母版的当前编辑母版中选中标题占位符,执行"开始"→"字体"命令,设置第三至九张幻灯片中所有标题样式文字属性为:隶书、44 号、蓝色、加粗。

③ 同理,选择母版中一级文本格式为:华文楷体、32 号、黑色、加粗,二级文本格式为:华文楷体、28 号、黑色。

注意:幻灯片母版包含大量针对不同版式与主题的母版,为方便操作,可在进入幻灯片母版之前先定位于需要编辑的幻灯片,此时打开的母版即为可对当前幻灯片进行编辑的母版类型。

(2) 利用母版添加图片

① 继续在打开的母版中插入 3.jpg、4.jpg 图片,调整其大小与位置,分别将两张图片放置于母版幻灯片的左上角和右下角。

② 选择插入母版的 3.jpg 图片后单击选择"图片工具"→"图片样式"组中的"柔滑边缘椭圆"选项,同理,设置 4.jpg 图片样式为"柔滑边缘矩形",编辑效果如图 6-3-8 所示。

(3) 利用母版设置幻灯片页脚

① 在打开的母版中单击"插入"→"文本"→"页眉和页脚"命令,打开如图 6-3-9 所示的"页眉和页脚"对话框,选择其中的"日期和时间"、"幻灯片编号",并设置页脚为"高中历史课件",单击"全部应用"退出"页眉和页脚"对话框。

② 为进一步美观课件,可将页脚和日期移至相应位置,并设置其字体为:华文楷体、16 号,母版最终效果如图 6-3-10 所示。

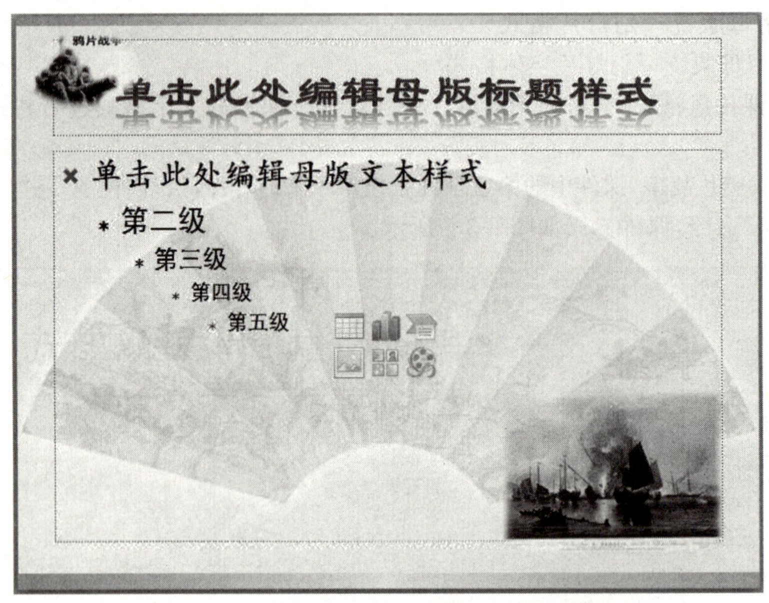

图 6-3-8 添加图片后的“幻灯片母版”界面

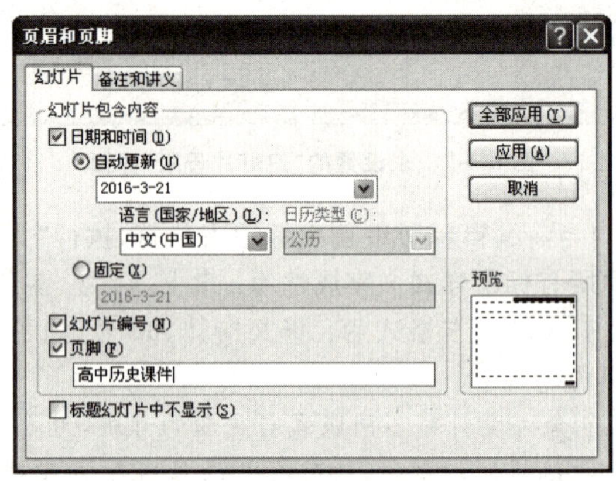

图 6-3-9 “页眉和页脚”对话框

图 6-3-10 添加页脚内容后的“幻灯片母版”界面

③ 设置完毕后，使用“幻灯片母版”→“关闭母版视图”选项结束对幻灯片母版的设置。

*6.3.2 案例教学——利用 SmartArt 美化课件插图（配有微课视频）

主要知识点：

- 创建 SmartArt 图形。
- 在 SmartArt 图形中添加形状、文字、图片。
- 编辑 SmartArt 图形颜色等属性。

在 PowerPoint 2010 软件中，可通过 SmartArt 图形对信息与观点进行轻松的表达。本案例将通过 SmartArt 美化课件插图，案例最终效果如图 6-3-11 所示。

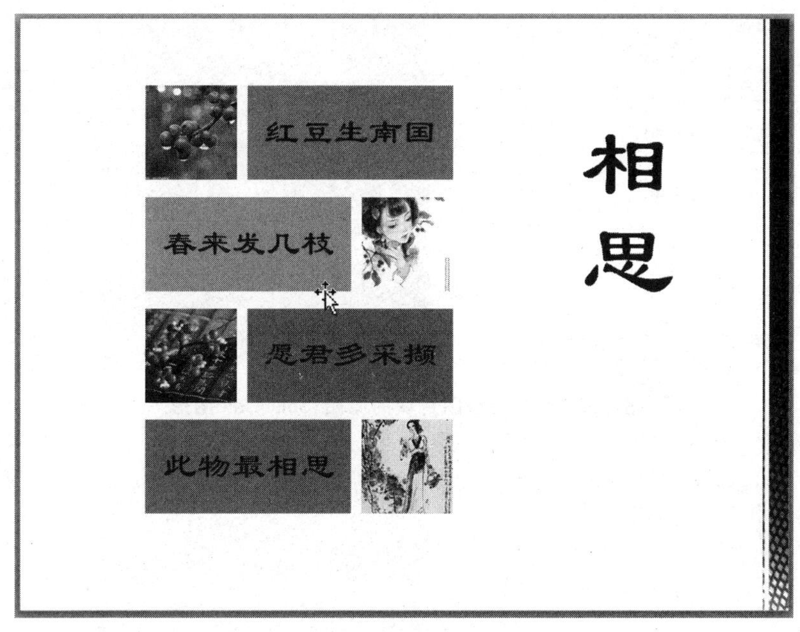

图 6-3-11 案例最终效果图

1. 创建 SmartArt 图形

在 Microsoft Office 2007 及以后的版本中，课件制作者可通过添加 SmartArt 图形以精彩的视觉表示方式轻松呈现信息与观点，其设置过程如下：

（1）新建演示文稿并应用“复合”主题，选择第一张幻灯片，使用“插入”选项组→SmartArt 命令，打开如图 6-3-12 所示的对话框。

（2）选择“列表”类中的“交替图片块”，单击“确定”按钮为课件插入一个 SmartArt 图形，如图 6-3-13 所示。

（3）选择刚插入的 SmartArt 图形，在“SmartArt 工具”选项组→“设计”选项卡中单击“文本窗格”命令，此时可通过文本窗格或直接在文本框中分别输入《相思》中的前三句诗词，如图 6-3-14 所示。

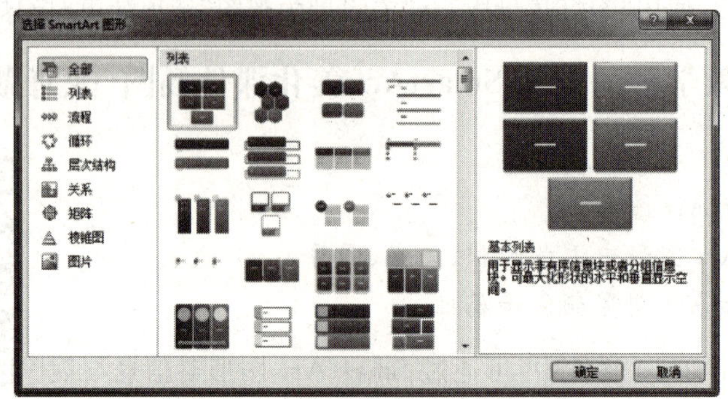

图 6-3-12 “选择 SmartArt 图形”对话框

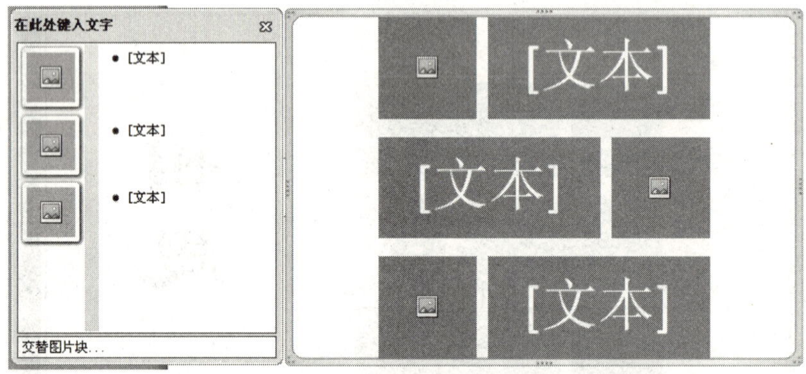

图 6-3-13 “交替图片块的原始”SmartArt 图形

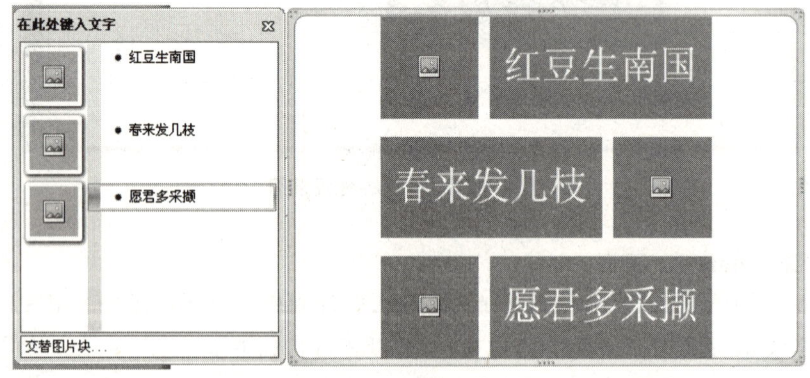

图 6-3-14 添加文字后的“交替图片块”SmartArt 图形

注意：在 PowerPoint 课件中创建 SmartArt 图形，除了可以使用上述方式以外，还可以将选定的文本框转换为 SmartArt，详见教材配套实验教程。

(4) 同理，选择第二、三张幻灯片，分别使用“插入”选项组→SmartArt 命令，选择“关系”类中的“不定向循环”，以及“流程”类中的“连续块状流程”，插入如图 6-3-11 中所示的 SmartArt 图形。

2. 编辑 SmartArt 图形属性

(1) 添加 SmartArt 图形形状

对于插入完毕的 SmartArt 图形，可根据需要添加图形形状，其操作方法为：

选择第一张幻灯片 SmartArt 图形中的“愿君多采撷”文本框，执行“SmartArt 工具”→“设计”→“添加形状”→“在后面添加形状”命令，可在“愿君多采撷”文本框后方再添加一个与前者一样大小且自动对齐分布的文本框，输入最后一句诗词，即“此物最相思”字样，如图 6-3-15 所示。

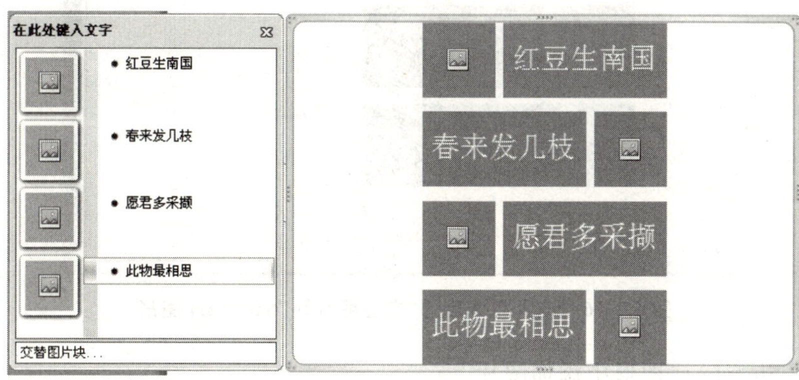

图 6-3-15 添加形状后的“交替图片块”SmartArt 图形

(2) 编辑 SmartArt 图形颜色属性

经过了布局改变的 SmartArt 图形仍不够完美，如对其颜色进行相应的调整，会达到更好的美化效果，其设置过程如下：

① 选择第一张幻灯片中的 SmartArt 图形，单击“SmartArt 工具”选项组→“设计”选项卡→“更改颜色”选项，选择其中的“彩色—强调文字颜色”。

② 为充分突出文字，增强幻灯片表达效果，可选中 SmartArt 图形，使用“开始”选项卡→“字体”选项组，设置四句古诗字体为“隶书”、字号大小为 32、文本填充颜色为“黑色”。

③ 执行“插入”→“文本框”→“垂直文本框”命令，并输入“相思”文字，设置字体为“隶书 ”、字号大小为 88，调整 SmartArt 图形以及文本框的大小和位置以保持幻灯片整体布局的美观，效果如图 6-3-16 所示。

④ 同理，选择第二张幻灯片中的 SmartArt 图形，单击“SmartArt 工具”选项组→“设计”选项卡→“更改颜色”选项，选择其中的“彩色—强调文字颜色 4 至 5”，设置其字体为“宋体”、字号大小为 40、文本填充颜色为“白色”；并在其右侧文本框中添加“教育技术的研究范畴”文字，设置其字体为“宋体”、字号大小为 40、文本填充颜色为“黑色”。

⑤ 选择第三张幻灯片中的 SmartArt 图形，单击“SmartArt 工具”选项组→“设计”选项卡→“更改颜色”选项，选择其中的“彩色—强调文字颜色 2 至 3”，并设置其“SmartArt 工具”选项组→“设计”选项卡→“SmartArt 样式”为“卡通”，设置其字体为“宋体”、字号大小为 40、文本填充颜色为“白色”。

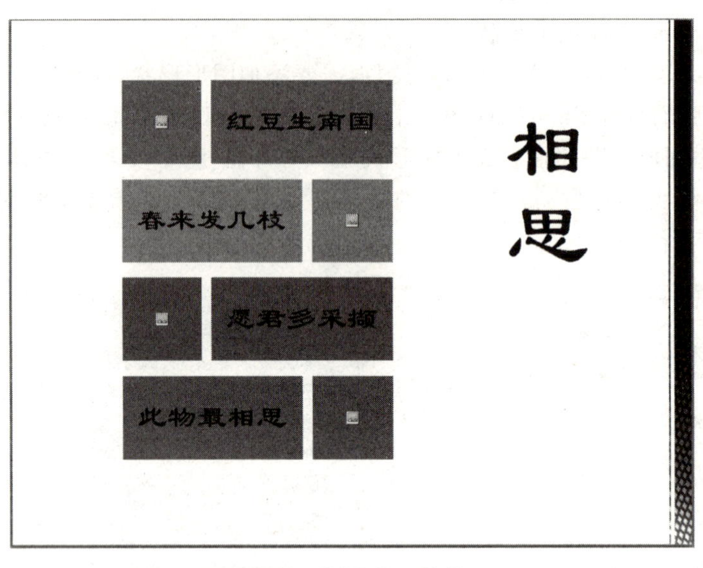

图 6-3-16 设置完毕后的“交替图片块”SmartArt 图形

(3) 在 SmartArt 图形中添加图片

① 选择第一张幻灯片 SmartArt 图形中的“红豆生南国”文本框，单击其左侧的“插入图片”按钮，在打开的“插入图片”对话框中选择“1.jpg”，单击“插入”按钮插入图片。

② 同理，可分别为“春来发几枝”、“愿君多采撷”及“此物最相思”行等文本框分别插入其他素材图片，形成案例最终效果。

6.3.3 案例教学——诗词《赠汪伦》演示文稿动画制作(配有微课视频)

主要知识点：

- 自定义动画的类型。
- 动画效果及效果选项。
- 动画的开始方式。
- 动画的顺序调整。
- 单个对象的多个动画效果。
- 动画高级日程表。

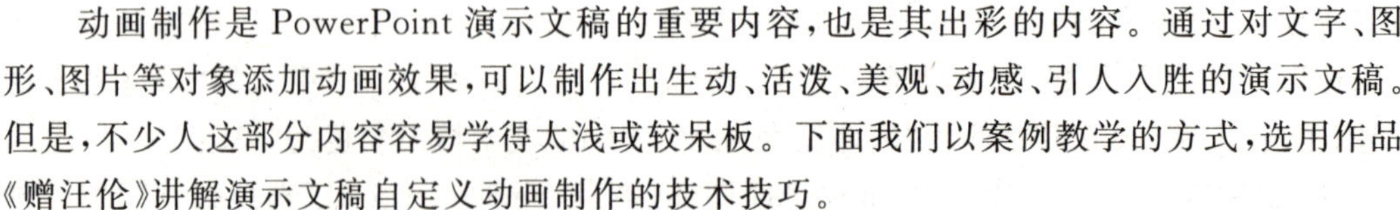

动画制作是 PowerPoint 演示文稿的重要内容，也是其出彩的内容。通过对文字、图形、图片等对象添加动画效果，可以制作出生动、活泼、美观、动感、引人入胜的演示文稿。但是，不少人这部分内容容易学得太浅或较呆板。下面我们以案例教学的方式，选用作品《赠汪伦》讲解演示文稿自定义动画制作的技术技巧。

《赠汪伦》演示文稿未添加动画的浏览视图效果如图 6-3-17 所示，我们以它作为素材稿来讲解如何制作动画效果。

图 6-3-17 素材稿浏览视图效果

1. 自定义动画添加效果

PowerPoint 自定义动画有 4 种："进入"、"退出"、"强调"和"动作路径"。"进入"动画是使对象以某种动画效果从无到有地出现；"强调"动画是给已呈现的对象以某种动画效果以示强调；"退出"动画是使对象以某种动画效果从有到无地消失；"动作路径"是使对象沿着某个路径运动的动画效果。

制作动画的基本方法是：

首先选中要制作动画效果的对象，然后单击"动画"选项卡，选择其下工具栏中的某种常用动画——如"擦除"，或者单击动画的"其他"按钮(图 6-3-18 中红圈所示)打开更多可供选择的动画效果工具(如图 6-3-19 所示)，选择一种，即可使对象具有一种动画效果。

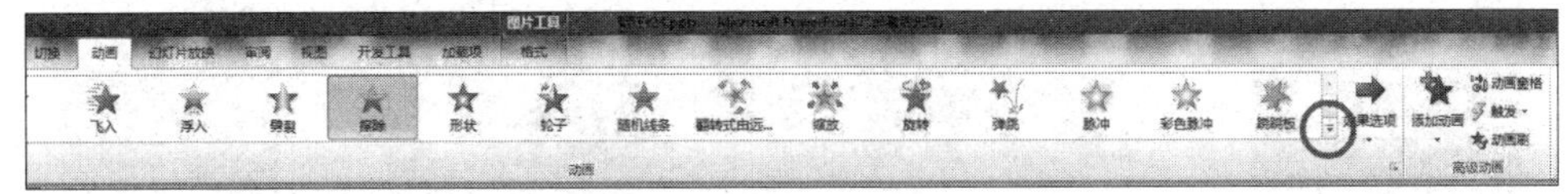

图 6-3-18 动画的"其他"按钮

(1) "进入"效果

① 例如，打开演示文稿《赠汪伦》，对第一张幻灯片，选中其中的扇形图，单击"动画"选项卡→"高级动画"选项组，单击"添加动画"按钮，单击选择"进入"中的"擦除"，为片头标题添加了一个"擦除"型进入的动画效果。

如果对效果不满意则可以换为工具窗口中的其他效果，乃至单击窗口中"更多进入效果"进行设置。

② 配合"效果选项"功能可以进一步细化效果的类型。单击"效果选项"按钮，修改进入的效果为"自左侧"，使扇形图片以擦除的形式自左侧徐徐展开，如图 6-2-20 所示。

同理，可对第二张幻灯片制作进入动画：

选中标题文字"赠汪伦"，选择"进入"中的"缩放"，为诗文标题添加了一个"缩放"型进

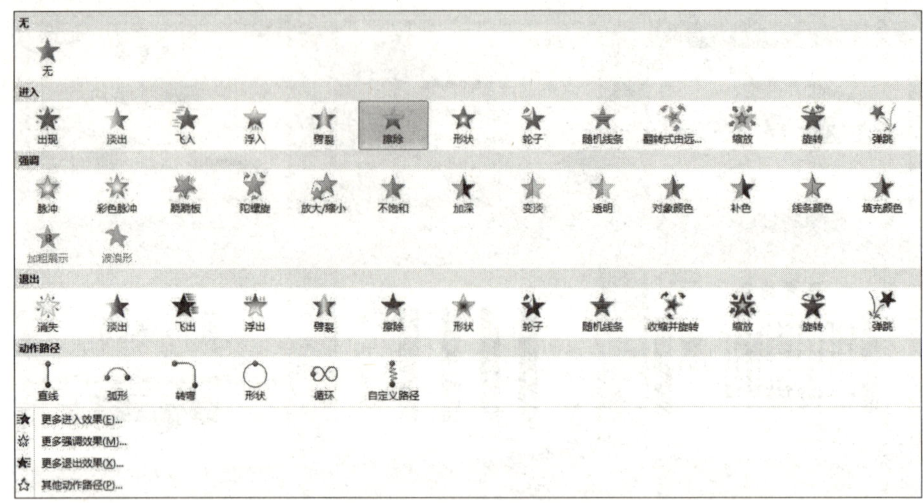

图 6-3-19　4 种动画效果工具

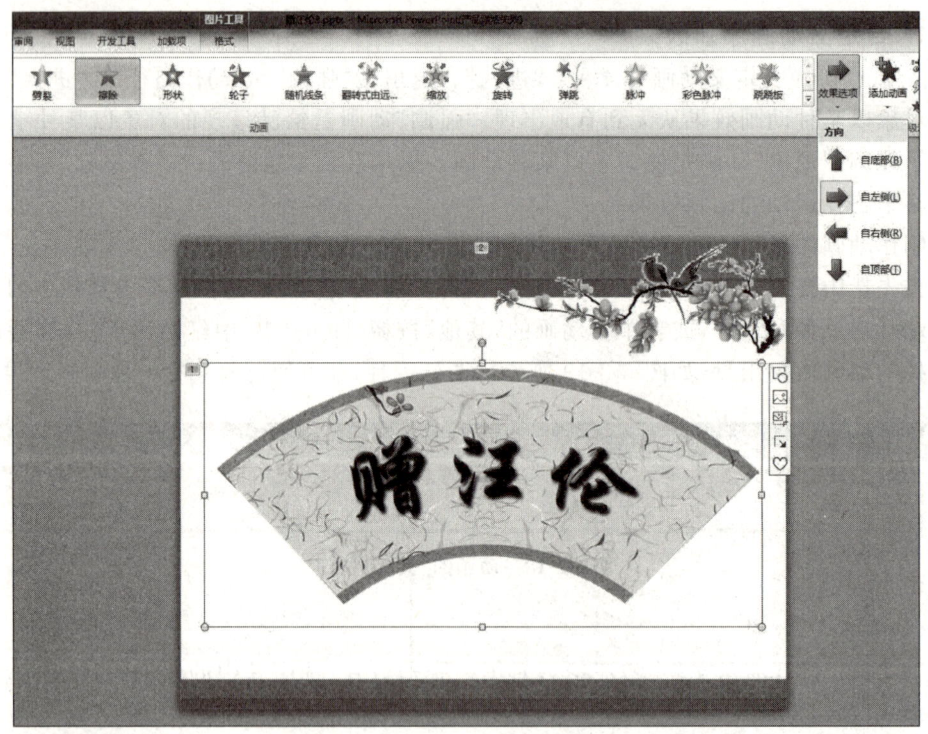

图 6-3-20　制作“擦除”进入效果

入的动画效果；选中诗文正文部分的占位符，单击“添加动画”按钮，选择“进入”效果中的“飞入”；配合“效果选项”功能选择“自底部”，使文字自底部一句一句地飞入。操作关键步骤如图 6-3-21 所示。

注意：对占位符中的文字设置动画，一般默认用“效果选项”中的“按段落”发送，这样，一句一句地呈现出来比较美观，图 6-3-21 中的正文旁出现的数字“2”、“3”、“4”、“5”代

图 6-3-21 结合效果选项设置

表每句一个动画效果。当然，也可根据需要，换成“整批发送”或者“作为一个对象”发送。

(2)“强调”效果

在本例中，如果想让第一张片头幻灯片中的桃花图片动一动以吸引人注意，那么可将它制作成“强调”型动画。

① 对第一张幻灯片中的图片 2(桃花)单击选中。

② 也可利用“添加动画”按钮选择动画效果，这种方式便于预览观看。单击“动画”选项卡→“高级动画”选项组，单击“添加动画”按钮，单击选择“强调”中的“跷跷板”，如图 6-3-22 所示。

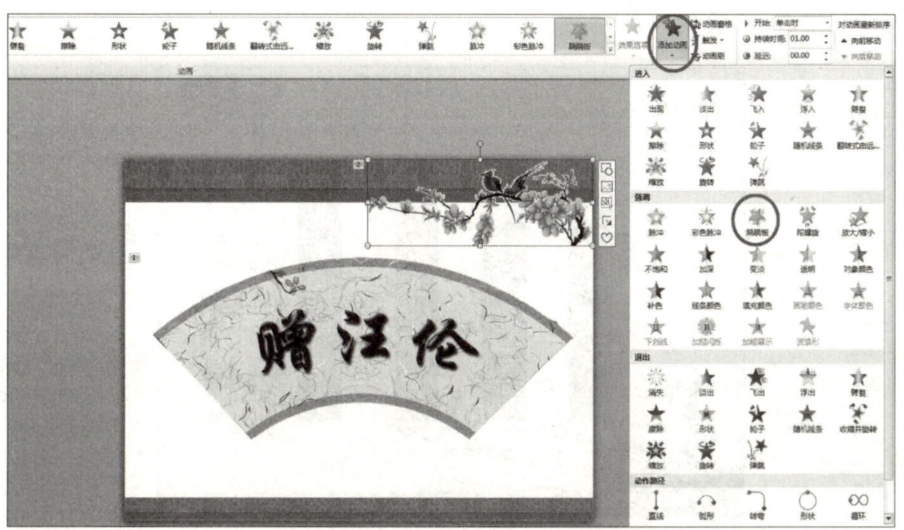

图 6-3-22 制作“跷跷板”强调效果

(3)“退出”效果

① 选中第三张幻灯片，选中图片对象。

② 单击“动画”→“高级动画”选项组，单击“添加动画”按钮，单击选择“退出”效果中的“浮出”，制作出图片浮出退去露出其下面之诗文的动画效果，如图 6-3-23 所示。

图 6-3-23 制作“浮出”退出效果

(4)“动作路径”效果

① 选中第五张幻灯片，选择“飞鸟”对象，单击“添加动画”按钮，执行“动作路径”→“自定义路径”命令。

② 光标变成了十字形，在幻灯片中单击鼠标确定起点，按住鼠标绘制一段曲线，到达结束点后双击鼠标。此时界面出现一条曲线，“绿色三角形”表示起点，“红色三角形”表示终点，如图 6-3-24 所示。

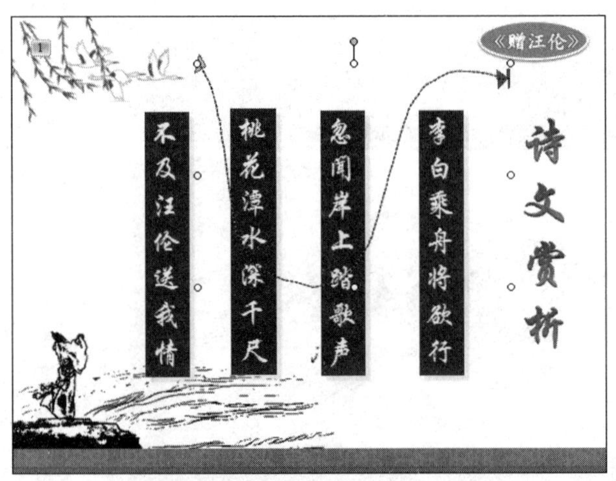

图 6-3-24 “自定义路径”效果

路径可以编辑。单击路径曲线，当光标变成十字形箭头时表示可以移动路径曲线。当鼠标放在开始或结束点位置时，鼠标变成斜箭头，可以更改路径的长短。

2. 动画顺序编辑

如图 6-3-25 所示，利用“动画窗格”可以调整幻灯片中各对象的动画播放顺序。

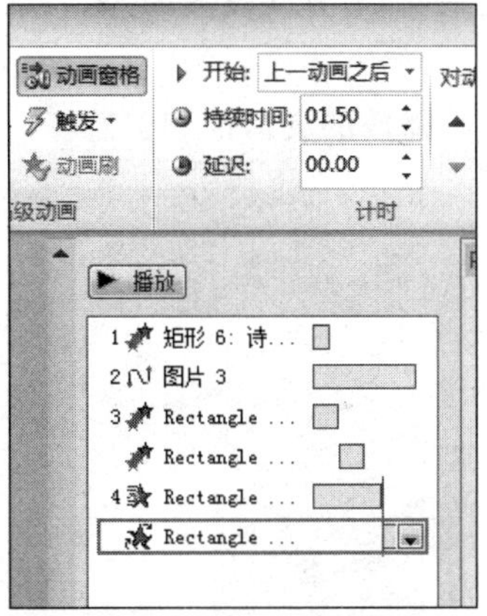

图 6-3-25 动画顺序编辑

(1) 为了美化幻灯片，给本幻灯片中的标题及四句诗依次设置不同的进入动画效果。单击第五张幻灯片，给标题“诗文赏析”以及四句诗分别添加“飞入”、“缩放”、“圆形扩展”、“翻转式由远及近”进入效果。

(2) 为了实现单击时“诗文赏析”先出现，然后“飞鸟”按照路径飞入的效果，需要调整动画的顺序。单击“动画”选项卡→“高级动画”选项组→“动画窗格”选项。

(3) 单击“诗文赏析”动画选择列表中的动画项，按住鼠标拖动可以任意调整动画的次序。或者单击动画窗格下方的重新排序的“向上箭头”和“向下箭头”进行调整。

3. 动画开始方式设置

动画的开始方式系统默认是“单击时”。以上设置的自定义动画，在放映幻灯片的时候都是需要单击鼠标才能运行。如果要实现动画的灵活播放，可以设置动画的开始方式。PowerPoint 2010 中的自定义动画有三种开始方式：“单击时”、“与上一动画同时”、“上一动画之后”，分别表示放映时单击鼠标运行、放映时与上一个动画同时运行、放映时在上一个动画结束后自动运行。

(1) 对第五张幻灯片：

① 选择第二句诗，单击“动画”选项卡→“计时”选项组，单击“开始”下拉菜单，将开始方式设置为“上一动画之后”。

② 同理，选择第四句诗，设置开始方式为“上一动画之后”，如图 6-3-26 所示。

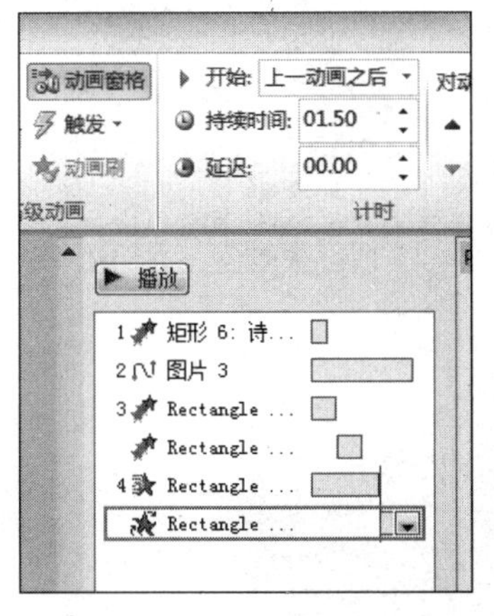

图 6-3-26 动画开始方式设置

这样，就实现了如下动画效果：单击一次，前两句诗先后出现；再单击，后两句诗先后出现。

(2) 对第六张幻灯片：

① 给“谢谢观赏”设置成“字幕式”进入效果，在“更多进入效果”窗口中的华丽型栏目中可找到。作者姓名设置为“翻转式由远及近”的进入效果，姓名的开始方式设置为“与上一动画同时”。

② 三个杠子的“图片”设置为“淡出”的退出效果，第一个开始方式设置为“上一动画之后”，后两个开始方式设置为“与上一动画同时”。

(3) 设置艺术字“再见”为“翻转式由远及近”的进入

效果，开始方式设置为“上一动画之后”。对象“握手”设置为“翻转式由远及近”的进入效果，开始方式设置为“上一动画之后”。如图 6-3-27 所示为实现双层动画的设置，增强了动画播放的灵活性和美感。

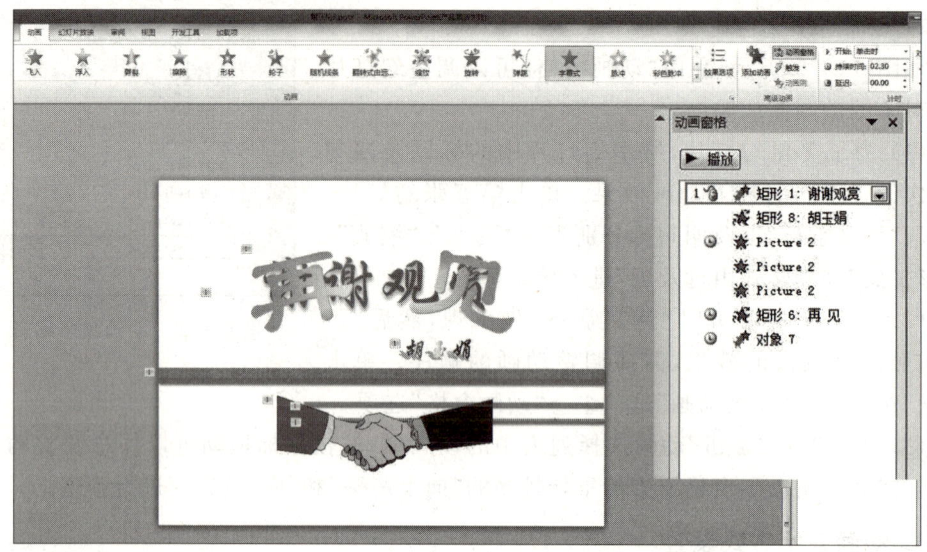

图 6-3-27 双层动画的设置

4. 单个对象的多重动画效果

在对某个对象设置完动画效果后，再单击“动画”选项卡中的“添加动画”按钮继续设置动画，即可设置成单个对象的多重动画效果。

如对第四张幻灯片中的人物照片，先设置“展开”的进入动画效果，继而再设置为“回旋”的进入动画效果，如图 6-3-28 所示。

图 6-3-28 多重动画的设置

注意观察比较，看对象旁边的动画图标即可判断动画多重、次序、开始方式等。

5. 动画高级日程表

利用“动画”选项卡中的“计时”选项组中的“持续时间”和“延迟”选项，即可调整动画的开始时间和持续时间，但是对于数量较多的复杂动画可以利用“高级日程表”直观地调整。

PowerPoint 中高级日程表是动画内容如何出现在幻灯片上的图示表示。

(1) 单击第六张已设置好动画效果的幻灯片，调出动画窗格，单击其中任意一个动画的下拉倒三角形，选择“高级日程表”，即可出现图示的动画时间效果。

(2) 利用高级日程表我们可以将过慢的“字幕”效果调快。在出现的高级日程表界面，可以拖动鼠标来调整开始时间和结束时间。可以任意调整，设置合适的播放效果。设置好之后，可以单击“播放”按钮进行预览，如图 6-3-29 所示。

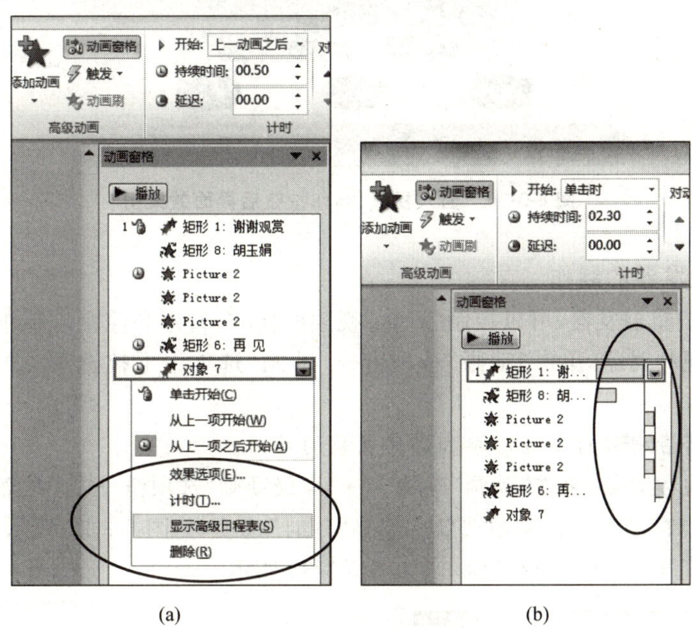

图 6-3-29 高级日程表

6.3.4 案例教学——视频触发器的制作(配有微课视频)

PowerPoint 触发器是 PowerPoint 2010 中的一项功能，它可以是一个图片、文字、段落、文本框等，相当于是一个按钮，在 PPT 中设置好触发器功能后，通过按钮单击控制 PPT 页面中已设定动画的执行，从而更改动画播放的顺序，实现更好的交互效果。教师在制作课件的过程中，如能很好地运用触发器，能增加课件的交互功能，提升教学的互动性。下面将介绍触发器的两个案例。

本节案例为地理学科中“日食”视频制作“播放”、“暂停”、“停止”三个触发器，通过这三个触发器来控制“日食”视频的播放、暂停、停止三个动作。

主要知识点： 利用触发器制作视频控制按钮。

1. 插入视频、制作按钮

打开“《日食》原稿”演示文稿，插入视频“日食.wmv”，并利用“椭圆形状”制作“播放”、“暂停”、“停止”三个按钮，界面如图 6-3-30 所示。

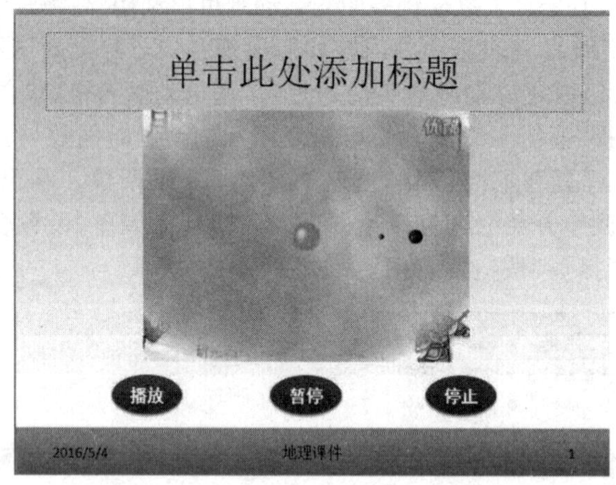

图 6-3-30　插入视频、制作按钮后界面效果图

2. 视频触发器的制作

利用三个按钮触发器，可以控制“日食”视频的播放、暂停和停止。制作过程如下：

(1) 选中视频对象，单击“动画”选项卡→“动画”选项组下拉选项→“媒体”中的“播放”选项。

注意：只有音视频对象可以添加媒体效果的动画。

(2) 选中视频对象，单击“动画”选项卡→“高级动画”选项组→“动画窗格”选项，在动画窗格中的“播放”动作下拉菜单选项中选择“计时”选项，如图 6-3-31 所示。

(3) 此时打开了“播放视频”窗口，如图 6-3-32 所示。

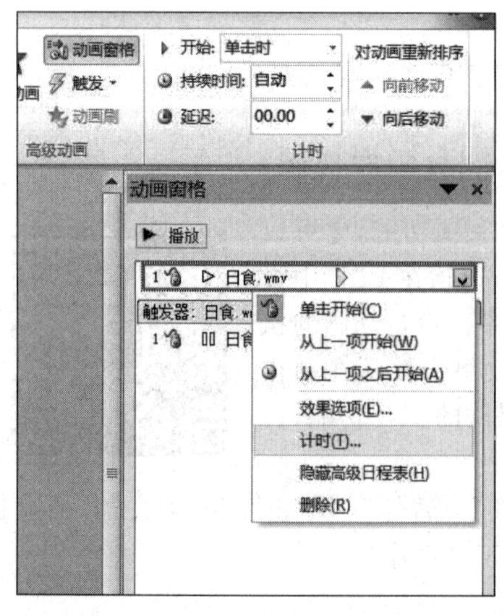

图 6-3-31　视频“播放”动作“计时”选项的选择

图 6-3-32　“播放视频”窗口

(4) 单击"触发器"按钮，选择"单击下列对象时启动效果"选项，打开下拉菜单，选择"椭圆 1：播放"。

(5) 用同样的方法，给视频文件分别添加"暂停"、"停止"动作，给这两个动作分别选择"椭圆 2：暂停"和"椭圆 3：停止"触发器。将文件存储为"日食.pptx"，完成了视频触发器的制作。

注意：给音视频制作触发器时，添加动作的对象只是音视频，不是触发器按钮图片。

6.3.5 案例教学——用触发器制作交互式课件《三角形》

本案例利用触发器知识，制作一个数学交互式练习课件，界面效果如图 6-3-33 所示。当单击"风筝"图片时，"风筝"图片运动到"三角形的家"中；当单击"帆船"图片时，"帆船"图片运动到"三角形的家"中；当单击"碗"图片时，出现"错啦，这是圆形"文字；当单击"盒子"图片时，出现"错啦，这是矩形"文字。此案例中四个自定义动作的触发器分别是"风筝"图片本身、"帆船"图片本身、"碗"图片和"盒子"图片。

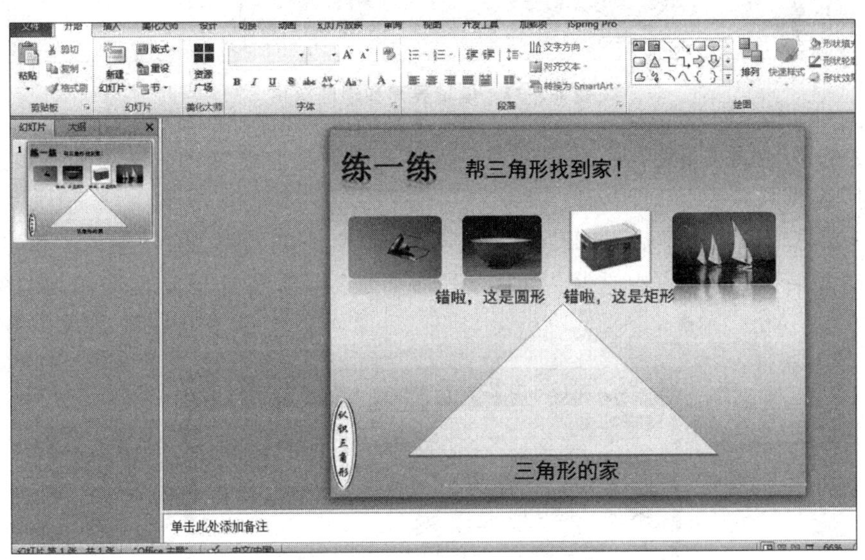

图 6-3-33 本案例界面效果图

主要知识点：利用触发器制作课件中交互式练习题。

1. 添加文字、图片等素材

打开"三角形原稿"数学课件，演示文稿中已利用之前知识插入图片、形状、添加文字，界面效果如图 6-3-33 所示。

2. 利用触发器制作交互式练习题

制作过程如下：

(1) 添加 4 个自定义动画：选中"风筝"图片，添加一种自定义路径，让其终点在大三角形中；选中"错啦，这是圆形"文字，添加"淡出"动画；选中"错啦，这是矩形"文字，添加"淡出"动画；选中"帆船"图片，添加一种自定义路径，让其终点在大三角形中，编辑界面和动画窗格如图 6-3-34 所示。

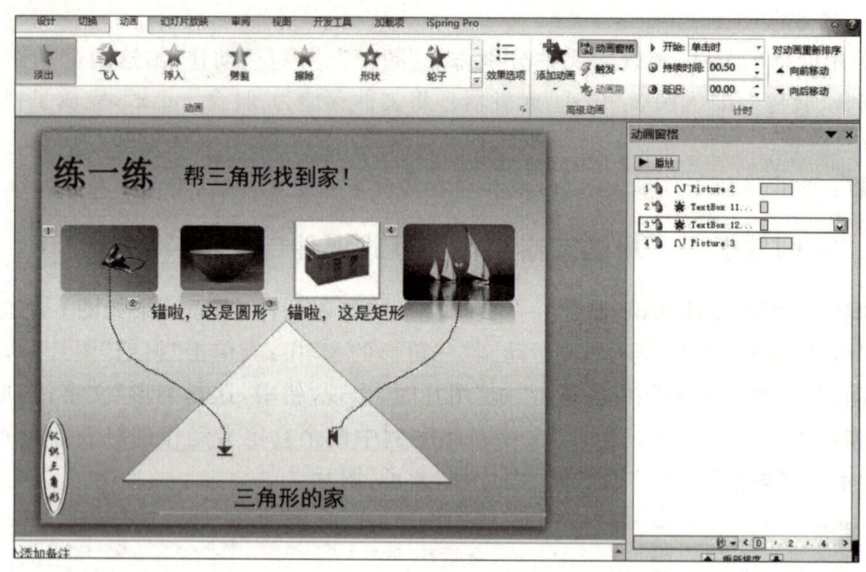

图 6-3-34 编辑界面和动画窗格

（2）选中“风筝”图片，在“动画窗格”中，单击该对象自定义动画选项的下拉选项，选择“计时”选项。

（3）单击“计时”选项后，打开“自定义路径”窗口，单击“触发器”按钮，在“单击下列对象时启动效果”下拉选项中选择“图片 6”，即播放时，单击自身实现动画，如图 6-3-35 所示。

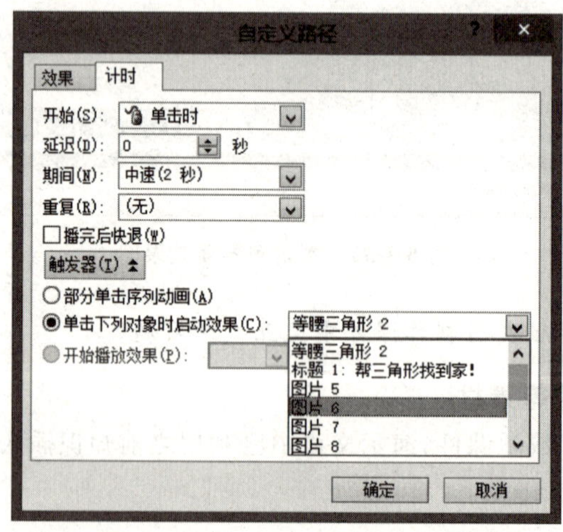

图 6-3-35 给“风筝”图片动画添加触发器

利用同样的方法给“帆船”图片的动画添加触发器，触发器为“帆船”图片自身。

（4）选中“错啦，这是圆形”文字，在“动画窗格”中，单击该对象自定义动画选项的下拉选项，选择“计时”选项。

（5）单击“计时”选项后，打开“自定义路径”窗口，单击“触发器”按钮，在“单击下列对象时启动效果”下拉选项中选择“碗”，即播放时，单击“碗”图片实现文字动画的出现。

（6）利用同样的方法给“错啦，这是矩形”文字的动画添加触发器，触发器为“盒子”图片。完成本案例的制作。

6.3.6 案例教学——综合制作“PPT课件中的Flash动画播放”

主要知识点：

- PPT 中插 Flash 动画的方法。
- 控件的使用。
- 触发器的灵活运用。
- 综合运用的创意。
- 文件的处理。

PowerPoint 幻灯片中，能很方便地插入常用格式的音频和视频文件，如前面所述。但是，若想插入当今广泛使用的 Flash 动画，则需要有较高的技术技巧。

首先要注意，在 PPT 幻灯片中，只能插入.swf 格式的 Flash 动画文件，不能插入.fla 格式的动画文件！而且，在 PowerPoint 2003 以下版本的 PPT 幻灯片中，只能用第三方控件的方式插入.swf 格式的文件；在 PowerPoint 2010 版本的 PPT 幻灯片中，虽然有些资料说也能用“插入”→“视频”→“文件中的视频”的方式直接插入使用，但是效果不可靠。不同类型的电脑硬件，不同版本的安装软件和不同类型的平台软件、插件的安装，对其有影响，幻灯片中插入的.swf 格式的动画有的能播放有的不能播放。安全的做法依然是要学会用第三方控件插入 Flash 动画文件。

PowerPoint 软件中提供了很多控件，有标签控件、文本框控件、复选框控件、其他控件等，本案例以其他控件中的 Shockwave Flash Object 控件为例，讲解控件的使用方法。通过 Shockwave Flash Object 控件，可以将.swf 格式的 Flash 动画插入 PowerPoint 文件中，使 Flash 动画在演示文稿放映时顺利播放。

1. 添加开发工具选项卡

PowerPoint 文件打开，默认的选项卡中没有“开发工具”选项卡，可以通过如下操作进行添加：

（1）打开要添加 Flash 动画的演示文稿，选中某张需要插入动画的幻灯片。

（2）单击“文件”选项卡→“选项”，打开“PowerPoint 常规选项”对话框，选择“自定义功能区”，如图 6-3-36 所示，勾选“开发工具”，单击“确定”按钮退出。

2. 选择 Shockwave Flash Object 控件

（1）单击“开发工具”选项卡→“控件”选项组→“其他控件”，打开其他控件工具箱，选择 Shockwave Flash Object，如图 6-3-37 所示。

（2）单击“确定”按钮后，退出“其他控件工具箱”，此时光标成十字星形状，在幻灯片上单击鼠标，根据大小需要绘制即将添加控件的区域，如图 6-3-38 所示。

图 6-3-36 添加开发工具

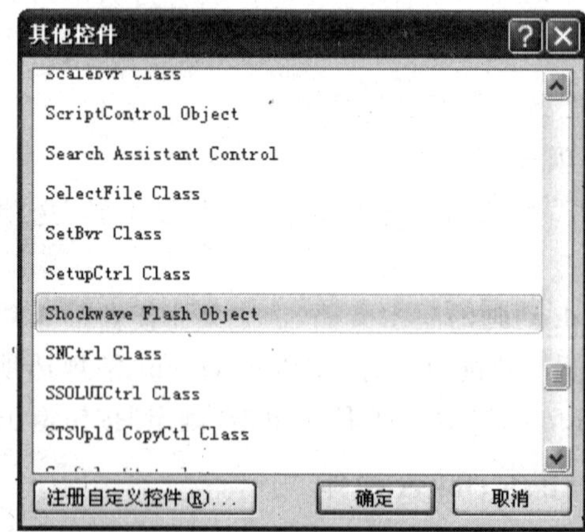

图 6-3-37 其他控件工具箱

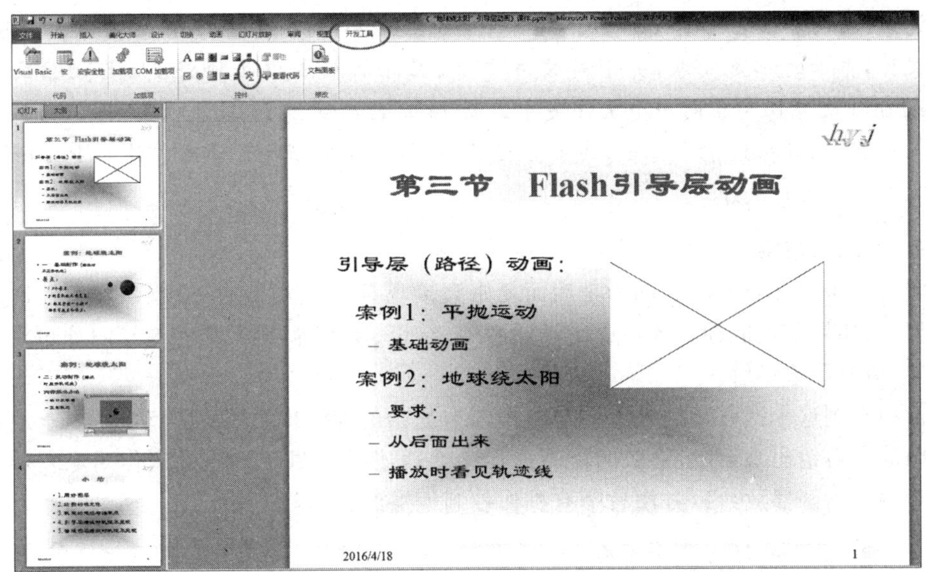

图 6-3-38 Shockwave Flash Object 控件添加后的效果图

3. 控件属性的修改

以上的操作只是将 Shockwave Flash Object 控件添加在幻灯片上，并没有将 Flash 动画文件添加进来，要想建立 PowerPoint 文件和 Flash 动画文件之间的关联，还要修改 Shockwave Flash Object 控件属性，操作过程如下：

（1）将.swf 格式的 Flash 文件和 PPT 文件保存在同一个文件夹中。

（2）右击控件区域，在弹出的快捷菜单中选择“属性”，弹出属性对话框，如图 6-3-39 所示。

（3）在 Movie 属性中，填上即将添加的 Flash 文件的盘符、路径、文件名和扩展名。如 F：\案例 2\地球绕太阳.swf。

（4）在放映幻灯片状态下就能看到插入的动画效果如图 6-3-40 所示，地球沿着椭圆轨道围绕太阳周而复始地旋转。

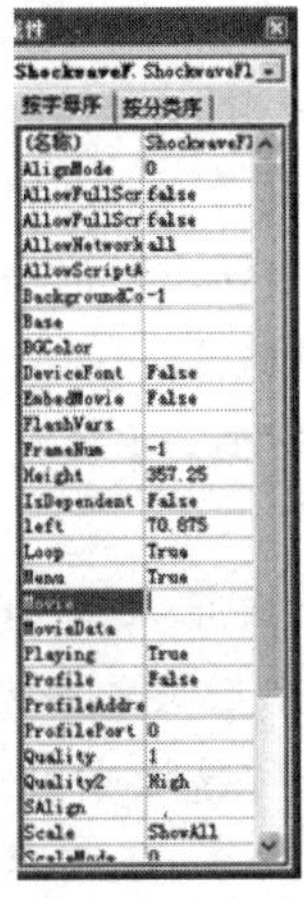

图 6-3-39 Shockwave Flash Object 属性对话框

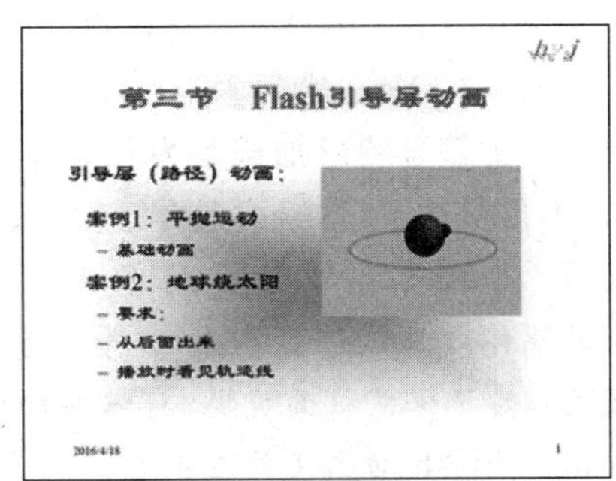

图 6-3-40 幻灯片放映效果截图

注意：在 PowerPoint 2003 以下版本中，插入 Flash 动画文件，以及之前讲的插入音、视频文件，添加的都是关联，并不是文件本身，因此低版本中必须将 Flash 动画文件和 PowerPoint 文稿保存在同一个文件夹中。而 PowerPoint 2010 版及以上版本，默认将视频嵌入在 PowerPoint 中。但是，为安全起见，最好还是将 Flash 动画文件和 PowerPoint 保存在同一个文件夹中。

4. 添加触发器

图 6-3-40 所示的 Flash 动画是周而复始直接观看动画效果的，播放是没有控制花样的。但是，如果我们能控制课件中的动画暂停、结束、播放等，则我们在授课时便可观看动画细节、边演示边讲解。

例如本例这个课件是插入了一个制作较为复杂的“地球绕太阳”的动画，要求地球能从太阳的背后绕出来，并且播放时能看见运动的轨迹线。图 6-3-41 是制作用触发器控制幻灯片中的动画播放。以方便教师有操作控制地播放、讲解。

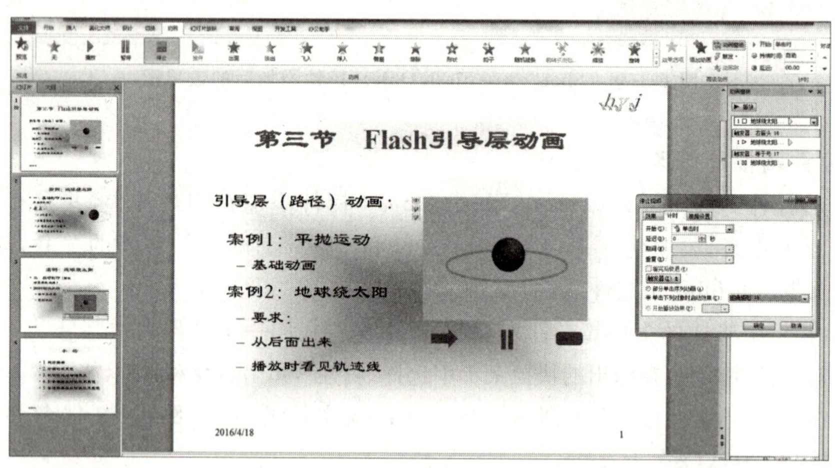

图 6-3-41 制作用触发器控制动画播放

技巧：虽然我们可以如前面案例一样制作几个带有文字的“播放”、“暂停”、“结束”按钮，利用触发器功能控制播放，也可更简捷地插入自选图形，如录音机面板那样，用“右箭头”代表“播放”，用“等于号”旋转 90°代表“暂停”，用“圆角矩形”代表“结束”。

但是，注意：.swf 格式动画直接添加触发器功能软件是不支持的！我们可先将.fla 格式的文件在 Flash 中导出为.avi 格式的视频，即“文件”→“导出”→“导出影片”，保存类型选 Windows AVI。然后才能如前面案例那样添加触发器效果。

对这三个符号图形加载触发器功能与前面例子操作类似，可参看本例图 6-3-41 所示，在此不再赘述了，留给读者自己复习、钻研一下。

注意：本例中，动画对象“地球绕太阳”是被触发对象，要依次添加“播放”、“暂停”、“结束”的媒体效果；而“右箭头”、“等于号”和“圆角矩形”三个图形是触发者。

技巧：为了课件版面美观，可以在加载 Flash 动画控件时画适当大小的区域，也可事先对要用的 Flash 动画文件在制作时对舞台大小预先进行设置，不用默认比例的舞台大小，可制作成扁平些的或瘦高些的。

5. 触类旁通

下面这个案例是利用触发器制作教学课件中具有交互性的选择题，效果是用户单击某选项文字时，在幻灯片页面中显示相应的答案，如图 6-3-42 和图 6-3-43 所示。

图 6-3-42 幻灯片上文字部分制作

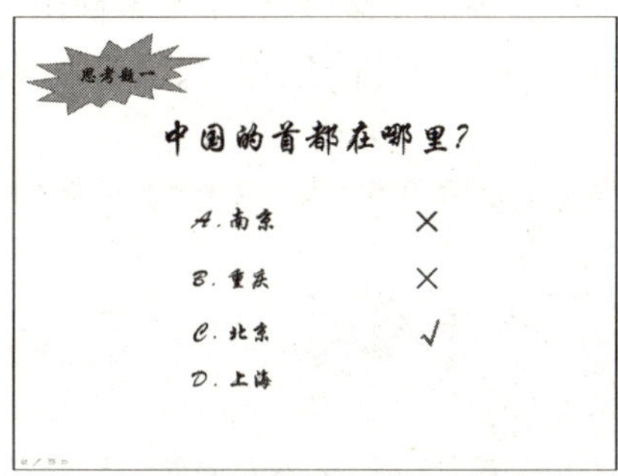

图 6-3-43 幻灯片播放效果

例如：单击 B 选项，出现“×”，单击 A、D 选项也是出现“×”，而当单击 C 选项时则出现“√”。

注意： 在这个例子中，答案是被触发对象，要制作成以某种方式出现的动画；选项是触发者。

*6.4 PowerPoint 实用插件

PowerPoint 软件中，除软件自身所带的选项、操作等能制作课件作品外，还可以安装插件来进行一些较高水平的操作，从而制作更完善的作品，以此提高课件质量并扩充其功能。其中，PPT 美化大师是 PowerPoint 软件的美化插件，它能快速地美化演示文稿，方便教师快速制作美观、漂亮的课件等演示文稿，提高教师制作演示文稿的效率和美观度；Ispring Suite 插件可以将 PPT 演示文稿录制成视频文件并添加测试题，从而使教师实现了 PowerPoint 课件的 E-Learning 教学，提升教师在信息化教学时代的教学素养。本节我们以案例教学的方式，结合例子讲解 PowerPoint 2010 软件中具有高级功能的两个插件：PPT 美化大师和 Ispring Suite。

6.4.1 案例教学——用美化大师插件美化《国画简介》课件

主要知识点：

- PPT 美化大师的安装。
- 文件新建和模板选择。
- 更换背景。
- 创建目录。
- 幻灯片的插入。
- 形状、图片、画册的插入。
- 文件导出。

PPT 美化大师是一款 PowerPoint 软件美化插件。它为使用者提供了丰富的 PPT 模板，具有一键美化的特色，每周还会有大量的模板更新。PPT 美化大师能更简洁、直观地制作及美化 PPT 演示文稿，使我们制作 PPT 时更加便利。本案例以美术学科中“国画简介”课件为例，介绍 PPT 美化大师的安装、新建等基本操作，讲解如何利用 PPT 美化大师更换背景、制作目录、添加幻灯片、插入形状、图片、画册及文件的导出，课件界面最终效果如图 6-4-1 所示。

图 6-4-1 “国画简介”界面最终效果图

1. 安装 PPT 美化大师

从搜索引擎上下载或在美化大师官网下载 PPT 美化大师安装软件，安装后打开 PowerPoint 2010 软件，软件多出“美化大师”选项卡，包括“选项区”和“图标区”，如图 6-4-2 所示。

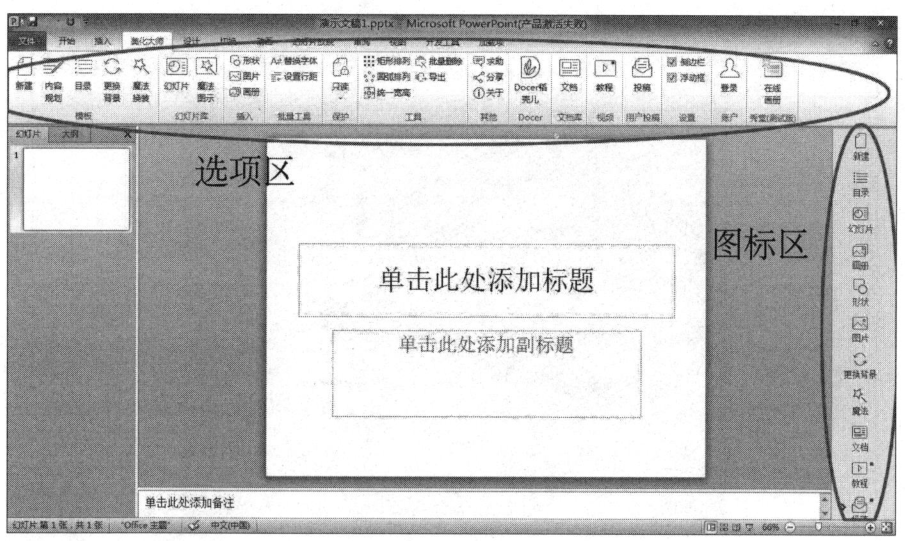

图 6-4-2 “美化大师”插件安装后 PowerPoint 2010 界面

2. 文件新建和模板选择

通过“美化大师”选项卡“模板”选项组中的“新建”选项来完成新建文件的个性化模板选择。制作过程如下：

(1) 单击“美化大师”选项卡→“模板”选项组→“新建”选项，打开如图 6-4-3 所示的模

图 6-4-3 背景模板选择界面

板选择界面。在背景模板的“全部背景模板”中有八大类模板，每大类模板中有多种模板可供选择，从而给使用者提供多款个性化的模板。

(2) 单击任一模板，进入该模板的预览界面，单击右下角的“打开并新建”按钮，如图 6-4-4 所示，创建一个新的 PPT 文件，将文件另存为“国画简介. pptx”，如图 6-4-5 所示。

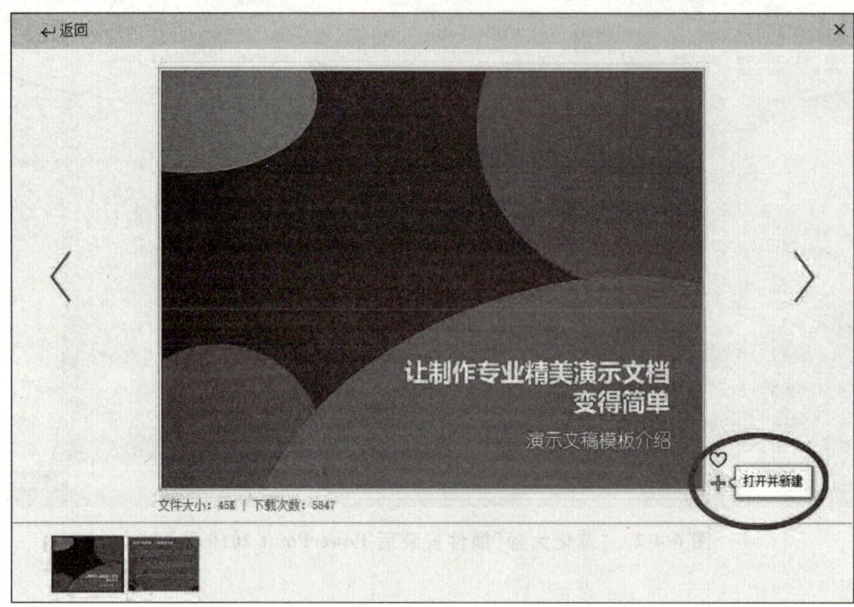

图 6-4-4 背景模板预览界面下“打开并新建”选项

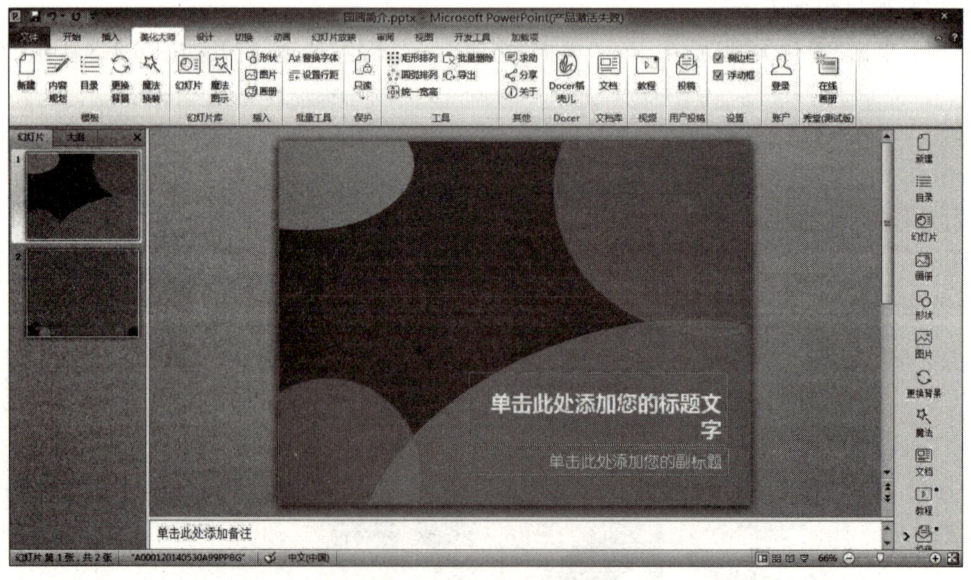

图 6-4-5 新建文件界面

3. 更换背景

此时任意选择的幻灯片背景模板与课件主题“国画简介”不符合，通过“美化大师”选项卡的“更换背景”选项来完成背景模板的更换，从而创建个性化的、符合课件主题的模板，制作过程如下：

（1）单击“美化大师”选项卡→“模板”选项组→“更换背景”选项，打开模板选择界面。

（2）选择“潮流复古”中的一个模板，单击该模板右下角的“套用至当前文档”按钮，如图 6-4-6 所示，完成幻灯片模板的更换，更换后效果如图 6-4-7 所示。

图 6-4-6 更换模板

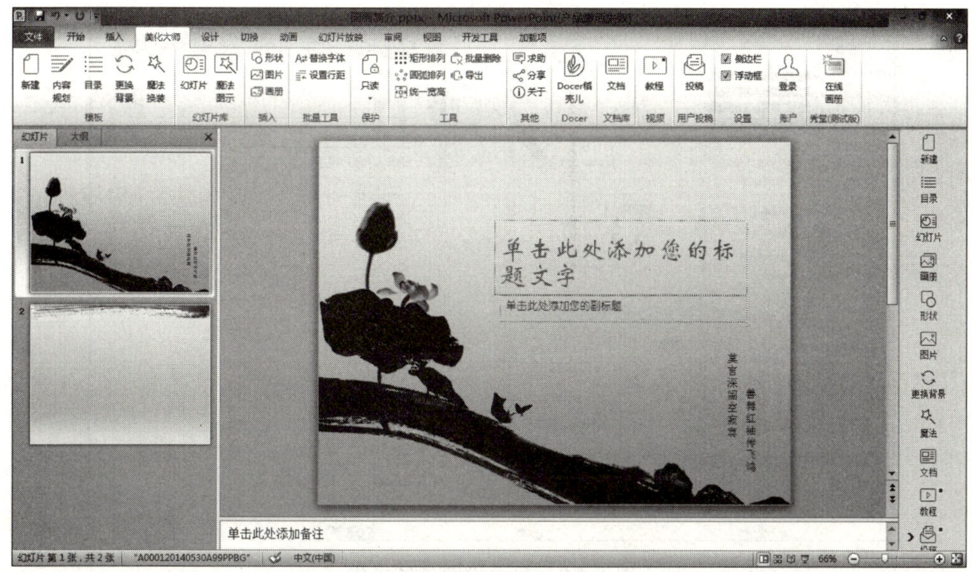

图 6-4-7 更换模板后演示文稿效果图

4. 创建目录

课件模板设置好后，通过创建"目录"来完成幻灯片整体内容框架的设置，制作过程如下：

（1）单击"美化大师"选项卡→"模板"选项组→"目录"选项，打开如图 6-4-8 所示的目录设置界面。

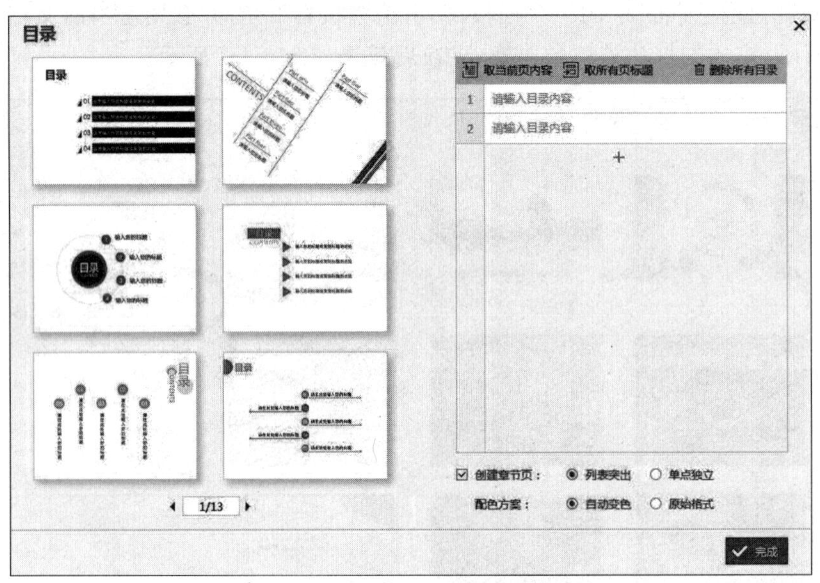

图 6-4-8 目录设置界面

（2）选择一种目录模板，在"目录"设置界面右边录入目录具体内容，可以通过文字左右的"删除"、"添加"选项增减新的目录，如图 6-4-9 所示。

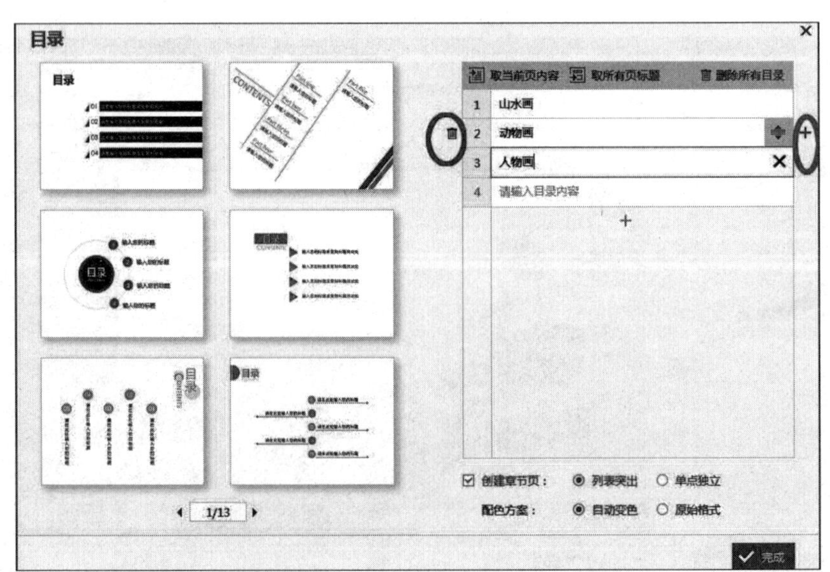

图 6-4-9 目录设置具体操作

(3) 为了让每个目录在该内容幻灯片前都有，并独立突出来，选择“单点独立”，本色方案选择“自动变色”，单击“完成”按钮，效果如图 6-4-10 所示。

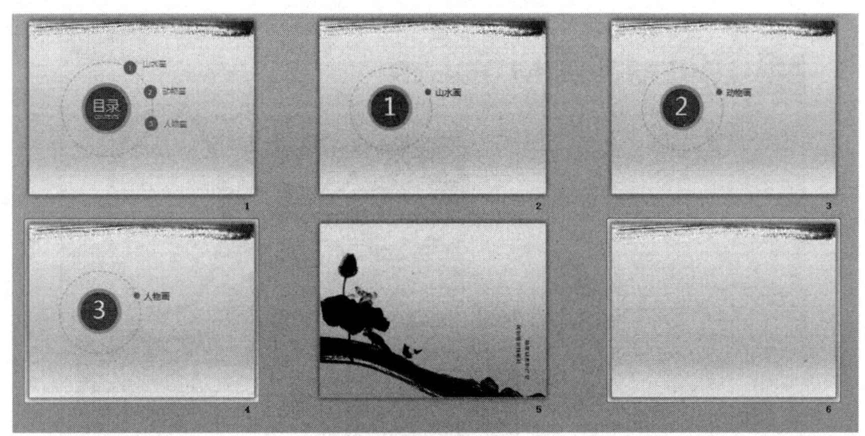

图 6-4-10　目录设置后效果图

5. 幻灯片的插入

通过美化大师中的“幻灯片”插入，可以添加个性化的、图文并茂的幻灯片，包括“目录”页、“章节过渡页”、“图示”页、“结束页”等，并可在插入的幻灯片中快速地添加自己需要的内容，既方便又美观。

(1) 选中图 6-4-10 中的 1～4 张幻灯片，放至此时为第五张位置的封面幻灯片后，给封面幻灯片添加主标题“国画简介”，并设置好字体颜色和大小。

(2) 单击“美化大师”选项卡→“幻灯片库”选项组→“幻灯片”选项，打开如图 6-4-11 所示的幻灯片设置界面。

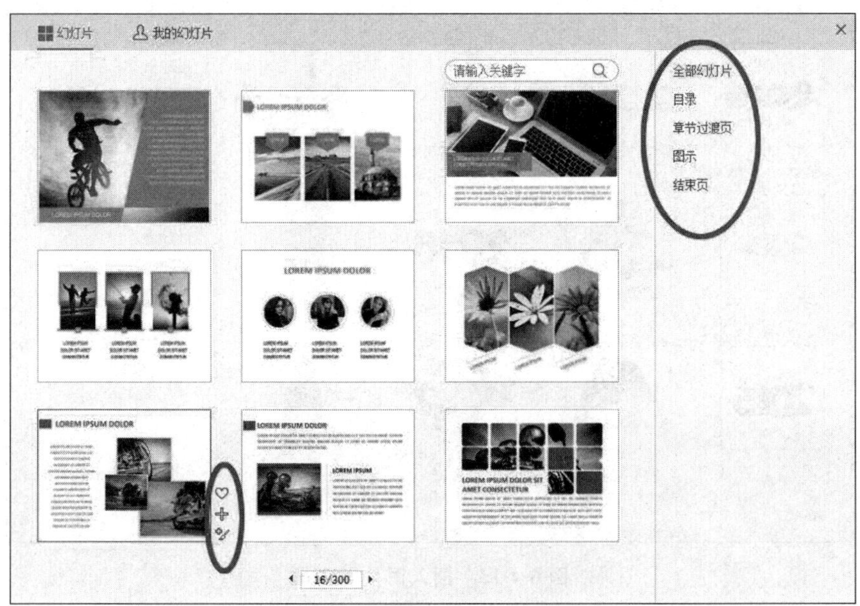

图 6-4-11　幻灯片插入选择界面

(3) 选择一种幻灯片模板,单击如图 6-4-11 所示的"+",使插入的幻灯片"插入并自动变色",如图 6-4-12 所示。

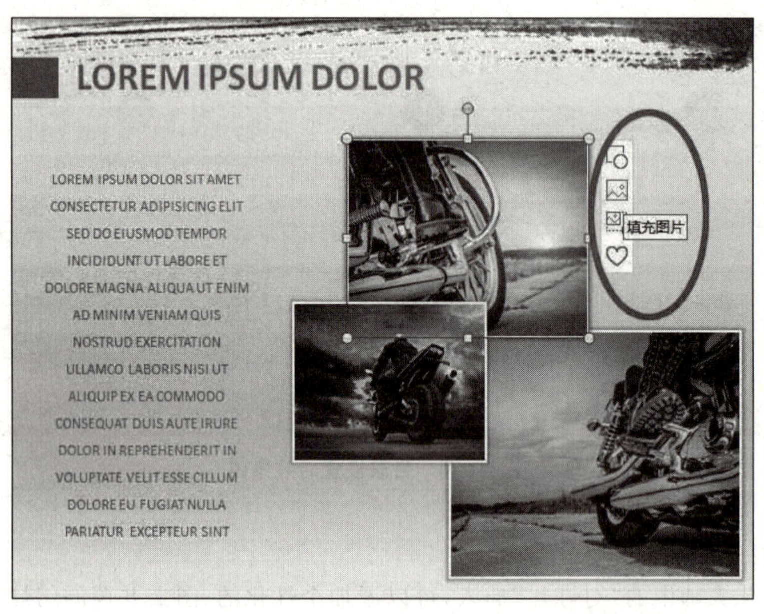

图 6-4-12 插入的幻灯片图片填充操作

(4) 将插入的新幻灯片拖至第三张幻灯片后,通过选中幻灯片中的图片对象,利用图片右边的选项,单击"填充图片",如图 6-4-12 椭圆区域中所示。打开插入图片对话框,如图 6-4-13 所示。

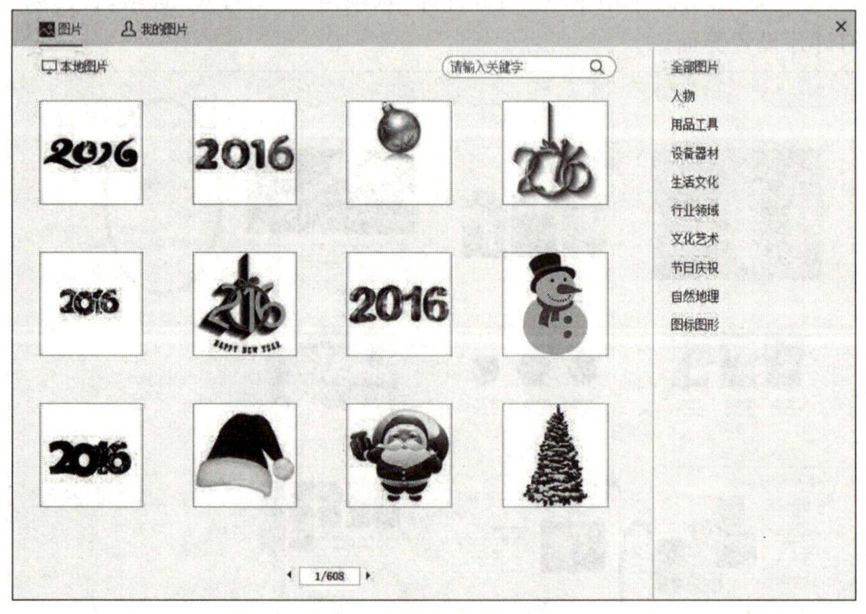

图 6-4-13 插入图片对话框

选择"本地图片"将三幅山水画填充到新建幻灯片中；在幻灯片中输入标题"山水画"和"山水画文字"替换幻灯片文本框中原有的英文，达到图 6-4-14 所示的效果图。

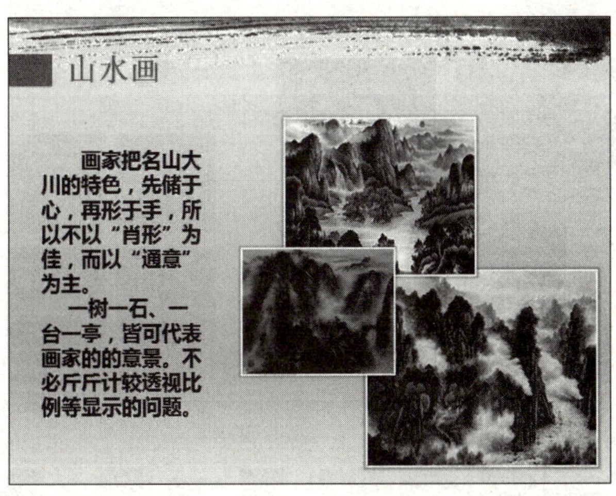

图 6-4-14 插入新幻灯片后的效果图

(5) 利用上述同样的方法，给课件添加一张幻灯片，拖至"人物画"标题幻灯片后，给两幅图片填充"本地图片"中的两幅人物画；输入标题"人物画"和"人物画文字"替换幻灯片文本框中原有的英文，达到图 6-4-1 所示效果图中第八张幻灯片的效果。

(6) 利用以上同样的方法，给课件添加一张"结束页"幻灯片，拖至最后，达到图 6-4-1 所示效果图中第九张幻灯片的效果。

6. 形状、图片和画册的插入

美化大师在形状、图片和画册中提供了大量的素材供使用者应用，本节以画册的插入为例来讲解。美化大师的画册通过已有的模板，可以方便、快速地制作好看的图片画册效果。

(1) 单击"美化大师"选项卡→"插入"选项组→"画册"选项。

(2) 选择"简易风格旅游画册"中的一种画册类型，通过单击"＋"将"动物画"添加到画册中，如图 6-4-15 所示。添加好图片后，单击"完成并插入 PPT"，将文字更改为"动物画"，最后将幻灯片拖至第五张幻灯片后，达到如图 6-4-1 第六张幻灯片所示效果。

7. 文件导出

美化大师可以将 PPT 演示文稿通过导出生成全图 PPT、图片或视频文件，本案例以全图 PPT 来举例。制作过程如下：

(1) 单击"美化大师"选项卡→"工具"选项组→"导出"选项，打开"导出"选项卡，如图 6-4-16 所示。

其中全图 PPT 是指导出的仍为演示文稿，但每张幻灯片是背景图片了，不可以再编辑。

(2) 单击"全图 PPT"，弹出"提示"对话框，单击"是"，生成一个新的全图 PPT，保存该全图 PPT，从而完成本案例的制作。

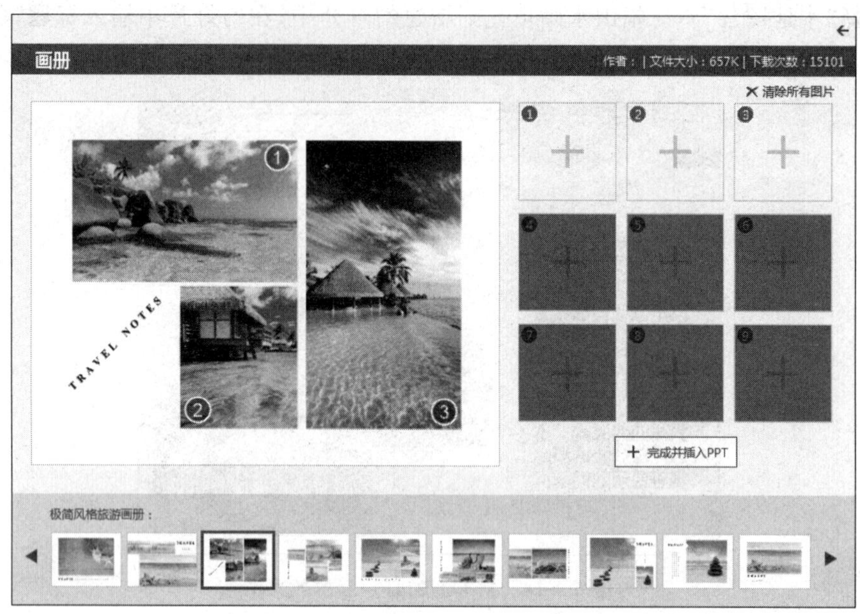

图 6-4-15 插入画册对话框

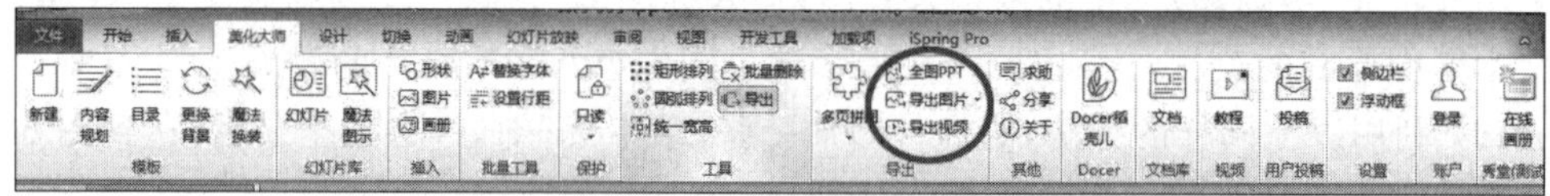

图 6-4-16 “导出”选项卡

6.4.2 案例教学——用 Ispring Suite 制作《圆的位置关系》微课视频(配有微课视频)

主要知识点：

- 安装 Ispring Suite 6.0。
- 录制视频。
- 旁白添加。
- 创建在线测试题。
- 文件发布。

Ispring Suite 是 E-Learning 课件制作工具，是一种先进的幻灯片插件，可以在 PowerPoint 中创建在线课程。Ispring Suite 可以精确转换 PPT 中所有的元素，有超强的兼容性；也可以记录声音，将视频演示或 Flash 等内容添加到幻灯片中，还可以将课件导出为.swf 格式再插入到 PPT 中，发布过程简单快速，创建出引人注目的课程、视频讲座、测验和评估，并受多种移动设置的支持。本案例以数学学科《圆的位置关系》微课视频制作为例，介绍 Ispring Suite 6.0 的安装、录制视频、旁白添加、创建试题、发布等基本操作，最终效果如图 6-4-17 所示。

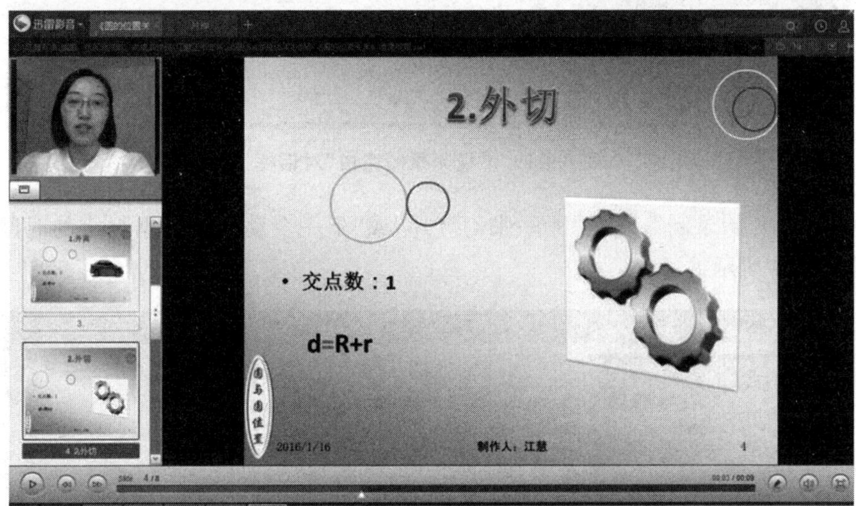

图 6-4-17 《圆的位置关系》微课视频效果图

注意：*以下所有视频中教师真实视频头像已用卡通图片替代。*

1. 安装 Ispring Suite 6.0

从搜索引擎上下载汉化版的 Ispring Suite 6.0，安装后打开 PowerPoint 2010 软件，软件多出 Ispring Pro 选项卡，如图 6-4-18 所示。

图 6-4-18 Ispring Suite 6.0 插件安装后 PowerPoint 2010 界面

2. 录制视频和添加旁白

通过 Ispring Pro 选项卡"旁白"选项组中的"录制视频"选项来完成课件视频的录入，在录制视频时，还可以添加旁白文字供教师观看，方便录制视频过程中讲授课程内容。制作过程如下：

(1) 打开"圆的位置关系"PPT 课件演示文稿，连接好电脑摄像头和麦克风。

(2) 将"旁白文字素材"中的内容复制到对应的幻灯片备注栏。

(3) 选中课件第一页，单击 Ispring Pro 选项卡→"旁白"选项组→"录制视频"选项，打开如图 6-4-19 所示的"视频录制旁白"对话框。

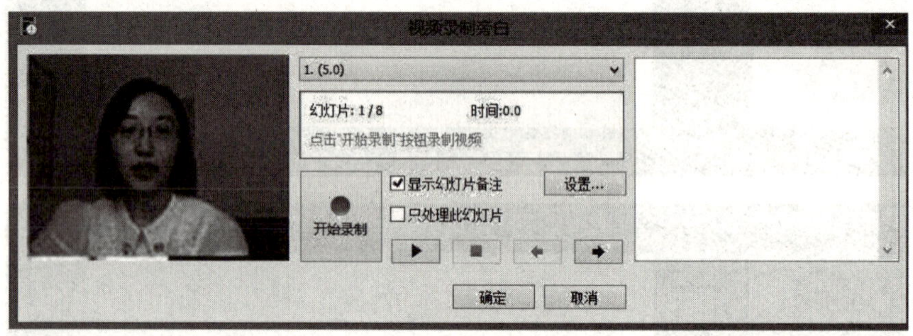

图 6-4-19 "视频录制旁白"对话框

(4) 单击"开始录制"，通过"下一张幻灯片"或"下一个动画"，根据自定的时间进行录制，如图 6-4-20 所示。

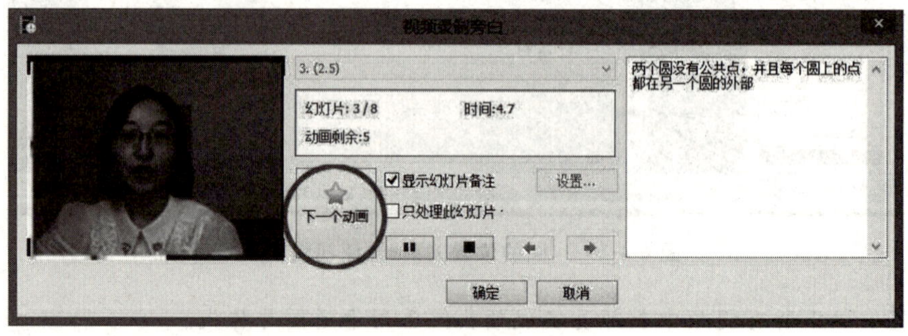

图 6-4-20 视频录制过程

(5) 当所有幻灯片和动画播放结束，单击"停止"按钮，再单击"确定"按钮，完成视频的录入。

如果对录制的视频旁白有不满意或需要编辑修改之处，可通过"旁白"选项组中的"旁白"进行编辑。

3. 创建在线测试题

通过 Ispring Pro 选项卡"演示文稿"选项组中的"演示文稿浏览器"选项可方便地看到每页演示文稿的具体信息，并可以给任意页添加在线互动测试题，本案例以给第一页幻灯片添加一个判断题为例。制作过程如下：

（1）在第一张幻灯片前插入一张新的幻灯片，单击 Ispring Pro 选项卡→“演示文稿”选项组→“演示文稿浏览器”选项，打开“演示文稿浏览器”对话框。

（2）选中第一张空白幻灯片，单击“对象”中的“创建新的试题”，如图 6-4-21 所示。

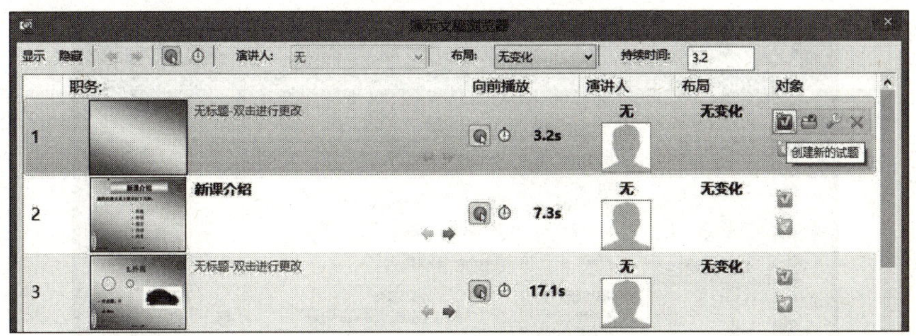

图 6-4-21 “创建新的试题”选项

（3）在弹出的对话框中选择 Creat a new Graded Quiz，在打开的 Quiz1 Ispring QuizMarker 中选择 Add question 选项卡中的“True/False”，输入题干“圆的位置关系共有 4 种”和选项答案“False”，如图 6-4-22 所示。

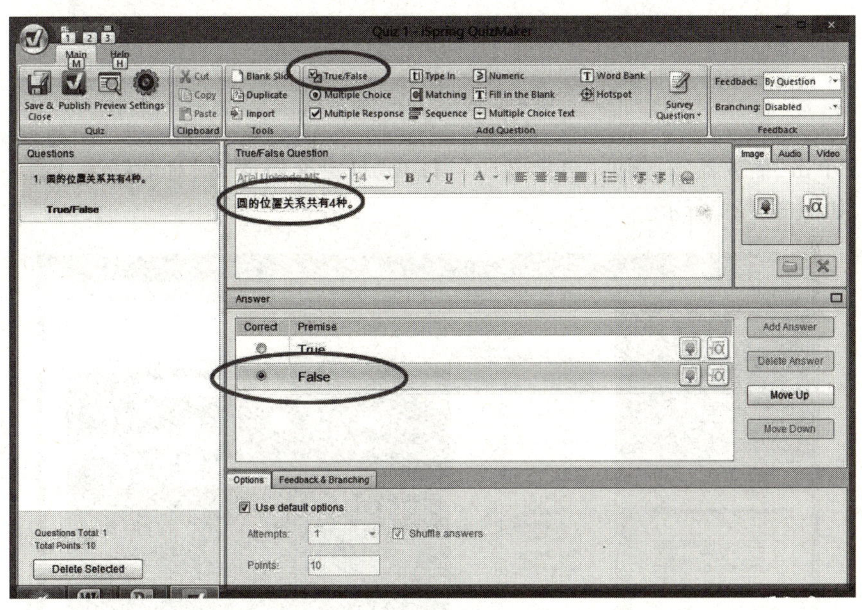

图 6-4-22 添加判断题界面

（4）单击 Save and Close，将试卷文件保存，在“演示文稿浏览器”中单击“确定”按钮，完成试题的创建。等视频发布后，播放到第一页幻灯片时就出现刚刚创建的试题，从而可以与学习者形成较好的互动。

4. 发布文件

通过 Ispring Pro 选项卡“发布”选项组中的“发布”选项，通过一定的设置，完成对视频的发布。制作过程如下：

(1) 单击 Ispring Pro 选项卡→"发布"选项组→"发布"选项，打开如图 6-4-23 所示的"发布"对话框，设置如图 6-4-23 所示的选项，其中"播放器模板"中的"播放器"选择"选择更多播放器"中的 Advanced Matte。

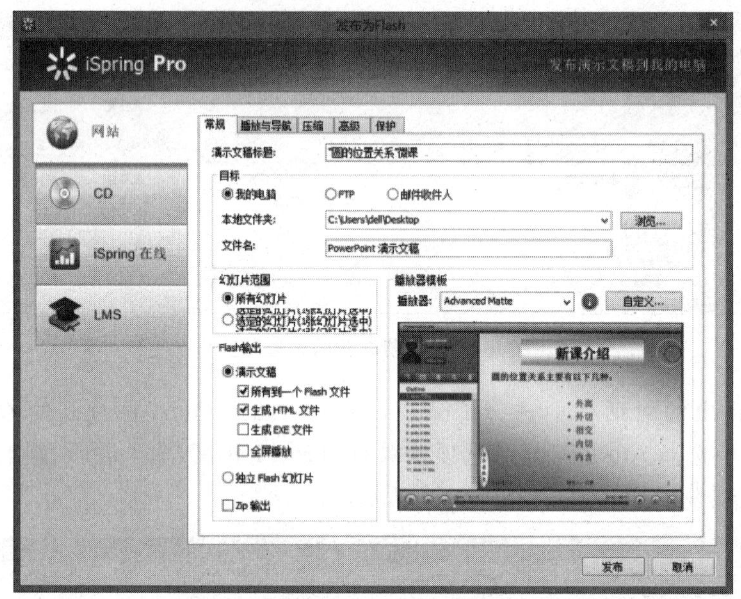

图 6-4-23 "发布"对话框

(2) 单击"播放器"右侧的"自定义…"，打开"自定义播放器"对话框来选择一种播放器模板，如图 6-4-24 所示。

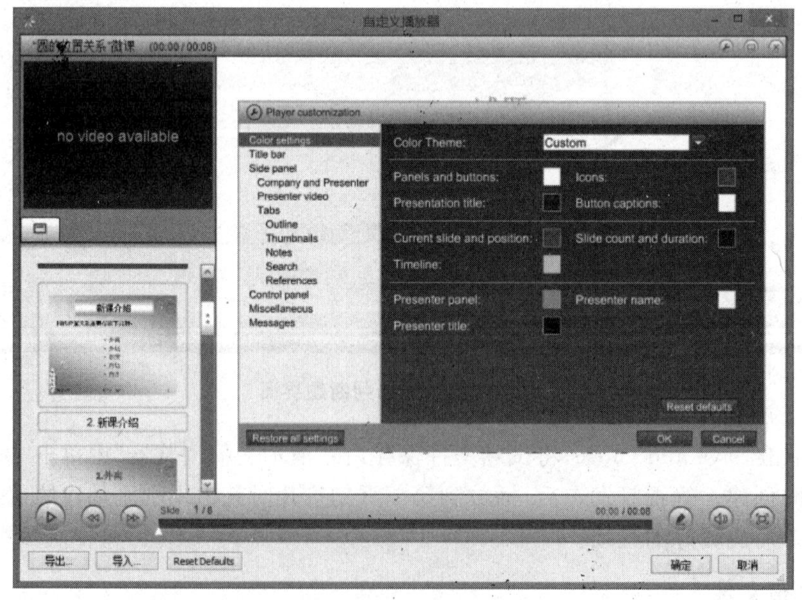

图 6-4-24 "自定义播放器"对话框

(3) 单击“自定义播放器”左侧的导入，导入安装文件夹中的模板，在弹出的对话框中选“是”，单击 OK 按钮，此时可预览添加模板后的“三分屏”播放器视图，如图 6-4-25 所示。单击“自定义播放器”对话框右下角的“确定”按钮，完成播放器的设置，回到“发布”对话框。

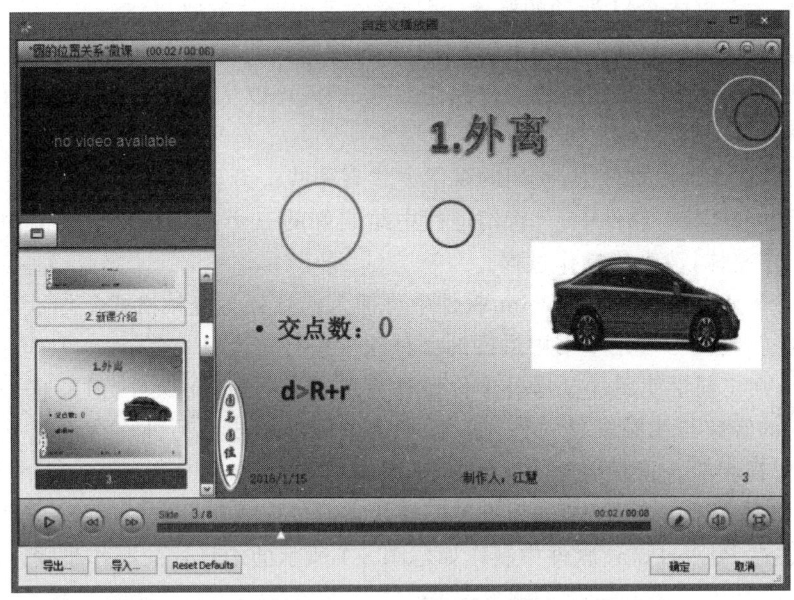

图 6-4-25 “三分屏”播放器预览

(4) 单击“发布”对话框的“播放与导航”，打开如图 6-4-26 所示的界面，设置“播放配置”为“用户控制演示文稿”，单击“发布”按钮，使录制好的作品生成 Flash 影片文件。

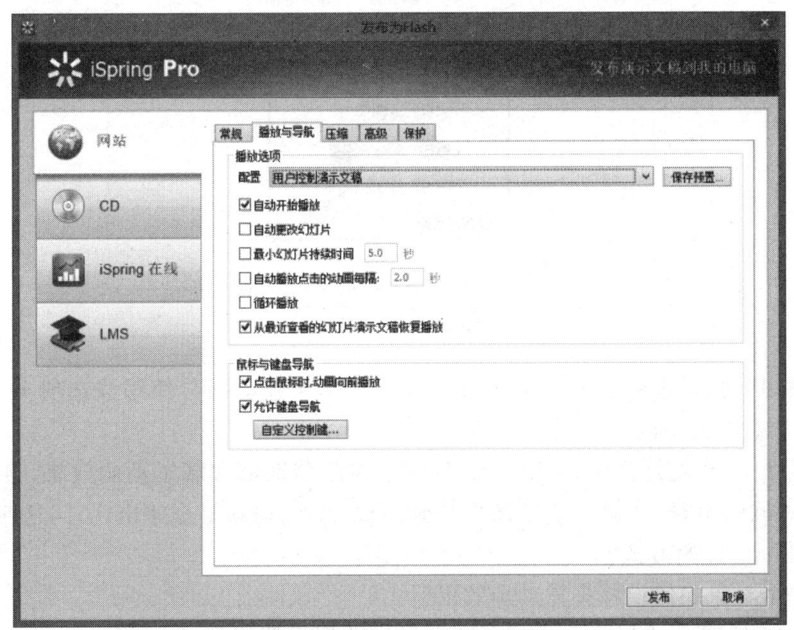

图 6-4-26 播放配置设置

从而完成本案例的制作。

思考与练习

1. 请简述多媒体CAI课件的概念，并列举常见的课件类型。

2. 在多媒体课件的制作过程中，基本步骤有哪些？

3. 假设你要组织一场多媒体课件制作大赛，请问可以从哪些方面构建课件质量的评分标准体系？

4. 在PowerPoint软件中，常用的视图方式有哪些？请至少说出三种。

5. 在PowerPoint软件中，可将幻灯片中绘制好的三个圆角矩形设置纵向分布对齐并组合成一个整体，请简述操作过程。

6. 请列举至少三种PowerPoint软件中可插入的音频与视频格式。如欲插入的音视频格式不支持，请问可使用本书中讲授的哪种软件进行转换？

7. 如果某位同学使用优盘拷贝了你制作好的PowerPoint课件，但是忘了同时拷贝课件中插入的音频与视频素材文件，那么，当这位同学想要到另外一台电脑上播放课件时，其中的音视频能否正常播放？为什么？

8. 在PowerPoint软件中，如何设置幻灯片主题仅应用于选定的部分幻灯片？

9. 简述在PowerPoint软件中制作如题图6-1所示的幻灯片的操作步骤。

题图6-1 幻灯片

10. 使用"动画"选项卡中的动画的"其他"按钮加载动画与使用该选项卡中的"添加动画"工具加载有何不同？

11. 某张PPT幻灯片上有A、B、C、D四个对象分别都加载了动画效果，若要让B动画与A动画同时出现，D动画紧接着C动画出现，A、C动画单击才出现，问这四个动画要如何设置动画的开始方式？

12. 单个对象如何设置多重动画效果？

13. 如何在PPT中制作一个红色五角星沿着螺线管路径运动？

14. PPT 课件中，如想制作音频文件播放、暂停、停止三个触发器，应给音频文件还是按钮图片添加动画？添加动画时应注意什么事项？

15. PPT 课件中，如想制作单击一幅图片，出现一段文字的动画，应给图片还是文字添加什么操作？

16. 利用 PPT 美化大师的哪个选项，可以快速地将原始演示文稿的模板替换成个性化的模板？并说说其主要步骤有哪些？

17. PPT 美化大师文件导出有哪些格式？

18. 利用 Ispring Suite 插件录制一个有旁白的 PPT 课件视频主要步骤有哪些？

第7章 新型课堂

信息技术的飞速发展，促使各行各业与之适应，带来各行各业的进步发展。教育也出现一系列重大改革，当今，在世界范围内，学习者的学习方式发生了巨大变化，学习者可以在任何时间、任何地点进行自主学习，因此传统课堂教学方式已远远不能满足学生对知识的需求。教育如果不发展，将会随着时代的发展而远远落后于信息技术，就如约翰·杜威所说的“如果我们还像当年我们被教的那样去教学的话，那么，我们就掠夺了我们的儿童的未来”，也如克瑞格·贝瑞特所说的“如果教师不了解如何更加有效地运用技术，所有与教育相关的技术都将没有任何实际意义。计算机并不是什么神奇的魔术师，真正的魔术师是教师！”。教育信息化，首先要促进教师教育教学的信息化能力。

近年来随着可汗学院和翻转课堂在全球迅速走红而成为教育界关注的热点，不难想象，由于信息技术的普及，人人都有手机的时代即将到来，让每一个学生自带信息设备BYOD(Bring Your Own Device)来上课终将成为现实，学生可以打破空间和时间的限制，使用自己的手机、电脑或者其他的设备，如上网本、平板、MP4播放器等，学习原来通过课堂由教师讲授的内容；而教师可以利用信息化手段改变自己的教学方式，将上课讲授的关键内容(教材的重点、难点、易错点)制作成微视频让学生自主学习，上课则帮助学生解决不懂的问题，师生互动讨论，给予学生个性化的辅导。这种充分利用学习资源、充分发挥教与学潜力的新兴教学模式给了致力于教育改革创新的人们一个很好的研究和实践的空间。

学术界认为新时期最有前景的教育技术有：①通过/基于社会性网络的教育(SNS in Education)；②教育APP(Educational APPs)；③大规模开放在线课程(慕课、MOOCs)；④翻转课堂(Flipped Classroom)；⑤专门性培训(Specialized Training)；⑥移动学习(Mobile Learning)；⑦微课(Micro-Course Online Video)。

课程信息化的国际发展历程经历了：CAI辅助教学(1996年)、网络课程(1997年)、OCW(开放课程资源、MIT、2001年)、可汗学院(2006年)、视频公开课(2010年)、精品资源共享课(2011年)、MOOC(大规模开放网络课程、2012年)，如今，短小精悍的微课正快速兴起。2011年11月，由我国高水平大学建设的首批20门“中国大学视频公开课”已通过“爱课程”网(www.icourses.edu.cn)和其合作网站中国网络电视台、“网易”同步向社会公众免费开放。2013年，教育部发表《关于公布第三批国家级精品资源共享课立项项目名单及有关事项的通知》(教高司函[2013]132号)，2013年6月首批上网的中国大学资源共享课共计120门,涵盖了理学、工学、文学、法学、经济学、教育学等10个学科门类,其中本科课程84门,高职高专课程22门,网络教育课程14门,通过爱课程网(www.icourses.edu.cn)向社会大众免费开放。2014年4月教育部公布第五批"精品视频公开课"名单。如今,国家级、省级的MOOC示范课正在大力兴建,而现在的MOOC正尝试用精良的微课为基础制作。中国的课程信息化建设正掀开辉煌的篇章。

教师要进行信息化教学需要兼具学科知识、技术知识和教学知识,为了更好地利用现代信息技术进行教学,近几年越来越多形式的新型课堂逐渐走进了校园,来到我们身边。本章重点介绍最近流行和深受教师、学生欢迎的三种新型课堂:微课、慕课和翻转课堂。

本章学习目标:

- 掌握微课的概念和特征。
- 了解微课的应用。
- 了解微课的表现形式。
- 初步掌握教师个人的微课制作。
- 掌握慕课的概念和特点。
- 了解慕课的制作过程。
- 初步掌握慕课的教与学方法。
- 掌握翻转课堂的概念。
- 了解翻转课堂的教学模式。
- 了解翻转课堂的特点和优势。
- 初步掌握翻转课堂教学设计思想。

7.1 微课

微课的出现,是时代变化引起的教学系统的新变化;微课是新近涌现出来的一种新型教学模式,并且在世界范围内越来越广泛地兴起,被众多走在前沿的教师用来开展教学活动、教研活动。

微课的突出优点是它符合人的十分钟最佳记忆规律,它可以作为搭建MOOC的视频材料,它可作为翻转课堂学习、混合学习的学生自主学习的资源。

我们在了解微课的基本常识的基础上,以案例教学的方式介绍芸芸教师鼎力钻研的个人制作微课的方法。

7.1.1 微课常识

主要知识点:

- 微课的概念。
- 微课的特征和应用。
- 微课的表现形式。
- 微课的开发方法。

• 教师自我制作简易微课的实用方法。

1. 微课的概念

微课的定义在国内有多种说法，内容大同小异。本书以目前流行的我国学者焦建利教授的定义为准，即“微课是以阐释某一知识点为目标，以短小精悍的在线视频为表现形式，以学习或教学应用为目的的在线教学视频。”

2. 微课的特征

学术界普遍认为，“短小精悍”是微课的主要特征。其中“短”是指教学视频的时间短，一般为8分钟左右，因为根据心理学的研究结果可知，人的注意力10分钟后明显下降；“小”是指教学内容主题小，以阐述某一个知识点为目标设计主题；“精”是指微课视频设计、制作、讲解都很精良；“悍”是指在短短的时间内，一个小的主题，通过精良的设计带给学习者的学习效果是震撼的、令人难忘的。

3. 微课的开发方法

常见的微课开发方法有：摄像工具录制、录屏软件录制、录播教室录制、用iPad录制、专业软件录制、专业演播室制作等。目前应用较多的是录屏软件录制和摄像工具录制，尤其是对于教师自我制作微课视频。

这两类制作的方法如下：

(1) 录屏软件录制

当前流行的录屏软件有Camtasia Studio、SnagIt、Cyber Link YouCam等。录屏软件可以记录屏幕上的操作过程、声音等，录制通过PPT、Word、画图工具软件、手写板输入软件等形式呈现的教学过程。

(2) 摄像工具录制

主要使用手机、数码相机、DV摄像机、视频摄像头等一切具备摄录功能的设备，对通过“白板、黑板、白纸、课堂、游戏活动、表演”等形式展现的微课教学过程进行拍摄记录。

4. 微课的表现形式

微课的表现形式一般有课堂实录、出镜讲解、实景现场拍摄、PPT录屏＋教师头像＋讲解、手写讲解、动画演示、访谈式教学等。下面简介一下与教师个人自我制作相关紧密的几种。

(1) 课堂实录

这种微课形式是课堂教学的真实呈现，将教师上课的实景拍摄成微课。这种以摄像工具和全自动精品课程录播室制作为主。

(2) 出镜讲解

出镜讲解的形式是教师出现在微课的视频中进行讲解，背景可以结合电子白板、课件等。这种形式以摄像工具制作为主。

(3) 手写讲解

这种方式一般借助一张白纸或者平板电脑，教师在上面一边手写一边讲解，将这个过程录制下来的微课形式。可以是摄像工具拍摄，也可以是平板电脑录屏软件录制。

(4) 实景现场拍摄

这种微课方式一般可以出现在人文讲解、实验讲解中。比如教学内容为某文物的构造,可以选择以博物馆为现场进行解说,并且将过程录制下来。这种形式的微课即为实景现场拍摄。一般以摄像工具制作为主。

(5) PPT录屏+教师头像+讲解

这种微课表现形式一般要结合录屏软件和摄像工具进行录制。例如使用笔记本电脑的内置摄像头、录屏软件和话筒设备就可以完成录制这种形式的微课。也可以在专业演播室,配以专业录屏软件录制高质量的作品。

注意:微课制作的风格不同于视频公开课,它虽然也可以拍摄课堂实录的形式,但是,大多数宜拍成“老师对我说”的个别辅导形式效果更佳,让学习者感到更亲切、更易集中思想学习。

5. 微课的应用

微课的应用很广泛,可以作为教学资源利用于立体书籍、在线学习、混合学习、翻转课堂等。

有了短小精悍的微课,可以制作高质量的MOOC;有了短小精悍的微课,翻转课堂教学才有较好的学习资源让学生课前自主学习;有了短小精悍的微课教学资源,教师的课堂才能方便地实施混合式教学。

7.1.2 案例教学——用录屏软件制作“‘地球绕太阳’引导层动画”之微课视频(配有微课视频)

主要知识点:

- 微课的选题。
- 用录屏软件制作微课。
- 微课的制作过程。

微课制作主要有以下三大过程:选题——设计——制作。本案例以“地球绕太阳”微课为例,讲解用当今时尚的Camtasia Studio录屏软件制作微课的过程。该软件的使用在本书第4章中曾有讲授。

Camtasia Studio录屏软件界面如图7-1-1所示。

1. 微课制作过程第一步——选题

微课的选题是微课制作的第一步,一个好的选题是微课制作成功的关键步骤。微课选题要注意以下两个原则:

原则一:选题宜小不宜大。

原则二:小题大做是微课的思路,选题可以是难点、疑点、重点、考点、增长点;一个例题、错题、难题、拓展题等,一个公式、原理、定理、案例、反例、一个知识点、一个实验等。

根据以上原则,本案例选择在Flash动画制作中具有一定难度的引导层动画作为教学内容,选择案例“‘地球绕太阳’引导层动画制作”为微课主题,教学重点是封闭路径引导层动画的制作方法,教学难点是地球从太阳后方绕出来以及影片放映时能看见引导线两

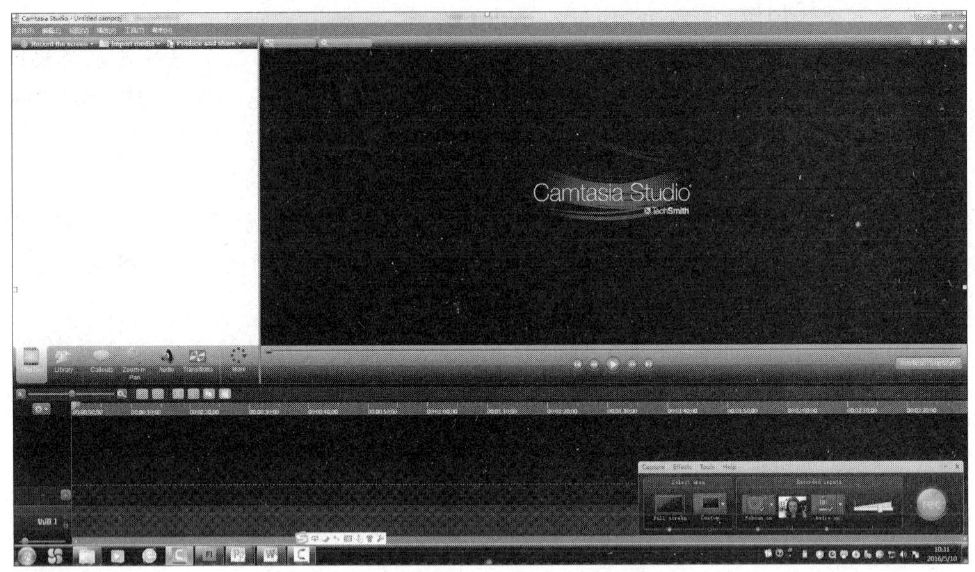

图 7-1-1 Camtasia Studio 录屏软件界面

个问题的解决。

2. 微课制作过程第二步——设计

(1) 教学内容、结构、创意设计

① 根据选题内容，教师围绕“地球绕太阳”动画制作实例的重、难点演示讲解引导层动画的制作方法。这种演示操作过程最适宜用录屏软件来录制。图 7-1-2 为“地球绕太阳”引导层动画制作截图。

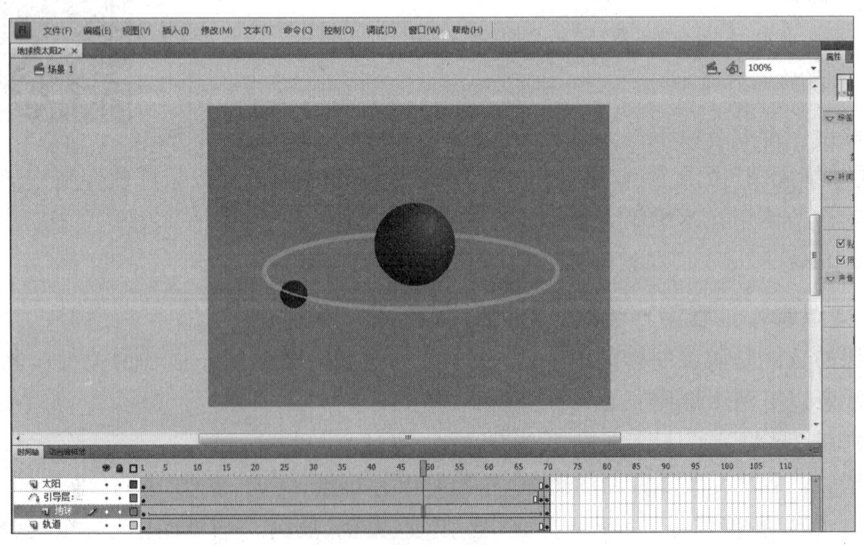

图 7-1-2 “地球绕太阳”引导层动画制作截图

② 教师根据教学内容制作简要教学课件，辅助教学，如图 7-1-3 所示。

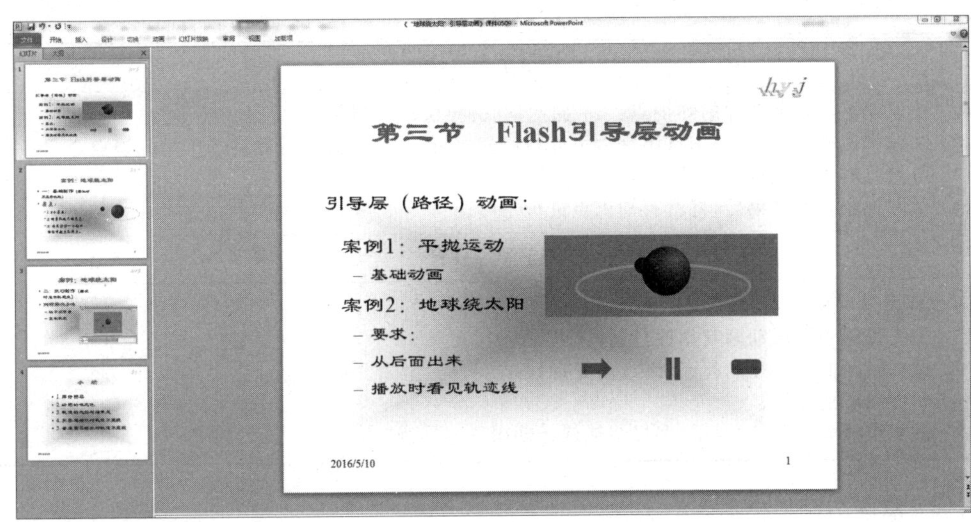

图 7-1-3 “地球绕太阳”引导层动画课件

（2）微课表现形式的设计

教学存在同质异构现象，譬如，同样一堂课，可以在普通教室上，也可以在多媒体教室用液晶投影上，还可以用电子白板上，只是互动方式及展现效果有所不同。微课制作亦然。同样的教学内容，因为不同的制作条件和制作要求，我们可以采用不同的方法制作。

本案例采用 Camtasia Studio 录屏软件对操作性演示讲解内容进行录屏；对教师的开场语、结束语以及中间有强调语之处，录制教师出境头像；最后通过 Camtasia Studio 视频编辑软件合成。

3. 微课制作过程第三步——制作

（1）制作微课学习任务单

微课任务单是微课教学的实用资源，教师制作微课学习任务单提供给学生，可方便学生自主学习，使学生更清楚通过本节微课将要学习什么内容、如何学习，通过学习要完成什么学习任务等，并能与教师进行一定程度的交互。当然，有教师指导的日常学习，或有合适配套教材的学习，也可省去任务单的制作。可以是 Word 版表格式，也可以是简明扼要的 PPT 课件式的。

本案例供参考的 Word 版微课学习任务单如下：

“‘地球绕太阳’引导层动画制作”微课学习任务单

一、学习目标
掌握制作封闭曲线路径引导层动画的方法； 技巧运用图层知识。
二、学习资源
微课视频：“‘地球绕太阳’引导层动画制作”微课视频 PPT 课件：“‘地球绕太阳’引导层动画制作”

续表

三、学习方法
(1) 建议先复习好上节课的知识点："平抛运动"引导层动画制作。 (2) 观看微课视频，一个知识点讲完后可以暂停先进行练习，再继续观看接下来的知识点介绍。 (3) 可做些电子笔记或观看 PPT 课件。 (4) 微课视频观看结束后，将所有知识点进行练习。
四、学习任务
通过观看微课视频自学，完成以下任务： (1) 深入掌握引导层动画制作原理； (2) 掌握封闭曲线路径的起点、终点的处理； (3) 掌握图层的运用； (4) 触类旁通尝试制作"双星、多星绕地球运动引导层动画"。

(2) 微课制作

用 Camtasia Studio 录屏软件录制教师教学过程中的具体操作界面和课件展示界面。

① 打开已制作好的教学课件，做好教学准备。同时打开笔记本电脑摄像头，准备录制教师授课镜头。

② 打开 Camtasia Studio 软件，单击"录屏"，进入准备录制屏幕界面，如图 7-1-4 所示。

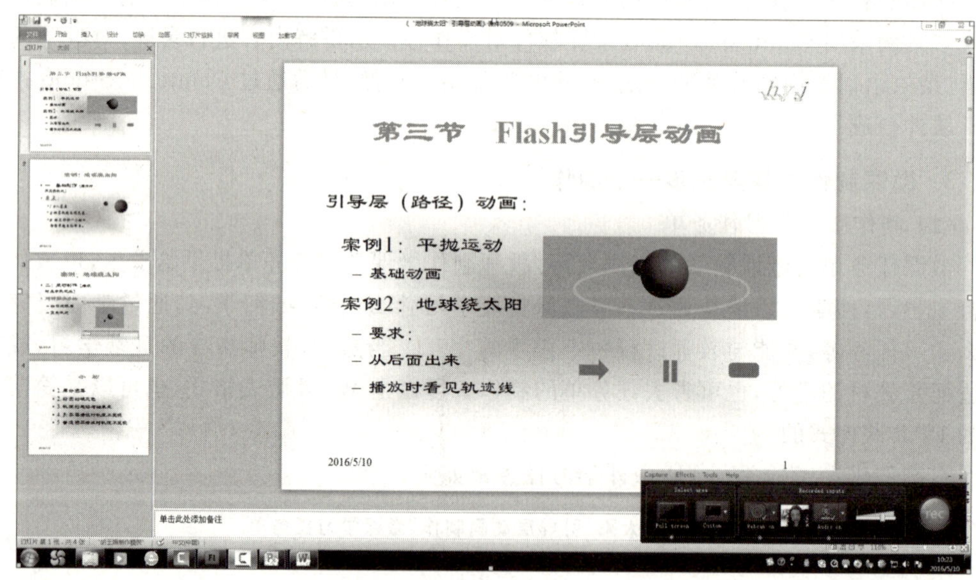

图 7-1-4 准备录制界面

③ 单击录屏软件"录制"按钮开始录屏，同时摄像头开始录制人像。但是，正在录时电脑屏幕上是看不见头像的。

录制结束后，单击"停止"按钮完成录制。图 7-1-5 所示是录制结束后自动进入的预览界面。以下截取录屏软件的两个代表性预览界面，如图 7-1-5 和图 7-1-6 所示。

④ 单击"保存和编辑"，根据之前章节所介绍的知识点，对录制好的微课视频进行一

定的编辑，完成微课视频的制作。

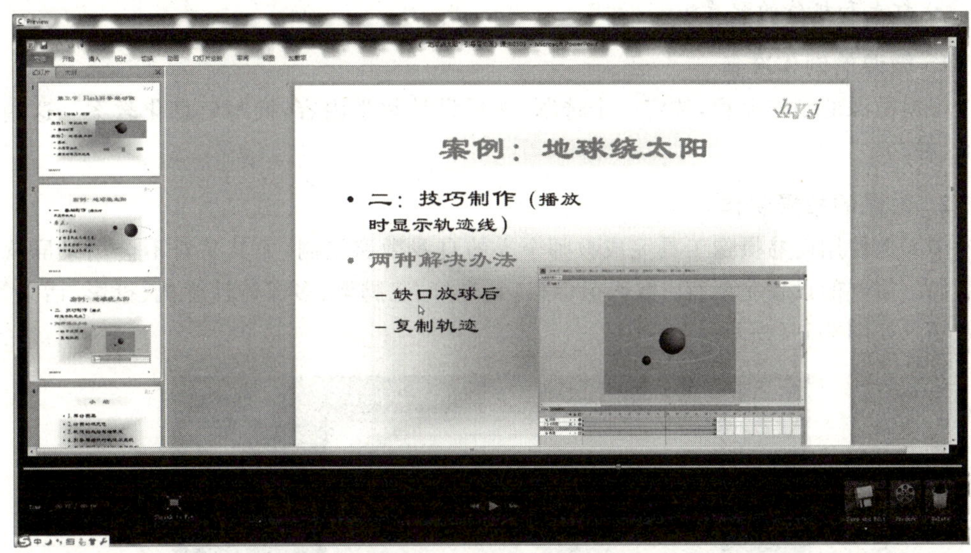

图 7-1-5　课件录制界面截图

图 7-1-6　操作界面截图

注意技巧：实际上，利用第 1 章学习的 SnagIT 软件的捕获视频功能也可录制屏幕上的操作过程，只是该软件的编辑功能弱于 Camtasia Studio 软件。

7.1.3　案例教学——使用摄像工具制作微课"'地球绕太阳'引导层动画"

主要知识点：

- 摄像机的使用

- 三脚架的使用
- 灯光和机位的配置

1. 微课的制作准备

根据微课的制作流程，选定一个选题，然后设计教学内容，撰写信息化教案。这些同前面一样。

2. 微课的拍摄制作

本案例使用简易摄像工具完成教师个人的自我微课摄制，尤其是对不会用录屏软件的人们。需要的设备主要有：数码摄像机、补光灯、三脚架、多媒体计算机、投影、话筒等。摄录场景如图 7-1-7 所示。

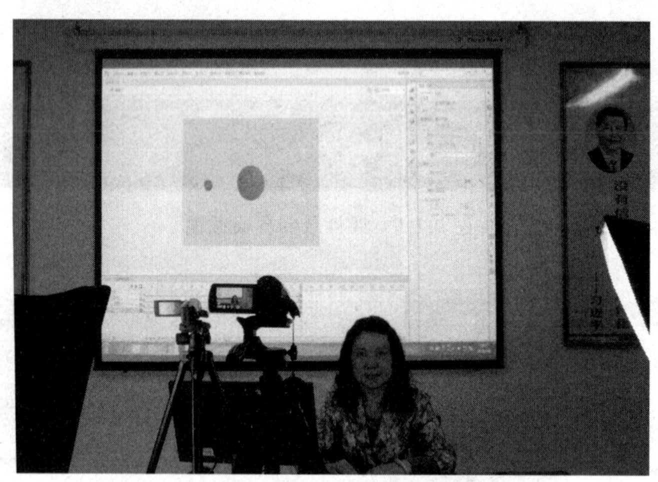

图 7-1-7 摄录场景

采用摄像机拍摄教师讲课的镜头相对于笔记本电脑上的摄像头的优势在于不仅可以拍摄坐着讲课的镜头，也可拍摄站着、甚至走动着的讲课镜头。

本案例采用一架摄像机录制银幕上的操作过程，另一架摄像机录制教师的讲课形象，有条件的话，可后侧方设置第三机位拍摄教师连人带屏幕上的操作。后期可由其他人利用编辑软件对二机所摄镜头进行编辑组接。

注意技巧：

(1) 一般对教师的开场语、结束语以及中间有强调语之处，使用教师出境形象。

(2) 用摄像机拍摄教师出镜形象，用录屏软件录制操作过程，再用 Camtasia Studio 软件编辑合成，这是一种效果较好的制作方式。

具体制作过程如下：

(1) 设备准备

① 设置机位，一般是一个机位拍人、一个机位拍摄课件或手写板。要用高清数码摄像机，将数码摄像机固定在三脚架的拆卸板上，再装到三脚架上，调整好拍摄高度、角度、机位位置。

② 打开多媒体计算机和投影，连接拾音话筒。

③ 布置灯光。至少一盏灯作主光，最好有第二盏灯作辅光，有条件的话，当人物衣服和背景都较暗时用第三盏灯作背景光。光比：主：辅：背景=2：1：1。关键是要给人脸补光，且不要影响背景。如果环境光亮度尚可，也可免去布光灯具。

④ 打开准备好的教学课件和相关的教学内容材料。

(2) 拍摄微课

① 打开数码摄像机的镜头盖和液晶显示屏，确定取景，按下 START 开始录制。

② 根据教师教学过程的需要，推、拉镜头，或摇动镜头跟踪。

③ 拍摄完毕后，按下 STOP 键停止拍摄。

3. 微课视频的后期处理

(1) 使用读卡器将拍摄的微课视频拷贝出来。

(2) 将拷贝的视频使用本书中介绍的 Camtasia Studio 或会声会影软件进行后期的编辑，可以对视频进行剪裁、特效、字幕等处理。

(3) 还可将本例摄像机拍摄的视频与上一案例录屏软件录制的屏幕内容，用视频编辑软件混编，制作出较高质量的微课视频。

7.1.4 案例教学——使用全自动精品课程录播室制作微课"'地球绕太阳'引导层动画"

主要知识点：

- 全自动精品课程录播室的操作。
- 授课实践。
- 自动生成微课视频及三分屏画面文件。

1. 微课制作准备

根据微课的制作流程，选定一个选题，然后设计教学内容，撰写信息化教案。这些同前面一样。

2. 微课录制

(1) 打开全自动精品课程录播室的电脑、液晶投影仪，启动录播软件。

(2) 在录播软件窗口中，新建录制文件存储文件夹，如图 7-1-8 所示。

(3) 按控制面板上的"开始"钮开始录制；注意，按"暂停"按钮可中途暂停录制。

(4) 教师不操作电脑时，系统自动跟踪教师，一般录制的是教师的形象和声音；学生起立回答问题时，系统自动切换到学生，一般录制的是学生的形象和声音；教师操作屏幕时，录制的是电脑屏幕。这些都是由系统自动切换的。

(5) 按控制面板上的"结束"按钮结束录制，系统自动保存文件。

3. 微课录制结果

系统自动生成相关文件，如图 7-1-9 所示。

最主要的实用文件有两种：

(1) 生成既有教师讲授形象又有屏幕讲解画面(有时还有学生互动画面)的视频文件，如图 7-1-10 所示。

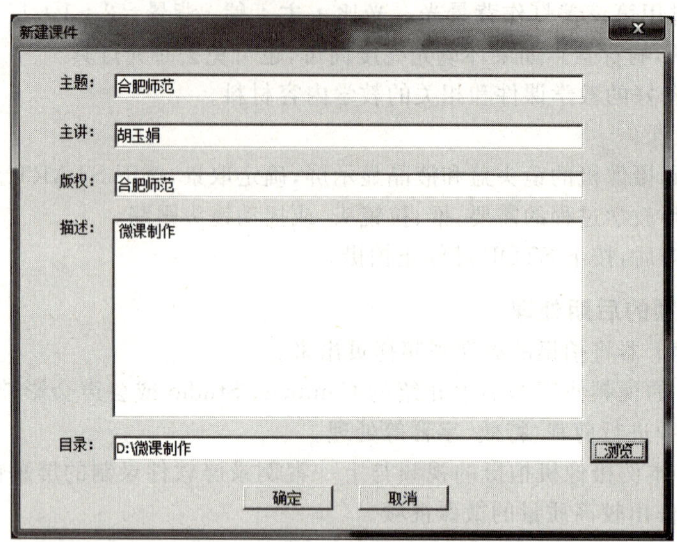

图 7-1-8　新建录制文件存储文件夹

图 7-1-9　自动生成文件

图 7-1-10 视频文件播放截图

(2) 生成可于网页发布的三分屏画面文件,其中包括教师讲课镜头、屏幕操作画面、课件画面三种,如图 7-1-11 所示。

图 7-1-11 三分屏画面文件播放截图

使用全自动精品课程录播室制作微课视频较为省力,但需要有该设施。另外,若环境或配置不甚理想则制作效果局限性大。

微课的制作方法有很多,而用录屏软件录制、用摄录设备录制以及用全自动录播系统录制,是普通教师个人能自我制作微课课件的最实用、最可行的方法。

7.2 慕课

“慕课”是新近涌现出来的一种新型教学模式，国际上从2008年开始，一大批教育工作者采用了这种课程结构，2011年秋，有超过十几个世界著名大学参与慕课教学。教师如果很好地使用慕课进行教学，在某些课程上可以使学生方便、灵活、自主地进行学习，能很好地发挥教学的双主性。我们在慕课基本常识的基础上，以案例教学简介慕课教与学过程的主要环节。

7.2.1 慕课基本常识

主要知识点：

- 慕课的概念。
- 慕课的特点和典型慕课平台。
- 国内外典型的慕课平台。
- 慕课的发展历程。
- 慕课的建设思路。
- 慕课的制作过程。

1. 慕课的概念

慕课(Massive Open Online Courses，MOOCs)即大规模开放式在线课程，是新近涌现出来的一种新型教学模式。它不同于视频公开课，它不仅仅播放授课视频，它还需要有较好的发布平台、合适的学习管理系统、有效的数据库以及设计优良的线上线下的学习管理手段。

2. 慕课的特点和典型慕课平台

慕课的特点：大规模性、开放性、在线自主学习性。

(1) 大规模性：慕课班级规模很大，不限制学生的数量。

(2) 开放性：慕课注册面向世界各地所有人士开放。

(3) 在线自主学习性：慕课的学习是在线形式，依靠学习者自主完成学习过程。

慕课国际三大巨头分别是Coursera、edX、Udacity。

国内的慕课平台主要有清华学堂在线、东西部高校课程共享联盟、上海课程共享中心、全国地方高校UOOC联盟、果壳网MOOC学院、爱课程网(中国大学MOOC)等。

3. 慕课的发展历程

2008年，加拿大阿萨巴萨卡大学的乔治·西门子和斯蒂芬·唐斯基于联通主义的学习理论模型，首次提出了MOOC并创建了全球第一个cMOOC类型的课程。2011年，美国斯坦福大学的教授基于cMOOC部分思想，借鉴了可汗学院(可汗学院(Khan Academy)，通过在线图书馆收藏了3500多部可汗老师的教学视频，向世界各地的人们提供免费的高品质教育)的教学模式，沿用传统面授教育课程的教学组织形式，以易于复制的课程框架，以学生自主构建学习共同体实施在线课程学习的模式，创办了在线教育商业化公司 Udacity 和 Coursera 等，邀请著名大学加盟并提供在线课程平台 xMOOC(x 表示扩展或加盟，不同于 c 表示联通主义的含义)，在课程学习环节免费向全球开放课程，吸引了众多学员注册学习，加之媒体的大力宣传和渲染，加速了政府、社会、学校和公众对于网络教学意义的认识，也造成了今天大众热议的 MOOC 演变成在线教育的代名词的状况。2011 年秋天，被誉为“印刷术发明以来教育最大的革新”，呈现“未来教育”的曙光。2012 年，被《纽约时报》称为“慕课元年”。多家专门提供慕课平台的供应商纷起竞争，Coursera、edX 和 Udacity 是其中最有影响力的“三巨头”，均已入驻中国。如果说 2012 年 MOOCs 在国际教育界引发了一场“海啸”，那 2013 年在中国教育界也算是刮起了阵阵“飓风”。近二十场关于 MOOC 的会议、论坛相继召开，北京大学和清华大学等高校相继与美国 MOOC 平台签约，面向全球免费开放了 15 门在线课程，MOOC 这种以短视频方式学习的在线课程正在受到学习者的青睐。①

4. 慕课的建设思路

要想使慕课真正起到弥补传统教学模式的不足和避免自身的不足之处，在慕课建设过程中，需注意以下实施方案的建设。

(1) 线上、线下学习的实施方案

教师在慕课建设中，不能只重视线上内容的建设，也应加强线下的教学活动。

(2) 混合式教学改革方案

慕课的教学模式应是混合式教学。教师利用线上展示电子教案、教学大纲、电子课件、讲课视频、线上思考题、线下作业等教学资源；学生在线利用教师提供的教学资源进行学习、在线提问、讨论；学生线下完成教师布置的线下作业；教师在线回答学生问题；教师线下批改学生作业、解答学生疑难问题等。通过这种线上、线下的混合式教学模式，充分发挥了教师主导作用和学生自主学习能力。

(3) 基于现有资源，减小对教学的扰动

(4) 教师是复杂、多样的角色

慕课教学中，教师不光是传统教学中的讲授者，而且还是整个活动的设计者、课程的讲授者、学生问题解答的导师、课程的推广者。因此，教师要不断提升自我，才能扮演好慕课教学过程中复杂、多样的角色。②

5. 慕课的制作过程简介

(1) 选定授课科目

教师选择一门课程，并以课程的学科组织制作团队。

(2) 课程规划和教学设计

选定好授课科目和人员后，教师开始制作课程标准、规划以知识点为单位的教学内容、确定教学重难点；制作电子课件、教学大纲、教学进度表等教学设计。

---

① 此处文字部分参考网络公开发表资料。

② 此处文字部分参考网络公开发表资料。

(3) 制作拍摄脚本

视频以知识点为拍摄单元，团队商业制作一般要设计信息化教学简案、拍摄的脚本。

(4) 录制前准备、开始录制

录制前选择拍摄的方式，准备好录制室的各种录制材料、调试设备，开始录制视频。

(5) 后期编辑

对于拍摄的视频通过相应的软件进行后期编辑，可以剪辑、配音、添加字幕等，以完善视频内容。

特别重要的是，MOOC制作要以微课视频为基础，不宜采用大段视频自主学习；而且，每学一部分内容后需在合适位置设置互动测试题检查学习效果；另外，每章要制作测试题，结课要有考核题，所有题应有答案。

(6) 发布到慕课平台

所有材料通过校正审核无误后，发布到慕课平台，供学生学习使用。

7.2.2 案例教学——《Flash》慕课课程教与学主要环节

主要知识点：

- 学习者利用慕课平台进行学习。
- 教师利用慕课平台进行教学。

本案例以合肥师范学院公共计算机教学部曾经利用公司的平台及其课程资源开设的"Flash"慕课全校公选课程为例，讲解学习者利用慕课平台进行学习和教师利用慕课平台进行教学的基本过程。

1. 学习者利用慕课平台进行学习

(1) 注册、登录。学习者访问一个慕课平台，选择一门课程，进行注册、登录。

(2) 查看本课程相关教学材料、公告等信息。学习者登录后，可以查看教师发布的各项电子教学材料辅助学习，包括教学大纲、课件等；学习者在学习过程中，可以通过公告及时查看教师发布的最新消息。

(3) 观看视频进行学习。学习者根据章节进度，自行选择时间，观看视频进行学习。

(4) 记录电子笔记、进行随堂测试或闯关测试。学习者在学习过程中，可以在视频一旁选择电子笔记进行笔记的记录，既方便、快速又便于后期复习使用；有些慕课在一些关键知识处设置了闯关测试，学习者只有通过闯关测试才能继续观看视频进行学习；慕课在每单元会设置一些随堂在线测试，通过随堂测试可检测学生每单元知识掌握的程度，帮助学生更好地巩固所学的知识点。

(5) 在讨论区提问、讨论、交流。学习者在学习过程中遇到的任何问题都可以通过讨论区向老师进行提问，还可以在学生讨论区进行在线交流和讨论，通过有效的互动及时解决学习者在慕课过程中所遇到的问题。

(6) 完成线下作业。学习者在学习完每章节后，要完成教师布置的一些线下作业，并在规定的时间内上交作业。

(7) 学习结束后，完成综合测试。学习者观看完视频后进行综合测试，完成慕课学习。

2. 教师利用慕课平台进行教学

(1) 从教师端登录平台。教师利用教师端登录平台,进入教师端界面。

(2) 发布公告。教师将消息利用公告进行发布,使学生及时知道最新消息,如图 7-2-1 所示。

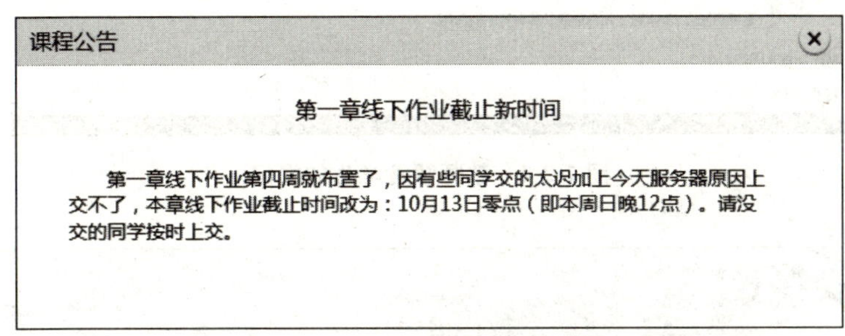

课程公告

第一章线下作业截止新时间

第一章线下作业第四周就布置了,因有些同学交的太迟加上今天服务器原因上交不了,本章线下作业截止时间改为:10月13日零点(即本周日晚12点)。请没交的同学按时上交。

图 7-2-1 教师发布公告

(3) 查看学生学习进度。教师在教学过程中,可以通过查看学生学习进度了解学生学习具体完成情况,如图 7-2-2 所示。

导出Excel 清空搜索 学习开始时间 学习结束时间 姓名/学号/班组

序号	学号	姓名	所在班组	测试成绩	测试次数	作业次数	评论次数	提问次数	所有讨论	考试	↓学习进度	总评成绩(分)
1	1311441090	胡政	2013级食品质量与安全2班	16.7	3	1	0	0	0	未参加	100%	未计算
2	1208431016	孟丽	2012级通信工程2班	83.3	9	1	0	3	4	未参加	96%	未计算
3	1308441020	王燕婕	2013级电气工程及其自动化3班	16.7	1	1	0	0	0	未参加	62%	未计算
4	1302410069	华婉瑶	2013级英语(师范)2班	33.3	3	1	0	0	0	未参加	55%	未计算
5	1312410089	张卜心	2013级音乐学(师范)1	33.3	2	1	1	0	0	未参加	48%	未计算

图 7-2-2 学生学习进度情况查询

(4) 解答学生疑问。教师及时解答学生提出的疑问。如图 7-2-3 和图 7-2-4 所示。

全部 ▼ 全部 ▼ 讨论内容/提问人

讨论内容	学生回复总计	最后回复时间	所在章/讲	↓提问时间	提问人	操作
请问,返回上一步怎么操作啊?	1	2014-10-15 19:16	—	2014-10-13 16:34	吴怡	查看与回答 删除
绘制好线条之后,线条的颜色怎么改变?	0		—	2014-10-12 20:34	刘慧	查看与回答 删除
为什么我下载了flash cs4这个软件就是...	1	2014-10-12 12:16	—	2014-10-11 20:38	金婉庆	查看与回答 删除
油漆桶和墨水瓶有什么区别?为什么墨...	0		—	2014-10-11 19:59	齐新龙	查看与回答 删除
怎么确定老师收到了我的作业?	0		一章/七讲	2014-10-10 20:42	薛蓉	查看与回答 删除

图 7-2-3 查看学生提出的疑问

(5) 布置、查看线下作业提交情况,如图 7-2-5 所示。

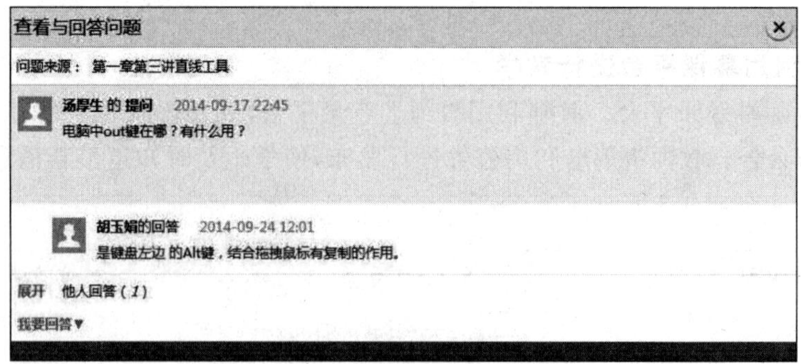

图 7-2-4 教师解答学生的提问

作业标题	均分/满分	应提交人数	未提交人数	待批阅人数	作业发布时间	作业截止时间	操作
第一章线下作业	0/100	81	24	57	2014-10-10 23:05	已截止	查看

图 7-2-5 新建作业和查看作业提交情况

（6）批改作业并进行登分，如图 7-2-6 所示。

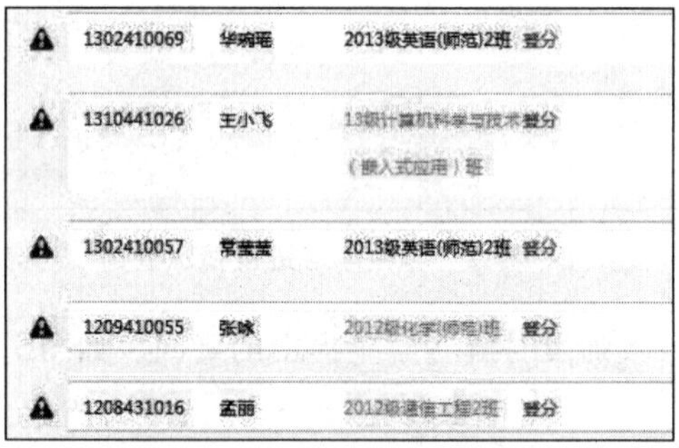

1302410069	华琬晤	2013级英语(师范)2班	登分
1310441026	王小飞	13级计算机科学与技术（嵌入式应用）班	登分
1302410057	常莹莹	2013级英语(师范)2班	登分
1209410055	张咏	2012级化学(师范)1班	登分
1208431016	孟丽	2012级通信工程2班	登分

图 7-2-6 批改作业并登分

（7）总评成绩由系统算出并提供给学生。

推荐访问：中国微课创新教育社区（www.cnweike.cn）。

7.2.3 案例教学——《大学计算机基础》课程慕课学习

主要知识点：慕课学习过程。

本例通过爱课程网的“大学计算机基础”慕课的登录、观看学习视频、学习文档，参与讨论、交流，进行每讲随堂练习、小测和课程考试，完成了“大学计算机基础”慕课的学习。

要完成“大学计算机基础”慕课的学习，如图 7-2-7 所示，通过注册、登录、进行自主的学习、交流、讨论、测验等，将知识进行内化。

图 7-2-7 “大学计算机基础”慕课首页界面截图

1. 注册、登录、选课

（1）进入“爱课程”网，注册、登录后，搜索“大学计算机基础”课程。

（2）打开如图 7-2-7 所示的“大学计算机基础”课程界面，选择进入学习后，如图 7-2-8 所示，单击“开始学习”进行课程的学习。

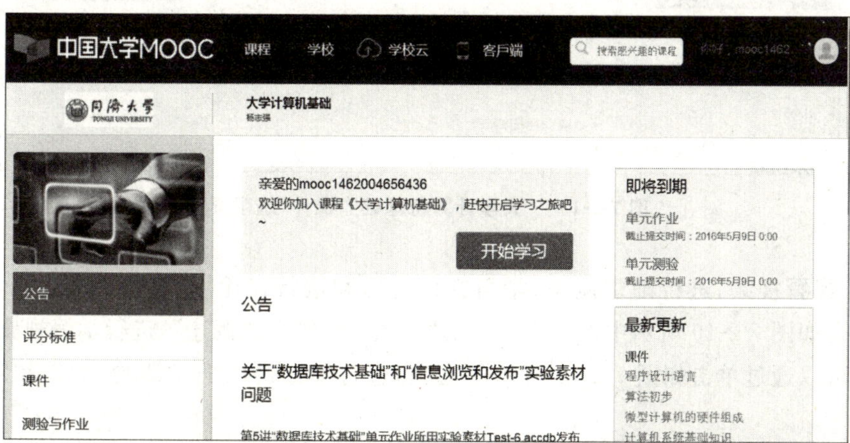

图 7-2-8 “大学计算机基础”课程界面截图

2. 开始慕课的学习

（1）选择“开始学习”后，进入如图 7-2-9 所示的学习主界面，通过单击界面左边选项，在界面中间显示区域内进行课程的自主学习，包括“公告”的查阅、“评分标准”的查看、“课件”的学习、“测验与作业”、“考试”和“讨论区”等。

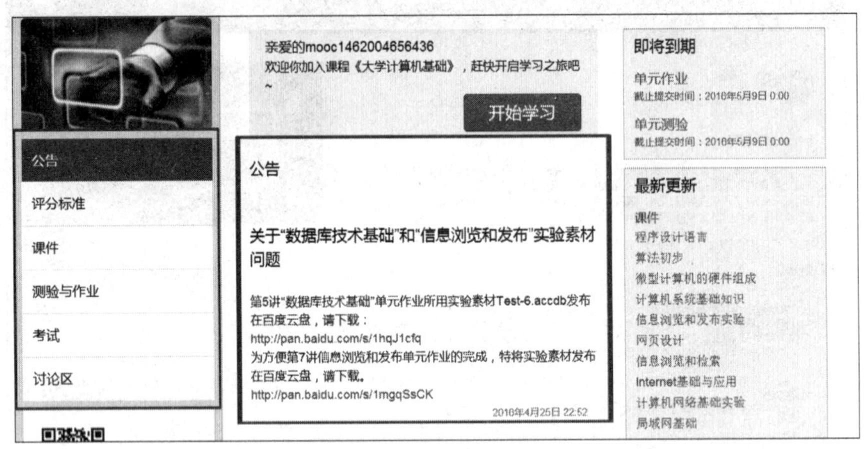

图 7-2-9 “大学计算机基础”课程学习主界面截图

(2) 单击“课件”选项，进入每讲的学习，如本案例选择第二讲的学习。每讲可以通过选择如图 7-2-10 所示的选项，进行学习视频的观看、文档资料的查看和讨论等学习活动。

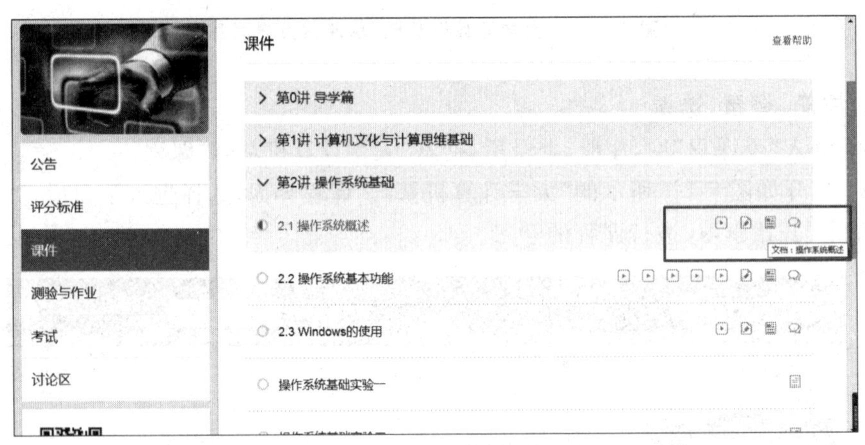

图 7-2-10 “大学计算机基础”“课件”选项界面

3. 观看视频、进行随堂测验、学习文档查看和进行讨论

单击如图 7-2-10 所示中的 2.1 节后的“视频：操作系统概述”，进行学习视频的观看；此时还可以通过单击如图 7-2-11 所示的选项，进行第二讲的随堂测验、文档和讨论等学习活动。

4. 测验与作业

通过“测验与作业”选项，单击“前往测验”进行每讲的测验，如图 7-2-12 所示。

5. 参与讨论、进行交流

(1) 通过“讨论区”选项，进行讨论、交流。

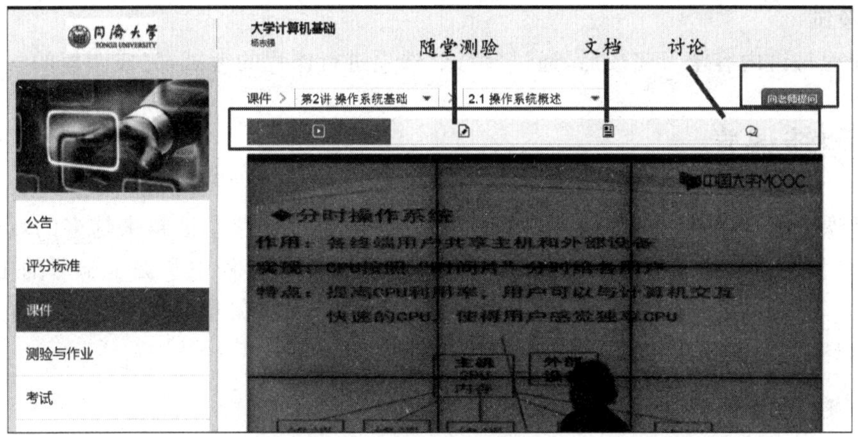

图 7-2-11 “大学计算机基础”每讲具体学习

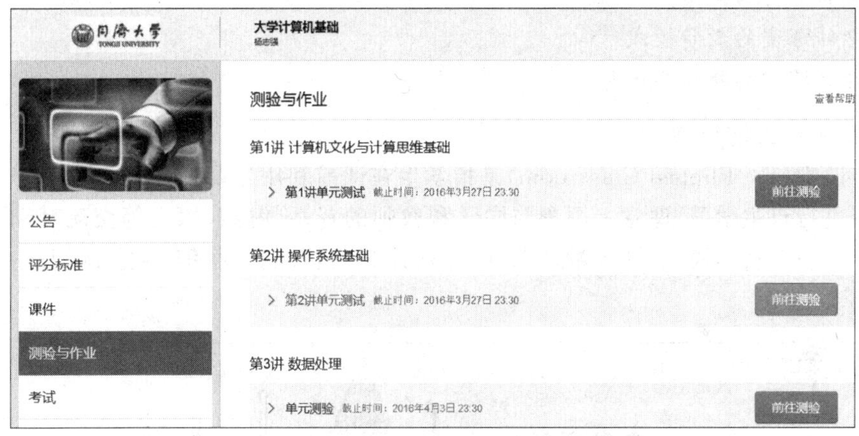

图 7-2-12 “大学计算机基础”测验与作业

(2) 在讨论区中包括“老师答疑区、课堂交流区和综合讨论区”，可以搜索别人提出的问题，还可以发起主题，如图 7-2-13 所示。

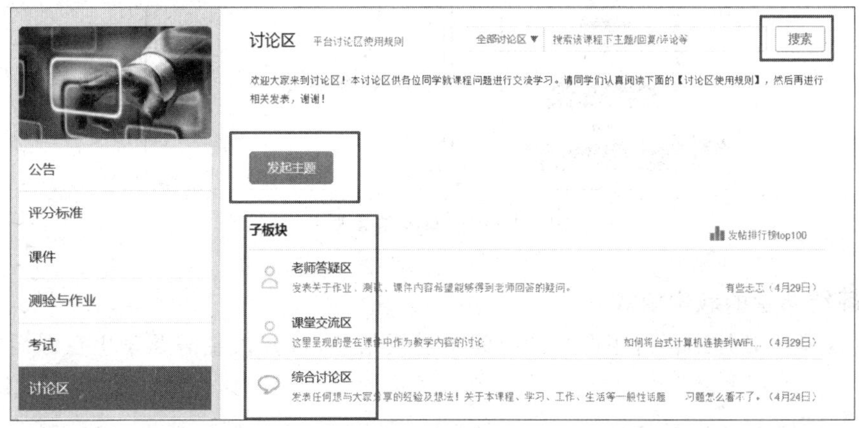

图 7-2-13 “大学计算机基础”讨论区

6. **考试**

等课程每讲内容学习完成后，通过“考试”选项进行课程的考试，完成课程的学习。

7.3 翻转课堂

翻转课堂是近年来出现的一种新的教学模式，随着翻转课堂被越来越多的教师应用在教学中，从而使教师成为学生身边的老师，使学生在学习过程中掌握了学习的主动权，最终提高了教师的教学效率，提升了学生的学习效果。我们在介绍翻转课堂基本常识的基础上，以案例教学简介翻转课堂的教学设计。

7.3.1 翻转课堂常识

主要知识点：

- 翻转课堂的概念
- 翻转课堂的教学模式
- 翻转课堂的特点和优势

1. 翻转课堂的概念

翻转课堂(the Flipped Classroom)是指学生在课前利用教师发布的各种数字材料对学科内容进行自主学习，课堂上则参与同学和教师的释疑、解惑、探究等交流互动并完成作业的一种新型教学模式，译为翻转课堂，也被译为反转课堂、颠倒课堂、颠倒教室等，如图 7-3-1 所示。

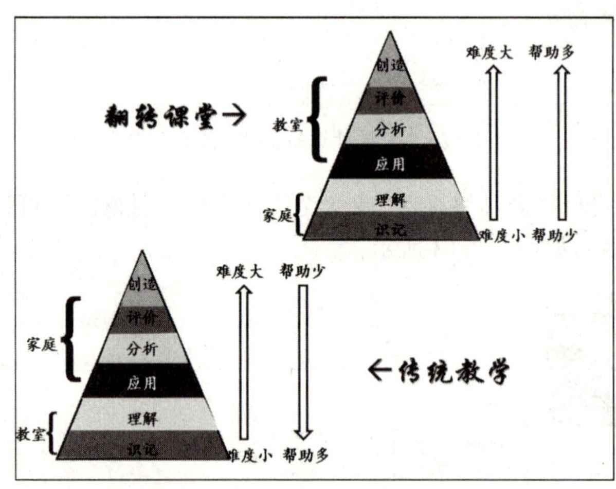

图 7-3-1 图解翻转课堂[①]

2. 翻转课堂的教学模式

翻转课堂中教师不再占用课堂的时间来讲授信息，这些信息需要学生在课后完成自

① 此图部分参考网络公开表资料。

主学习：看视频讲座、听播客、阅读功能增强的电子书、在网络上与别的同学讨论、能在任何时候去查阅需要的材料。

课堂上教师与学生交谈，回答学生的问题，参与到学习小组，对每个学生的学习进行个别指导。学生发展自己的协作学习小组，彼此帮助，相互学习和借鉴，而不是依靠教师作为知识的唯一传播者。

3. 翻转课堂的特点和优势

翻转课堂的主要特点有以下几点：

(1) 知识的学习在课前，由学生在课堂外自主完成；知识的内化、提高和巩固，由学生和教师在课堂上共同协作、交流完成。

(2) 教师的角色由传统的传授者转变为教学的主导者。

(3) 学生的角色由传统的接受者转变为学习的主体者。

(4) 教学环境由单一的教室、家庭转变为课堂及课堂外的任何地方。

(5) 教学资源由原来的教材等书面资料，转变为任何形式的资料。

翻转课堂的优势有以下几点：

(1) 学生主体地位得以凸显，课外主动找资源进行学习。

(2) 学生自主掌握学习进度。

(3) 通过在线的及时诊断，教师的及时帮助，学生的学业基础会更加扎实。

(4) 促进教师学生良性互动。①

7.3.2 案例教学——初中信息技术八年级(下)第一单元活动2《特色班牌同制作》②

主要知识点：

- 教学准备工作
- 课前学习内容与方式
- 课上学习内容与方式

翻转课堂教学设计梗概：翻转课堂教学设计要以学生课前自主学习和课堂上良好的互动交流为设计原则，在教学设计过程中教师要根据学生特征确定教学内容、明确教学重点和难点；以知识点为单元规划教学进度，制作课件、教案等教学电子资源或录制教学视频，设计并制作课前思考练习题目；根据学生存在的问题设计课堂内化的互动环节；最后设计好课堂上的总结反思环节。

本案例以初中信息技术八年级(下)第一单元活动2《特色班牌同制作》翻转课堂为例介绍翻转课堂的制作过程。本案例《特色班牌同制作》最终效果截图如图7-3-2所示。

---

① 翻转课堂主要特点和优势摘录自网络。

② 科学出版社，《信息技术——八年级下册》。

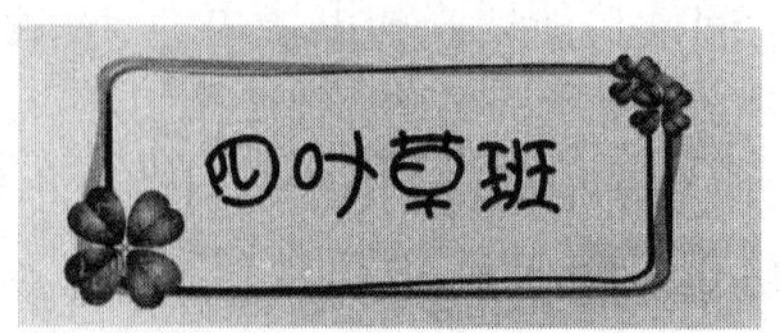

图 7-3-2 教材中《特色班牌同制作》最终效果图①

1. 教学准备工作

(1) 教师分析学习者特征：学生已学习第一单元活动一的内容，对 Photoshop 基本工具有较少的了解。

(2) 教师明确教学重难点：自由变换操作、魔棒工具使用、移动工具使用，文字输入及编辑。

(3) 教师提供教学目标、教学任务、方法建议。

教学目标：掌握利用"自由变换"调整图层大小；掌握"魔棒工具"的基本使用方法；掌握利用"移动工具"移动图片；掌握文字工具的使用，包括文字的输入及文字的编辑。

方法建议：观看视频、尝试自行制作《特色班牌》。

(4) 视频制作：教师在此基础上设计 15 分钟左右的视频录像，可以通过 SnagIt 等软件录播、也可在录制室录播；或者通过手机、DV 等录制。

视频中通过实例在 1～4 分钟介绍 "自由变换"操作和移动工具；5～10 分钟介绍魔棒工具；11～15 分钟介绍文字的输入及编辑。

(5) 其他学习资源：教师针对教学目标，在 5 分钟、10 分钟、15 分钟分别设计一个小问题，供学生回答、讨论；教师制作本次内容的教案、PPT 课件，提供给学生，帮助学生完成对知识点的消化。

2. 课前学习内容与方式

学生在课前、课下利用自己的时间，根据教师提供的教学目标、教学任务和方法建议进行自主学习。

(1) 学生可先浏览教师发布的教案、PPT 课件等电子学习资源；

(2) 然后观看教学视频，在通过教学视频学习时，可以根据视频中的内容讲解进行边听边练习；

(3) 视频观看结束后，自行制作《特色班牌》；

(4) 在观看视频过程中，回答在 5 分钟、10 分钟、15 分钟提出的小问题。

3. 课上学习内容与方式

课堂上，教师根据学生上交的作品，事先设计好互动环节。具体课堂上的教学环节如下。

教学环节一：展示学生课前制作较好的作品，并对其进行表扬和鼓励。

教学环节二：教师让学生根据课前所学内容及自己存在的问题进行讨论。

---

① 截图出自科学出版社《信息技术——八年级下册》第一单元活动 2《特色班牌同制作》。

教学环节三：教师让学生通过讨论、交流、操作后还存在的问题进行提问，并给以指导、解答。

教学环节四：教师根据学生提问归纳出现较多的问题，并让学生上台操作演示；再进行集体讲解，以解决问题。

教学环节五：课堂测试，让学生制作小例子"例1"（包括本案例中涉及的知识点）。

教学环节六：教师根据学生制作情况进行点评、将主要问题进行演示。

教学环节七：教师对本节课进行总结，并布置"提高环节"，由学生根据自身学习水平选择性练习。

以上是初中信息技术八年级（下）第一单元活动2《特色班牌同制作》翻转课堂教学设计案例的整个过程。

思考与练习

1. 微课的概念是什么？
2. 微课特征之"短、小、精、悍"代表何意？
3. 微课的制作过程有哪些？
4. 尝试自行制作一个微课。
5. 慕课的特点有哪些？
6. 什么是翻转课堂？
7. 微课与慕课、翻转课堂有何联系？

附录A

现代教育技术有关理论常识（摘录）

1. 三种传播理论

（1）拉斯韦尔“5W”理论

美国政治学家拉斯韦尔在其1948年发表的《传播在社会中的结构与功能》一文中，最早以建立模式的方法对人类社会的传播活动进行了分析，这便是著名的“5W”模式：

谁（Who）→说什么（says What）→通过什么渠道（in Which channel）→对谁（to Whom）→取得什么效果（With what effects）。

其称谓来自模式中五个要素同样的首字母“W”。这五个要素又构成了后来传播学研究的五个基本内容，即控制研究、内容分析、媒介研究、受众研究和效果研究。这五个要素各有其自身的特点：

“谁”就是传播者，在传播过程中担负着信息的收集、加工和传递的任务。传播者既可以是单个的人，也可以是集体或专门的机构。

“说什么”是指传播的信息内容，它是由一组有意义的符号组成的信息组合。符号包括语言符号和非语言符号。

“渠道”是信息传递所必须经过的中介或借助的物质载体。它可以是诸如信件、电话等人际之间的媒介，也可以是报纸、广播、电视等大众传播媒介。

“对谁”就是受传者或受众。受众是所有受传者如读者、听众、观众等的总称，它是传播的最终对象和目的地。

“效果”是信息到达受众后在其认知、情感、行为各层面所引起的反应。它是检验传播活动是否成功的重要尺度。

现代教育技术应用拉斯韦尔的“5W”理论，主要是发挥传播者（教师）、受传者（学生）的主动性与积极性，选择适合教育内容的现代教育媒体，并通过实践检验传播效果，对指导现代教育教学有一定的促进作用。

（2）施拉姆的双向传播理论

双向传播是对传播关系的性质的一种描述。20世纪50年代初由施拉姆和奥斯古德提出。研究发现，在传播过程中，传播者和受传者双方构成一种分享信息、不断产生信息交流的关系，传播双方在对信息进行解释、传递的过程中一直相互影响，角色不断发生变化。在信息反演过程中，传播者成为受传者，受传者变为传播者、这种存在着反馈或互动机制的传播，传播双方相互交流和共享信息，保持着相互影响和相互作用的传播即称为双向传播。

施拉姆和奥斯古德提出,在传播过程中应建立一个“反馈系统”。不仅要把信息单向传播给受传者,还要把受传者的反应通过各种渠道接收回来。在双向传播中,符号和信息是共享的。双向传播经常发生在面对面的人际传播中,也发生在大众媒介的传播中。大众媒介的双向传播是间接的,主要通过受众研究、发行量统计、收听、收视率调查和受传者来信而获得。

(3) 贝罗的SMCR理论

贝罗的SMCR理论综合了人类学、大众传播学、行为科学等新理论,将传播过程分解为四个基本要素:S代表信息源source,M代表信息message,C代表通道channel,R代表接受者receiver。贝罗模式明确而形象地说明了影响信息源、接受者和信息实现其传播功能的条件,说明信息传播可以通过不同的方式和渠道,而最终效果不是由传播过程中某一部分决定的,而是由组成传播过程的信息源、信息、通道和接受者四部分以及他们之间的关系共同决定的,传播过程中每一组成部分又受其自身因素的制约。

2. 三种教育理论

(1) 赞可夫的发展教学理论

① 以高难度进行教学的原则

教学要有一定的难度。赞可夫认为:这个概念的含义之一是指克服障碍,另一个含义是指学生的努力。“以高难度进行教学,能引起学生在掌握教材时产生一些特殊的心理活动过程。”“只有走在发展前面的教学才是最好的教学。”同时,他也指出高难度不是越难越好,要注意掌握难度的分寸。只有这样能为紧张的智力工作不断提供丰富营养的教学,才能有效地促进学生的发展。

② 以高速度进行教学的原则

赞可夫认为教学进度太慢,大量的时间花在单调的重复讲授和练习上,阻碍了学生的发展。他主张从减少教材和教学过程的重复中求得教学速度,从加快教学速度中求得知识的广度,从扩大知识广度中求得知识的深度。这个速度是要与学生的“最近发展区”的实际相适应,以丰富多彩的内容去吸引、丰富孩子的智慧,促进其发展。

③ 理论知识起指导作用的原则

赞可夫根据实验的观察材料指出:孩子“知识的获得、技巧的形成是在一般发展的基础上,在尽可能深刻理解有关概念、法则及其之间的依存性的基础上实现的”。掌握理论知识对于事实材料和技能的规律能加深理解,使知识结构化、整体化,方便记忆;理论知识可以揭示事物内在联系,掌握理论知识后能够把握事物规律,然后展开思想,实现知识迁移,调动思维积极性,促进一般发展。

④ 使学生理解学习过程的原则

这一原则要求学生在理解知识本身的同时,也理解知识是怎样学到的,也就是教材和教学过程都要着眼于学习活动的“内在”机制,教学生学会怎样学习。要求学生把前后所学的知识进行联系,了解知识网络关系,使之融会贯通,灵活运用,教学要引导学生寻找掌握知识的途径,要求学生明确学习产生错误与克服错误的机制等。

⑤ 使全体学生都得到一般发展的原则

教学应面向全体学生，特别是要促进差生的发展，教材必须适合大多数学生的学习水平；教学要以实验为基础，多做实验，增强学生的感性认识，发展学生的观察能力；用知识本身来吸引学生使他们感到学习是一种乐趣，体会到克服学习困难后得到精神上的满足和喜悦，以此增强学生学习的内部诱因；教学中要注意设计好教与学的思路，重视知识的前后联系，融会贯通；启发思考，适时练习、及时反馈、矫正等。

(2) 布鲁纳的结构-发现教学理论

① 学习一门学科，最重要的是掌握它的基本结构。

② 任何学科都能用正确的方式，有效地教给任何发展阶段的任何儿童。

③ 要学习好，必须采用发现法。

布鲁纳认为，学习的实质是一个人把同类事物联系起来，并把它们组成赋予一定意义的结构。学习就是认知结构的组织和再组织的过程。知识的学习就是在学生头脑中形成各学科的知识结构。任何一门学科的学习最终目的是掌握这门学科的结构，以富有意义联系的方式去理解许多其他的相关事物。知识具有一定的层次结构，它可以通过一个人的编码系统或结构体系表达出来。按照布鲁纳的观点，知识的学习就是在学生的头脑中形成一定的知识结构。这种知识结构是由学科中的基本概念、基本思想和基本原理组成的。

布鲁纳强调学习是一种积极的认知过程，注重掌握学科的基本结构，但不是现成的答案，倡导知识的发现学习。布鲁纳所说的发现，并不限于发现人类尚未发现的事物，而是指让学生自己独立阅读思考，去发现教材的结构、结论和规律的过程。这种学习方法，要求学生像科学家一样去思考、探索未知，最终达到对知识的理解和掌握。

(3) 巴班斯基的教学最优化理论

所谓"教学过程最优化"，是指在全面考虑教学规律、原则、现代教学的形式和方法，以及该系统的特征及其内外部条件的基础上，组织对教学过程的控制，以保证过程(在最优化的范围内)发挥在一定标准看来最有效的作用。也可把教学过程最优化理解为：教师有目的地选定一种建立教学过程的最佳方案，保证在规定时间内解决教养和教育学生的任务，并取得尽可能最大的效果。"最优化"包含以下 5 个因素：遵循教学规律、考虑条件、选择方案、调控活动、获得效果。

巴班斯基的教学过程最优化的方法体系包括：①综合教学任务，注意全面发展。②了解研究学生，具体落实任务。③选择教学内容，使教学内容具体化。④根据具体情况，选择合理方法。⑤采用合理形式，实行区别教学。⑥确定最优速度，节省师生的时间。⑦优化教学条件，提供教学保证。⑧控制学生的学习过程，调整教学过程。⑨分析教学效果，研究和改善教学。

3. 三种学习理论

(1) 行为主义学习理论

行为主义学习理论又称刺激-反应理论，是当今学习理论的主要流派之一。该理论认为，人类的思维是与外界环境相互作用的结果，即形成"刺激-反应"的联结。

行为主义者认为，学习是刺激与反应之间的联结，他们的基本假设是：行为是学习者对环境刺激所做出的反应。他们把环境看成是刺激,把伴而随之的有机体行为看作是反应,认为所有行为都是习得的。行为主义学习理论应用在学校教育实践上,就是要求教师掌握塑造和矫正学生行为的方法,为学生创设一种环境,尽可能在最大程度上强化学生的合适行为,消除不合适行为。

(2) 人本主义学习理论

人本主义心理学是20世纪五六十年代在美国兴起的一种心理学思潮,其主要代表人物是马斯洛(A. Maslow)和罗杰斯(C. R. Rogers)。人本主义的学习与教学观深刻地影响了世界范围内的教育改革,是与程序教学运动、学科结构运动齐名的20世纪三大教学运动之一。

人本主义主张,心理学应当把人作为一个整体来研究,而不是将人的心理肢解为不完整的几个部分,应该研究正常的人,而且更应该关注人的高级心理活动,如热情、信念、生命、尊严等内容。人本主义的学习理论从全人教育的视角阐释了学习者整个人的成长历程,以发展人性;注重启发学习者的经验和创造潜能,引导其结合认知和经验,肯定自我,进而自我实现。人本主义学习理论重点研究如何为学习者创造一个良好的环境,让其从自己的角度感知世界,发展出对世界的理解,达到自我实现的最高境界。

(3) 认知主义学习理论

认知主义学习理论与行为主义学习理论相对立,源自于格式塔学派的认知主义学习论,经过一段时间的沉寂之后,再度复苏。从20世纪50年代中期之后,随着布鲁纳、奥苏贝尔等一批认知心理学家的大量创造性的工作,使学习理论的研究自桑代克之后又进入了一个辉煌时期。他们认为,学习就是面对当前的问题情境,在内心经过积极的组织,从而形成和发展认知结构的过程,强调刺激反应之间的联系是以意识为中介的,强调认知过程的重要性。因此,使认知主义的学习论在学习理论的研究中开始占据主导地位。认知派学习理论家认为学习在于内部认知的变化,学习是一个比S-R联结要复杂得多的过程。他们注重解释学习行为的中间过程,即目的、意义等,认为这些过程才是控制学习的可变因素。

建构主义的最早提出者可追溯至瑞士的皮亚杰(J. Piaget),他是认知发展领域最有影响的一位心理学家,建构主义认为:知识主要不是通过教师传授得到,而是学习者在一定的情境即社会文化背景下,借助其他人(包括教师和学习伙伴)的帮助,利用必要的学习资源,通过意义建构的方式获得。建构主义学习理论是当前流行且提倡的重要学习理论。其中,“意义建构”是指概括事物的性质、特征、现象,归纳事物之间的内在联系和规律。

(注:本附件中所阐述理论内容均摘选自百度百科与智库百科)

附录B

教师资格证考试国家相关政策和要求(摘录)

一、考试政策

1. 考试目的

通过实施中小学和幼儿园教师资格考试,考查申请人是否具备教师职业道德、基本素养、教育教学能力和教师专业发展潜质。严把教师入口关,择优选拔乐教、适教人员取得教师资格。

2. 考试类别

中小学和幼儿园教师资格考试包括幼儿园教师资格考试、小学教师资格考试、初级中学教师资格考试、高级中学教师资格考试。

申请认定中等职业学校文化课教师资格、中等职业学校专业课和中等职业学校实习指导教师资格者参加高级中学教师资格考试。

3. 考试性质

中小学和幼儿园教师资格考试是由国家建立考试标准,省级教育行政部门统一组织的、实行"国标、省考"的标准参照性考试。

4. 考试对象

试点省份内所有申请幼儿园、小学、初级中学、高级中学、中等职业学校教师资格和中等职业学校实习指导教师资格的人员须参加中小学和幼儿园教师资格考试。

试点工作启动前已入学的全日制普通院校师范类专业学生,可以持毕业证书直接认定相应的教师资格。试点工作启动后入学的师范类专业学生,申请中小学和幼儿园教师资格应参加教师资格考试。

5. 报考条件

中华人民共和国公民;拥护中国共产党领导,拥护社会主义制度;无犯罪记录。

原则上应具备《教师法》规定的相应学历条件,并应符合本省确定并公布的学历要求。

应届在校生报考中小学和幼儿园教师资格考试应提供学校出具的在籍学习证明。

6. 考试方法

中小学和幼儿园教师资格考试包括笔试和面试两部分。笔试部分科目采取计算机化考试,部分科目采取纸笔考试。笔试各科成绩合格者,方可参加面试。

7. 考试标准

教育部制定并颁布幼儿园教师资格考试标准、小学教师资格考试标准、初级中学教师资格考试标准、高级中学教师资格考试标准。考试标准规定了教师教育教学能力的基本要求,是确定考试科目和考试大纲的依据。

8. 考试科目

<table>
<tr><th rowspan="2" colspan="2">类　别</th><th colspan="3">笔 试 科 目</th><th rowspan="2">面　　试</th></tr>
<tr><th>科目一</th><th>科目二</th><th>科目三</th></tr>
<tr><td colspan="2">幼儿园</td><td>综合素质</td><td>保教知识与能力</td><td>—</td><td>教育教学实践能力</td></tr>
<tr><td colspan="2">小学</td><td>综合素质</td><td>教育教学知识与能力</td><td>—</td><td>教育教学实践能力</td></tr>
<tr><td colspan="2">初级中学</td><td rowspan="5">综合素质</td><td rowspan="5">教育知识与能力</td><td>学科知识与教学能力</td><td>教育教学实践能力</td></tr>
<tr><td colspan="2">高级中学</td><td rowspan="2">学科知识与教学能力</td><td>教育教学实践能力</td></tr>
<tr><td rowspan="2">中职</td><td>文化课教师</td><td>(试点省自行组织)</td></tr>
<tr><td>专业课教师</td><td>(试点省自行组织)</td><td>(试点省自行组织)</td></tr>
<tr><td colspan="2">中职实习指导教师</td><td>(试点省自行组织)</td><td>(试点省自行组织)</td></tr>
</table>

注1:科目三分为语文、数学、英语、思想品德(政治)、历史、地理、物理、化学、生物、音乐、体育与健康、美术、信息技术等13个学科。

注2:幼儿园面试不分科目,小学面试科目分语文、英语、社会、数学、科学、音乐、体育、美术,中学面试科目与科目三相一致。

9. 命题

教育部考试中心负责教师资格考试笔试和面试命题,建立试题库,为各省试点提供试题。

10. 命题原则

教师资格考试命题依据考试标准和考试大纲,主要考查申请人从事教师职业应具备的职业道德、心理素养和教育教学能力。突出专业导向、能力导向和实践导向。

11. 题型

采用多种类型试题,强化能力考核。

题型分为选择题和非选择题。其中,非选择题包括简答题、论述题、解答题、材料分析题、课例点评题、诊断题、辨析题、教学设计题、活动设计题。在机考科目中还采用了多媒体试题的形式。

二、对不同学段教师信息技术应用方面的要求

1. 信息处理能力(幼儿)

具有运用工具书检索信息、资料的能力。

具有运用网络检索、交流信息的能力。

具有对信息进行筛选、分类、存储和应用的能力。

具有根据保教工作的需要，设计、制作课件的能力。

2. 信息处理能力（小学）

具有运用工具书检索信息、资料的能力。

具有运用网络检索、交流信息的能力。

具有对信息进行筛选、分类、存储和应用的能力。

具有运用教育测量知识进行数据分析与处理的能力。

具有根据教育教学的需要，设计、制作课件的能力。

3. 信息处理能力（中小）

具有运用工具书检索信息、资料的能力。

具有运用网络检索、交流信息的能力。

具有对信息进行筛选、分类、管理和应用的能力。

具有运用教育测量知识进行数据分析与处理的能力。

具有根据教育教学的需要，设计、制作课件的能力。

4. 信息技术教学实施能力

认识学生建构信息技术知识和获得技能的过程，并能依据信息技术教学需要，恰当选用相关的教学资源；能够创设教学情境，有效地将学生引入学习活动；能够运用信息技术教学策略，组织有效的教学活动；能够根据学生的学习反馈优化教学环节；能够帮助学生理解和掌握知识与技能，获得信息技术学习的方法，引导学生树立健康的信息意识和价值观，培养良好的信息素养。

思考与练习参考答案

第 1 章

1. 信息素养在终生学习中有什么作用?

答:信息素养包括识别信息需求的能力以及在特定的文化和社会环境中查找、评价、应用和创建信息的能力;信息素养是终生学习的核心,它使人们在一生中都能够有效地搜寻、评估、使用和创建信息,以实现其个人、社会、职业和教育目标。

2. 检索语法的作用是什么?

答:更加快速和准确地找出需要的信息。

3. 检索语句"中学《信息技术》课堂教学设计 -高中 filetype:ppt site:edu.cn"代表何意?

答:在教育网站搜索除高中外的"中学《信息技术》课堂教学设计"的演示文稿。

4. 列举几种常用的中文搜索引擎。

答:谷歌、百度、雅虎、搜狗等。

5. 列举几个国内著名的电子图书馆系统。

答:中国知网、维普中文期刊全文数据库、超星电子图书、方正电子图书等。

6. 交互性电子白板在教学中有哪些优势? 请结合自己任教学科谈一谈。

答:交互性电子白板在教学中的优势主要是其交互性,教师可以在电子白板上即时地书写内容,添加批注等,以化学学科为例,化学工具栏中提供了化学方程式书写工具、化学器皿工具、元素周期表工具,为老师准备教学素材提供了方便,并且可以保存共享,利于生成教学资源。

7. 数码摄像机长时间拍摄,需要做好哪些准备?

答:一是要准备好外接电源;二是要将摄像机固定在三脚架上;三是要准备足够大的内存卡,将已有视频删除,释放空间。

8. 投影仪的开启与关闭有哪些需要注意的?

答:投影仪在开启之前应先连接好线缆,气温低的时候要预热后才可以正常使用;关闭的时候风扇会继续转动进行散热,必须等风扇停止转动后再切断电源。

9. 多媒体教室一般包含哪些设备?

答:多媒体教室一般包含多媒体计算机、中控系统、投影仪、音响设备。

第 2 章

1. 请简述 GoldWave 软件的功能，并列举其支持的文件格式。

答：GoldWave 软件是一个操作简单、功能强大的音频编辑软件，它不仅支持 MP3、WAV、MOV、VOC、AIFF、SDS、APE 等多种格式的音频文件，还包含了声音编辑、混音、声音合并等丰富的音频处理特效，能够较全面地满足教学声音材料的使用要求。

2. GoldWave 软件中的控制器可实现哪些基本功能？

答：GoldWave 软件的控制器可以实现播放、暂停、停止、向后播放、向前快速播放等操作，并可以查看当前音频文件的具体波形、精确的播放时间、左右声道音量等信息。单击控制器的属性按钮，或者按下快捷键 F11，可以调整播放、录音、音量、视觉以及声卡设备等方面的控制器属性。

3. 假如你的电脑上没有安装格式工厂或其他类型的格式转换软件，请问如何使用 GoldWave 软件将网络下载的 MOV 格式文件转换为 WAV 格式？

答：在 GoldWave 软件中，使用“文件”菜单→“另存为”子菜单，打开“保存声音为”对话框，将“保存类型”选项选择为 WAV，可将音频文件格式由 MOV 格式转换为 WAV。

4. 在 GoldWave 软件中，选择某个音频片段的方法有哪些？

答：

(1) 在 GoldWave 软件中，用鼠标左键即可确定选择部分的起始点，在结束位置上选择右键快捷菜单“设置结束标记”即确定选择部分的结束点。

(2) 执行“编辑”→“标记”→“设置”命令，在打开的“设置标记”对话框中精确输入开始与结束时间。

5. 列举在 GoldWave 软件中截取某个音频片段的方法，并简述操作过程。

答：

(1) 在 GoldWave 软件中选定音频片段，使用“文件”菜单→“选定部分另存为”子菜单，打开“保存选定部分为”对话框，设置文件保存位置及文件名即可。

(2) 在 GoldWave 软件中选定音频片段，使用“编辑”菜单→“复制”或“剪切”子菜单，然后执行“编辑”菜单→“粘贴为新文件”子菜单命令，最后选择“文件”菜单→“保存”子菜单进行保存。

6. 请简述 GoldWave 软件“编辑”菜单中“删除”命令和“剪裁”命令的区别。

答：在 GoldWave 软件中执行“编辑”菜单→“删除”命令可将选定的音频事件删除，而执行“编辑”菜单→“剪裁”命令则将未选中的音频事件删除，使用通俗的语言来描述，删除可以称为“删除选定”，而剪裁则是“删除未选定”。

7. 在 GoldWave 软件中，能否单独对某个声道进行操作，请简述方法。

答：可以。在 GoldWave 软件中使用“编辑”菜单→“声道”子菜单→“左声道”或“右声道”命令可单独选中某个声道，当需要恢复到双声道的编辑状态时，可使用“编辑”菜单→“声道”子菜单→“双声道”命令。

8. 简述在 GoldWave 中编辑音频时,如何在开始位置添加淡入的音频效果。

答:在 GoldWave 软件中选择当前声音文件中的开始位置,使用“效果”菜单→“音量”子菜单→“淡入”命令即可。

9. 在期末举行的班级文艺晚会中,小明想将自己深情朗诵的诗歌音频与轻音乐伴奏声合成在一起,作为晚会开场时的背景声,请问在 GoldWave 软件中该如何操作?

答:

(1) 在 GoldWave 软件中选择诗歌朗诵音频文件的右声道,使用“编辑”菜单→“删除”子菜单将该声音文件中右声道的全部波形删除,然后再打开轻音乐伴奏声音文件并选中全部波形,将其复制粘贴到前一声音文件的右声道中。

(2) 选择并复制轻音乐伴奏声音文件的全部波形,在诗歌朗诵音频文件中使用“编辑”菜单→“混音”子菜单即可。

10. 在 Adobe Audition 软件中新建音频文件时,如出现系统音频输入与输出设备采样率不匹配而导致无法新建时,该如何处理?

答:在 Adobe Audition 软件中新建音频文件时,如出现系统音频输入与输出设备采样率不匹配而导致无法新建时,需要事先在控制面板中调整扬声器与麦克风的采样频率和位深度,建议均选择“16 位,44100Hz”即可。

11. 请列举 Adobe Audition 软件中降噪处理的几种常用方式,并简述其操作过程。

答:Adobe Audition 软件中降噪处理的几种常用方式包括消除嗡嗡声、降低嘶声、自适应降噪、降噪处理等,均可在选定音频片段的基础上单击使用“效果”菜单→“降噪/恢复”子菜单实现。

12. 小明在录制课文朗诵素材时,发现语速过快,同时,他还想将原本单人朗诵的音频制作成多人合作朗诵的效果,请问在 Adobe Audition 软件中该如何操作?

答:在 Adobe Audition 软件中打开朗诵音频,执行“效果”→“时间与变调”→“伸缩与变调”命令,使用鼠标左键拖动以调整“伸缩”选项比例即可调整朗诵速度。

在 Adobe Audition 软件中选择朗诵音频片段,执行“效果”→“时间与变调”→“伸缩与变调”命令,使用鼠标左键拖动以调整“变调”选项比例,可将选中的朗诵片段调整成不同的音调状态。

13. Adobe Audition 软件中的剃刀工具分为哪几种,功能上有何区别?

答:Adobe Audition 软件中的剃刀工具分为“选择素材剃刀工具”和“所有素材剃刀工具”两种类型,前者可用来对选定的素材进行切割,后者则可以切割当前所有轨道中的音频素材。

14. 如何在 Adobe Audition 软件中导出处理完毕的多轨混音项目?

答:在 Adobe Audition 软件中执行“文件”→“导出”→“多轨混缩”→“完整混音”命令,设置文件名、位置、格式即可。

第 3 章

1. ACDSee 可以对图像进行哪些批量操作?

答:ACDSee 可以对图像进行的批量操作有:批量转换图像格式、批量旋转/翻转图像、批量调整图像大小、批量调整图像曝光度、批量重命名图像等。

2. 使用 ACDSee 如何对图像进行重命名？

答：在预览窗口中，单击选中需要重命名的图片，选择“工具”菜单中的“批量重命名”，在弹出的“批量重命名”面板中，设置好命名格式、名称等之后，单击“开始重命名”，等待重命名进程完成后，最后单击“完成”按钮即可。

3. 使用 ACDSee 如何在图片上添加制作文字标题？

答：ACDSee 中，给图片制作文字标题，需要进入编辑面板。在预览窗口中，单击选中需要制作标题的图片，选择主工具栏中的“编辑图像”，进入“编辑图像”主菜单界面，选择“添加文本”，设置文本内容、字体、大小及颜色等，最后在预览窗口中将设置好效果的文本移动至图片的合适位置即可。

4. Photoshop CS4 中，如何将 RGB 模式转换成灰度模式？

答：在 Photoshop 中打开图片，执行“图像”→“模式”→“灰度”命令，将图片由 RGB 模式转换为灰度模式。

5. Photoshop CS4 中，多个文件是否只有一种排列方式？如果不是，如何自如地使用排列方式方便文件的观看或操作？

答：

(1) 不是。

(2) 可以选择“窗口”菜单中的“排列”选项，对多幅图片文件进行一定的排列。

6. Photoshop CS4 中，移动工具有哪些功能？

答：在 Photoshop CS4 中使用移动工具，可以将图层、选区进行移动或复制。

7. Photoshop CS4 中，利用自由变换调整好图层大小后，为什么不能直接进行其他操作？

答：自由变换操作后，一定要退出自由变换命令，方可进行其他操作。

8. Photoshop CS4 中，如何由题图 3-1 中左边已有的大花瓶图层制作题图 3-1 中右边的小花瓶图层？

题图 3-1 花瓶

答：复制花瓶图层，生成“小花瓶”图层，变换“小花瓶”图层花瓶的大小，更改“小花瓶”图层的透明度。

9. Photoshop CS4 中，未做完还需要加工的作品保存成什么格式？已做完需要插入

到 PPT 课件中的作品保存成什么格式？

答：PSD；JPG。

10．Photoshop CS4 中，完成题图 3-2(a)到题图 3-2(b)需要哪些操作？请尝试制作。

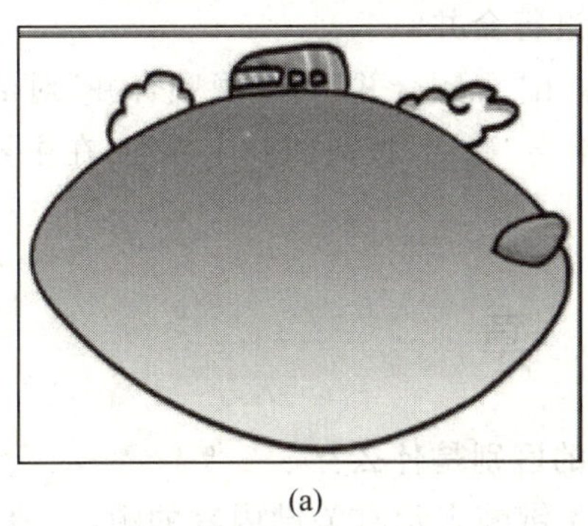

(a)

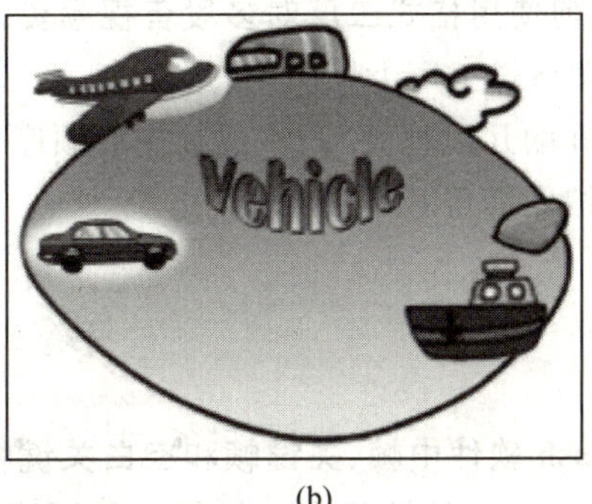

(b)

题图 3-2　第 10 题图

答：利用"渐变填充"填充椭圆中的颜色；可利用橡皮擦工具擦除图下文字。

11．Photoshop CS4 中，制作规则选区和不规则选区有哪些工具？

答：制作规则选区：椭圆、矩形选框工具。

制作不规则选区：磁性套索工具，魔棒工具等。

12．Photoshop CS4 中，给选区添加虚化柔和的效果，要使用什么操作？制作有立体效果、内外发光的文字，需要对文字图层进行什么操作？

答：羽化；添加混合选项设置相应的图层样式。

第 4 章

1．会声会影中，如何添加与删除视频转场效果？

答：会声会影中，添加转场效果需要至少两段以上视频。切换到"故事版视图"，在"效果"步骤面板中，选择合适的转场效果，使用鼠标拖动至需要添加转场效果的视频之间或者用鼠标选择需要添加转场的位置，然后在"效果"步骤面板中双击选择合适的转场效果即可。

删除视频转场效果：切换至"故事版视图"，选中视图中已添加的转场效果，使用 Delete 键删除，或用鼠标右键选择"删除"即可。

2．会声会影中，如何将视频中原有的音频删除，并重新添加背景音乐？

答：选中视频轨中需要删除原有音频的视频，在"编辑"步骤面板的属性面板中，选择"分割音频"，使用 Delete 键将声音轨中被分离出来的音频删除。在"音频"步骤面板中，将需要添加的音频拖至"时间轴视图"中的音乐轨中，调整起始位置及音频时间长短即可。

3．Camtasia Studio 软件中，如何在一段视频中添加字幕？

答：新建一个轨道，然后使用 Captions 按钮，在添加字幕的对话框中输入相应的字幕即可。

4. 格式工厂有哪些主要功能？

答：格式工厂主要有以下主要功能：可以实现大多数视频、音频以及图像不同格式之间的相互转换；还可以提供视频、音频的剪裁和合并等功能。

5. 如何使用格式工厂对多段音视频资源进行合并？

答：在格式工厂主界面中，选择“高级”，单击“视频合并”，在“视频合并”对话框中，添加需要合并的几段视频，调整视频先后顺序，单击“确定”按钮回到主界面，在主界面中，单击“开始”按钮即可开始视频合并。

第 5 章

1. Flash 软件中帧、关键帧和空白关键帧的区别是什么？

答：Flash 中的帧代表一幅静止的画面；关键帧表示有关键内容的帧，一般用来定义变化。空白关键帧是指没有内容的关键帧，一般想要对象消失的时候使用空白关键帧。

2. Flash 软件中元件有哪几种类型？

答：Flash 中的元件有图形、按钮和影片剪辑三种类型。

3. Flash 元件是什么？实例呢？元件和实例有什么区别和联系？

答：元件是指在 Flash 中创建而且保存在库中的图形、按钮或影片剪辑，可以自始至终在影片或其他影片中重复使用，是 Flash 动画中最基本的元素。任何一个元件都可以在舞台或其他元件里多次调用，每次调用就相当于创建了一个该元件的实例，这样就可以大幅度减小动画的体积，便于网络中浏览和传播。

4. Flash 图形元件与影片剪辑元件有什么区别？

答：Flash 元件中，影片剪辑元件可以独立于主时间轴播放的动画剪辑，可以加入动作代码；而图形元件依赖主时间轴播放的动画剪辑，不可以加入动作代码。

5. 关键帧的含义是什么？如何创建关键帧？

答：关键帧即有关键内容的帧，用来定义动画变化、更改状态的帧。选取一帧并选择“插入”菜单“时间轴”子菜单中的“关键帧”命令；或者用鼠标右击时间轴上一帧并选择“插入关键帧”命令，也可使用 F6 快捷键。

6. 在 Flash 中使用文字时，Ctrl+B 的含义是什么？

答：在 Flash 中，形状补间动画必须运用在被打散的形状图形之间，要对组、实例或位图图像应用形状补间，首先必须分离这些元素。如要对文本应用形状补间动画，必须将文本分离两次，即按下两次 Ctrl+B，从而将文本转换为图形。

7～9 略。

10. 用 Flash 软件制作一个红色五角星和一个玫红色六角星沿着不同的椭圆轨道绕着一个固定不动的蓝色的球旋转的动画，如题图 5-1 所示。应设计哪些图层？共几层？五角星和六角星用 Flash 软件工具箱中的何种工具可制作？

答：该制作应设计五角星图层、六角星图层、小球图层以及五角星引导图层和六角星引导图层共五个图层。五角星和六角星可用 Flash 软件工具箱中的多角星形工具制作。

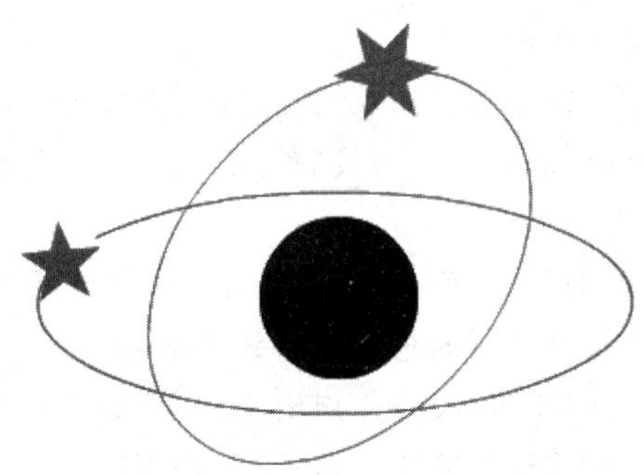

题图 5-1　五角星和六角星沿着不同的椭圆轨道绕着球旋转

11. Flash 遮罩动画的制作过程中，是不是只能在遮罩层中创建补间动画？

答：遮罩动画的遮罩层和被遮罩层中的对象都可以定义补间动画，遮罩层决定看到的形状，被遮罩层决定看到的内容。

12. 要制作图片从上到下慢慢展现的效果，可以使用 Flash 的什么动画实现？简述其步骤。

答：可以使用遮罩动画来实现。首先导入图片到舞台调整与舞台一样大小，在图层的 35 帧插入帧；新建一个图层 2，绘制一个矩形跟图片一样大小，并转换为图形元件；在图层 2 的第 1 帧将矩形调整到场景之外，在 35 帧插入关键帧，将矩形位置调整盖住图片，然后在中间创建传统补间；右击图层 2，选择遮罩层；运行测试动画。

第　6　章

1. 请简述多媒体 CAI 课件的概念，并列举常见的课件类型。

答：在多媒体计算机辅助教学应用中，以现代教育与学习理论为基础，根据课程教学大纲及具体学习对象的教学需求，由教学目标而确定教学内容及教学活动结构等环节设计，并以多媒体计算机系统处理和控制的多种媒体的表现形式与超文本结构制作而成的课程软件称为多媒体 CAI 课件。其常见的类型包括演示型、练习型、开放学习型、虚拟仿真型、娱乐学习型等。

2. 在多媒体课件的制作过程中，基本步骤有哪些？

答：在多媒体课件的制作过程中，基本步骤包括需求分析、教学系统设计、脚本的编写、素材的获取与编辑、课件的编制、课件的调试与发布、课件的维护与更新。

3. 假设你要组织一场多媒体课件制作大赛，请问可以从哪些方面构建课件质量的评分标准体系？

答：多媒体课件制作大赛的质量的评分标准体系可以从教育性、科学性、技术性、艺术性 4 个方面来构建。

4. 在 PowerPoint 软件中，常用的视图方式有哪些？请至少说出三种。

答：PowerPoint 软件中常用的视图方式包括普通视图、幻灯片浏览视图、备注页视图和阅读视图。

5. 在 PowerPoint 软件中，可将幻灯片中绘制好的三个圆角矩形设置纵向分布对齐并组合成一个整体，请简述操作过程。

答：在 PowerPoint 软件中，选中三个绘制好的圆角矩形，使用"绘图工具"选项卡→"对齐"选项组中的"纵向分布"选项即可对齐；使用"绘图工具"选项卡→"组合"选项，可将选中的对象组合为一个整体。

6. 请列举至少三种 PowerPoint 软件中可插入的音频与视频格式。如欲插入的音视频格式不符，请问可使用本书中讲授的哪种软件进行转换？

答：PowerPoint 2010 中可以插入的音频格式为 WAV、MID、MP3 等，可以插入的视频格式为 WMV、MPEG、AVI 等，如格式不符，可先使用第二单元中讲解过的格式工厂软件进行格式转换后再使用。

7. 请问，如果某位同学使用优盘拷贝了你制作好的 PowerPoint 课件，但是忘了同时拷贝课件中插入的音频与视频素材文件，那么，当这位同学想要到另外一台电脑上播放课件时，其中的音视频能否正常播放，为什么？

答：不能。因为在 PowerPoint 课件中插入音视频文件，实际上只是建立了导入相应文件的关联信息，实际的音视频文件仍在原处，并没有嵌入到课件内部。也就是说，当原文件发生变化，课件播放的是更新后的效果；当文件路径发生变化，会因找不到音视频素材文件而无法播放。

8. 在 PowerPoint 软件中，如何设置幻灯片主题仅应用于选定的部分幻灯片？

答：在 PowerPoint 软件中，先结合 Ctrl 或 Shift 键选定部分幻灯片，然后再选择主题，执行右键快捷菜单"应用于所选幻灯片"。

9. 简述在 PowerPoint 软件中制作如题图 6-1 所示的幻灯片的操作步骤。

题图 6-1 幻灯片

答：操作步骤为：

(1) 在 PowerPoint 软件中新建演示文稿并保存；

(2) 将幻灯片的版式设置为"标题和内容"；

(3) 在标题占位符中输入"钢琴的起源与发展"，并设置合适的文字格式；

(4) 在内容占位符中单击“插入来自文件的图片”，在打开的“插入图片”对话框中选择要插入的钢琴图片；

(5) 选中图片，单击“图片工具”选项卡→“图片样式”选项，选择“复杂框架，黑色”；

(6) 使用“设计”选项卡→“主题”选项组，选择其中的“波形”主题。

10. 使用“动画”选项卡中的动画的“其他”按钮加载动画与使用该选项卡中的“添加动画”工具加载有何不同？

答：使用“其他”按钮加载动画是给对象更改了一个新的动画；使用该选项卡中的“添加动画”工具加载动画是给对象添加了一个新的动画。

11. 某张 PPT 幻灯片上有 A、B、C、D 4 个对象分别都加载了动画效果，若要让 B 动画与 A 动画同时出现，D 动画紧接着 C 动画出现，A、C 动画单击才出现，问这 4 个动画要如何设置动画的开始方式？

答：B 动画的开始方式：与上一动画同时；

D 动画的开始方式：上一动画之后；

A、C 动画的开始方式：单击时。

12. 单个对象如何设置多重动画效果？

答：在对某个对象设置完动画效果后，再单击“动画”选项卡中的“添加动画”按钮继续设置动画，即可设置成单个对象的多重动画效果。

13. 如何在 PPT 中制作一个红色五角星沿着螺线管路径运动？

答：①绘制红色五角星形状；②选中该形状，给其添加自定义动画；③选择“动画”选项卡“其他”选项中的“其他动作路径”中的“螺线管路径”即可。

14. PPT 课件中，如想制作音频文件播放、暂停、停止三个触发器，应给音频文件还是按钮图片添加动画？添加动画时应注意什么事项？

答：①应给音频文件添加动画。②添加一个动画后，要选择“高级动画”选项组→“添加动画”选项才能添加第二个动画。

15. PPT 课件中，如想制作单击一幅图片，出现一段文字的动画，应给图片还是文字添加什么操作？

答：应给文字添加出现动画，并给该动画添加触发器，触发器为文字。

16. 利用 PPT 美化大师的哪个选项，可以快速地将原始演示文稿的模板替换成个性化的模板？并说说其主要步骤有哪些？

答：通过“美化大师”选项卡的“更换背景”选项来完成背景模板的更换，从而创建个性化的、符合课件主题的模板，主要步骤如下：

(1) 单击“美化大师”选项卡→“模板”选项组→“更换背景”选项，打开模板选择界面。

(2) 选择一个模板，单击该模板右下角的“套用至当前文档”，完成幻灯片模板的更换。

17. PPT 美化大师文件导出有哪些格式？

答：美化大师可以将 PPT 演示文稿导出生成全图 PPT、图片或视频文件。

18. 利用 Inspring Suit 插件录制一个有旁白的 PPT 课件视频主要步骤有哪些？

答：

(1) 打开 PPT 课件演示文稿，连接好电脑摄像头和麦克风。

(2) 选中课件第一页，单击 Ispring Pro 选项卡→“旁白”选项组→“录制视频”选项，打开“视频录制旁白”对话框。

(3) 单击“开始录制”，通过“下一张幻灯片”或“下一个动画”，根据自定的时间，进行录制。

(4) 当所有幻灯片和动画播放结束，单击“停止”，再单击“确定”，完成视频的录入。

(5) 通过 Ispring Pro 选项卡“发布”选项组中的“发布”选项，通过一定的设置，完成对视频的发布。

第 7 章

1. 微课的概念是什么？

答：微课在国内有多个概念上的界定，本书以焦建利教授的界定来定义微课的概念，即“微课”是以阐释某一知识点为目标，以短小精悍的在线视频为表现形式，以学习或教学应用为目的的在线教学视频。

2. 微课特征之“短、小、精、悍”代表何意？

答：“短小精悍”是微课的主要特征。其中“短”是指在线教学视频时间短，时间最好不超过 10 分钟；“小”是指教学内容主题小，以阐述某一个知识点为目标设计主题；“精”是指微课视频设计、制作、讲解都很精良；“悍”是指在短短的时间内，一个小的主题，通过精良的设计带给学习者的学习效果是震撼、令人难忘的。

3. 微课的制作过程有哪些？

答：微课制作主要有以下三大过程：选题→设计→制作。

4. 尝试自行制作一个微课。

5. 慕课的特点有哪些？

答：慕课的特点：大规模性、开放性、在线自主学习性。

6. 什么是翻转课堂？

答：翻转课堂是指学生在课前利用教师发布的各种数字材料对学科内容进行自主学习，课堂上则参与同学和教师的释疑、解惑、探究等交流互动并完成作业的一种新型教学模式，译为翻转课堂，也被译为反转课堂、颠倒课堂、颠倒教室等。

7. 微课与慕课、翻转课堂有何联系？

答：微课可以作为慕课、翻转课堂的教学资源。